Formen philosophischer Schriften zur Einführung

Werner Stegmaier

Formen philosophischer Schriften zur Einführung

JUNIUS

Junius Verlag GmbH
Stresemannstraße 375
22761 Hamburg
www.junius-verlag.de

Umschlaggestaltung: Florian Zietz
Titelbild: Junius Verlag GmbH
Satz: Junius Verlag GmbH
Printed in the EU 2021
ISBN 978-3-96060-320-7

Bibliografische Information der Deutschen Nationalbibliothek
Die Deutsche Nationalbibliothek verzeichnet diese Publikation in der Deutschen Nationalbibliografie; detaillierte bibliografische Daten sind im Internet über http://dnb.dnb.de abrufbar.

Zur Einführung ...

... hat diese Taschenbuchreihe seit ihrer Gründung 1977 gedient. Zunächst als sozialistische Initiative gestartet, die philosophisches Wissen allgemein zugänglich machen und so den Marsch durch die Institutionen theoretisch ausrüsten sollte, wurden die Bände in den achtziger Jahren zu einem verlässlichen Leitfaden durch das Labyrinth der neuen Unübersichtlichkeit. Mit der Kombination von Wissensvermittlung und kritischer Analyse haben die Junius-Bände stilbildend gewirkt.

Seit den neunziger Jahren reformierten sich Teile der Geisteswissenschaften als Kulturwissenschaften und brachten neue Fächer und Schwerpunkte wie Medienwissenschaften, Wissenschaftsgeschichte oder Bildwissenschaften hervor. Auch im Verhältnis zu den Naturwissenschaften sahen sich die traditionellen Kernfächer der Geisteswissenschaften neuen Herausforderungen ausgesetzt. Diesen Veränderungen trug eine Neuausrichtung der Junius-Reihe Rechnung, die seit 2003 von der verstorbenen Cornelia Vismann und zwei der Unterzeichnenden (M.H. und D.T.) verantwortet wurde.

Ein Jahrzehnt später erweisen sich die Kulturwissenschaften eher als notwendige Erweiterung denn als Neubegründung der Geisteswissenschaften. In den Fokus sind neue, nicht zuletzt politik- und sozialwissenschaftliche Fragen gerückt, die sich produktiv mit den geistes- und kulturwissenschaftlichen Problemstellungen vermengt haben. So scheint eine erneute Inventur der Reihe sinnvoll, deren Aufgabe unverändert darin besteht, kompetent und anschaulich zu vermitteln, was kritisches Denken und Forschen jenseits naturwissenschaftlicher Zugänge heute zu leisten vermag.

Zur Einführung ist für Leute geschrieben, denen daran gelegen ist, sich über bekannte und manchmal weniger bekannte Autor(inn)en und Themen zu orientieren. Sie wollen klassische Fragen in neuem Licht und neue Forschungsfelder in gültiger Form dargestellt sehen.

Zur Einführung ist von Leuten geschrieben, die nicht nur einen souveränen Überblick geben, sondern ihren eigenen Standpunkt markieren. Vermittlung heißt nicht Verwässerung, Repräsentativität nicht Vollständigkeit. Die Autorinnen und Autoren der Reihe haben eine eigene Perspektive auf ihren Gegenstand, und ihre Handschrift ist in den einzelnen Bänden deutlich erkennbar.

Zur Einführung ist in der Hinsicht traditionell, dass es den Stärken des gedruckten Buchs – die Darstellung baut auf Übersichtlichkeit, Sorgfalt und reflexive Distanz, das Medium auf Handhabbarkeit und Haltbarkeit – auch in Zeiten liquider Netzpublikationen vertraut.

Zur Einführung bleibt seinem ursprünglichen Konzept treu, indem es die Zirkulation von Ideen, Erkenntnissen und Wissen befördert.

Michael Hagner
Ina Kerner
Dieter Thomä

Inhalt

Einleitung

Der Band führt ein in die Formen der Schriften großer europäischer Philosophen. Er zeigt, wie die Inhalte der Schriften aus ihren Formen neu verstanden werden können. Angeregt hat ihn die Beobachtung, dass innovative Philosophien oft in neuen literarischen Formen vorgetragen wurden: Parmenides schuf sich eine Göttererzählung, um seine Lehre vom wahren Sein vortragen zu können, Platon den Dialog, um eine Lehre zu vermeiden, Aristoteles die Lehrschrift, um sie im eigenen Namen darzulegen, Augustinus das autobiografische Bekenntnis, um vor Gott sein Inneres zu erkunden, Montaigne den Essay, um die Wahrheit in der unbefangenen Selbstbeobachtung zu suchen, Descartes die Meditation, um Wahrheit aus der Gewissheit des eigenen Denkens zu begründen. Das setzt sich fort bis zu Freges Begriffsschrift, Wittgensteins Album und Levinas' Talmud-Auslegung. Das philosophisch Neue braucht neue Formen, um sich verständlich zu machen. In der durch Globalisierung und Digitalisierung bestimmten Gegenwart ist man noch auf der Suche nach neuen Formen für neue Inhalte.

Es gibt bisher kaum einen Überblick über solche Formen; die wenigen sind eher schematischer Art, Klassifikationen literarischer Gattungen ohne Bezug zu den Inhalten.[1] So werden die Formen leicht zu bloßen Einkleidungen schon vorgedachter Inhalte. Selbst Interpretationen einzelner philosophischer Werke von ihrer Form her sind selten.[2] Der Großteil der gegenwärtigen

Philosophen (weniger der Philosophinnen) hält die literarischen Formen der Philosophie immer noch für gleichgültig; die heute geläufige Form, die Abhandlung oder die Lehrschrift, gilt als selbstverständlich. Aber auch sie war einmal eine starke Innovation, eben die des Aristoteles, und Form und Inhalt seiner Philosophie beherrschten das Denken fast zweitausend Jahre lang. Doch die Zeit der aristotelischen Metaphysik ist vorbei, und Philosoph(inn)en haben mit der Zeit auch anders denken und schreiben gelernt.

Um das zu sehen, muss man in die Geschichte der Philosophie zurückgehen. Darum ist diese Einführung chronologisch angelegt. Dargestellt werden Gestaltungen von Philosophien, bei denen die Form etwas über den Inhalt besagt, die zum Mehrwert des philosophischen Gehalts werden. Dabei geht es weniger um Ästhetik, wiewohl die literarischen Formen der Philosophie auch diese Seite haben, als um Heuristik, darum, wieweit neue Formen neue Inhalte denkbar machen.

Die Unterscheidung von Form und Inhalt kommt selbst aus der Philosophie. Sie stammt ebenfalls von Aristoteles und legt eine bleibende Form nahe, die mit wechselnden Stoffen, Inhalten oder Gehalten ausgefüllt wird: die Form einer Statue, die in verschiedenem Material ausgeführt werden kann, die Form einer biologischen Art, die sich dadurch erhält, dass sie immer neu mit Leben erfüllt wird, die Form von Allgemeinbegriffen, die durch spezifischere Begriffe konkretisiert werden. Die Form prägt den Inhalt, sie ist ihm nicht äußerlich. Auch im Fall philosophischer Schriften ist die Form nichts, was einfach auszufüllen wäre, sondern umfasst auch die Organisation der Gedanken. Sie wird jedoch für bestimmte Inhalte geschaffen und kann sich darum, anders als die aristotelische Form, mit ihnen wandeln. So muss sich in jedem einzelnen Fall zeigen, wie Gestalt und Gehalt zusammenspielen. Die innovativen Formen philosophischer Schriften lassen sich darum nur typisieren; sie bleiben individuell, ohne dass sie zu allgemeinen Schemata für andere Inhalte oder gar zu verbindlichen Normen würden. Geschieht das doch, werden die Formen leicht schal.

Über die Zuschreibung ebenso der philosophischen wie der literarischen Innovationen an bestimmte Autoren kann man zuweilen streiten; sind sie einmal zur Geltung gekommen, finden sich oft noch Vorläufer. Auch folgten nicht aus allen literarischen Innovationen in der Philosophie große gedankliche Innovationen, und nicht alle großen gedanklichen Innovationen waren mit literarischen Innovationen verbunden. So wird man in diesem einführenden Überblick manch eine literarische Form und manch eine der großen Philosophien vermissen. Andere würden vielleicht anders auswählen. Anhaltspunkte für starke philosophisch-literarische Innovationen sind häufig neue Orientierungssituationen, die Neuorientierungen nötig machen oder doch nahelegen. Auf sie wird jeweils eigens hingewiesen.

Im Umfang muss diese Einführung deutlich beschränkt bleiben. Jeder Abschnitt könnte weit ausgearbeitet werden. Der Philosophie nahestehende Dichtung, die Lyrik etwa Hölderlins und Rilkes, Romane Dostojewskis und Musils, Dramen Sartres und Becketts könnten einbezogen, Vorgeschichten und Wirkungsgeschichten der Formen ausgeführt, vom *mainstream* abweichende Interpretationen der Inhalte aus den Formen anhand der Forschungsliteratur diskutiert werden. Für all das ist hier jedoch kein Platz. Nur wenige Literaturhinweise in Endnoten sind möglich. Zugleich wird eine gewisse Übersicht über die Geschichte der (westlichen[3]) Philosophie und ihre Lehren vorausgesetzt; sie findet sich etwa im *dtv-Atlas Philosophie*, der seit 1991 immer neu überarbeitet wurde. Zu vielen der behandelten Philosophen liegen neben anderen Einführungen im Junius Verlag vor. Zur Herkunft einiger der behandelten Formen bringt das zwölfbändige von Gert Ueding 1992 bis 2015 herausgegebene *Historische Wörterbuch der Rhetorik* ausführliche Artikel. Ich beschränke mich auf die runde Zahl von fünfzig Formen, deren Bedeutung für die Inhalte ich möglichst knapp zu charakterisieren versuche. In den gegebenen Grenzen soll die Einführung weitere Forschungen anregen.

Als Professor der Philosophie an der Universität Greifswald habe ich von 1997 bis 2008 dreisemestrige Vorlesungen zu den Formen philosophischer Schriftstellerei gehalten. Meine Hörerinnen und Hörer haben mich immer wieder gedrängt, sie für einen größeren Kreis zu veröffentlichen. Mit Dank für ihre Anregungen komme ich dem nun nach – in einer anderen Form. Benjamin Alberts, Andrea Bertino, Timon Georg Boehm, Enrico Müller, Dennis Sölch und Claus Zittel danke ich für die Durchsicht und für Diskussionen des Manuskripts, Steffen Herrmann für den Mut und die Großzügigkeit, es zu veröffentlichen.

Greifswald, im November 2020 Werner Stegmaier

I. Antike

1 Prosa: Thales, Anaximander und Pythagoras

Von den frühgriechischen Philosophen, den Philosophen vor Platon, sind nur wenige fragmentarische Zeugnisse als Zitate späterer Autoren überliefert; das Bedürfnis bibliothekarischer Bewahrung bedeutsamer Schriften entstand erst später. Die Fragmente lassen dennoch spezifische literarische Formen erkennen. Im Gegensatz zu den poetischen Göttererzählungen Homers und Hesiods sind die philosophischen Texte zunächst in Prosa formuliert wie z.B. auch Gesetzestexte oder praktische Anleitungen für Seefahrer. Es gab für sie keine kultischen Regelungen.[4] Die literarische Entformalisierung kann als Zeichen der Entgöttlichung der menschlichen Orientierung gelten. Philosophen sprachen von Anfang an aus eigener Verantwortung.

In der griechischen Antike weitet sich seit dem 8. vorchristlichen Jahrhundert der Seehandel stark aus und damit auch die Berührung mit fremden Kulturen; es werden immer mehr Pflanzstädte in weiten Teilen des Mittelmeers gegründet. Über die Meere hinweg erhält sich das Bewusstsein des gemeinsamen Hellenentums. Zunächst machen einzelne ›Weise‹ an der Peripherie der von Griechen bewohnten Welt konkurrierende Angebote erster Übersichten über die Welt und das Weltgeschehen; später wird Athen zum politischen und geistigen Zentrum. Statt sich länger auf ein unbeobachtbares und unkontrollierbares Eingreifen vielfältiger Götter mit verwirrenden persönlichen Beziehungen untereinander zu berufen, schafft man Ordnungsbegriffe wie Element, Grenze und Unbegrenztes, Zahl, Gesetz. In der Entwicklung und Verknüpfung solcher Begriffe bildet sich aus, was seit Pythagoras und Heraklit ›Philosophie‹ genannt wird.

So wagt in der uralten, mehrfach zerstörten und wieder aufgebauten Seehandelsstadt Milet im vom persischen König beherrschten Ionien (Kleinasien) THALES, der zwischen 624 und 544 gelebt haben soll, den ersten großen philosophischen Zugriff mit der These, alles entstamme *einem* Element, dem Wasser. Vermutlich hat er noch keine Schrift verfasst;[5] Glaubwürdigkeit verschafft er sich zugleich durch mathematische Entdeckungen, astronomische Vorhersagen und ökonomische wie politische Erfolge. Philosophische Aussagen eröffnen Alternativen: Dem Element Wasser werden schon bald die Elemente Erde, Luft und Feuer gegenübergestellt, die ebenfalls als Ursprung aller Dinge plausibel zu sein scheinen.

Thales' vermutlicher Schüler ANAXIMANDER von Milet (ca. 610–547) reagiert auf diese Vielfalt, indem er, soweit man das aus den späteren Erwähnungen erkennen kann, die philosophische Orientierung tiefer legt. Er entwirft, wie berichtet wird, eine Karte der bewohnten Welt, konstruiert eine Sphaira, ein Modell des Kosmos, und verfasst vielleicht auch eine ausführliche Beschreibung der Erde und der auf ihr lebenden Völker. Darüber hinaus aber versucht er den mutigsten philosophischen Beginn überhaupt: Er setzt nicht schon Grenzen und Begrenzungen irgendwelcher Art, weder im Raum noch zwischen isolierbaren Elementen, voraus, sondern geht von einem prinzipiell Unbegrenzten, dem *ápeiron* aus (die Wortbildung selbst könnte erst aristotelisch sein), das sich im Entstehen und Vergehen von sichtbaren Dingen wechselnd begrenzt. »Woraus den Seienden ihr Entstehen ist«, so der einzige von ihm erhaltene Satz in wortnaher Übersetzung, »in dasselbe entsteht auch das Vergehen, wie es sich gehört; denn sie geben einander Recht und leisten Buße für das Unrecht nach der Ordnung der Zeit.« Anaximander, soweit sich das erkennen lässt, geht inhaltlich von vollkommener Formlosigkeit aus und gibt sie in einer formlosen Prosa wieder.[6]

Das Formlose ist formbar. Das Unbegrenzte und Haltlose begrenzt sich auf Zeit in *peírata*, ›Knoten‹, ›Halterungen‹, ›Verbindungs- und Übergangsstellen‹, Anhaltspunkten, wie wir heute sagen würden, die auftauchen und wieder verschwinden. Mit dem formlosen und formbaren *ápeiron* waren in den griechischen Epen Erde und Meer bezeichnet worden, wenn ihre Grenzen von Menschen nicht abzusehen waren; bei HESIOD hieß so auch die unermessliche Tiefe, in die sich der unterirdische Abgrund erstreckt und in der man auch nach einem Jahr freien Falls keinen Boden erreiche. Anaximander erkennt das schwer Erträgliche seiner Annahme und fasst sie in eine ethisch-rechtliche Perspektive: Der Wechsel der Formen am Formlosen ist gut und recht. Sein Schüler ANAXIMENES deutet das *ápeiron* wieder als ein Element, als das leichteste und beweglichste, nämlich Luft, die sich verdichten und verdünnen und so ihre Grenzen laufend verschieben kann.

PYTHAGORAS (570–510), der offenbar wegen der Tyrannei des Polykrates von Samos, wo er geboren wurde, auf die andere Seite der griechischen Welt, nach Unteritalien, auswandert und dort eine einflussreiche Schule bildet, sucht, wohl an Anaximander anschließend, Begrenzungen des Unbegrenzten als Zahlen zu fassen und damit in ein übersichtlich berechenbares Ordnungssystem zu bringen. Auch er hält sich damit an physisch Unbeobachtbares. Er kann seine Zahlenordnung jedoch dadurch plausibilisieren, dass er ebenso in der Musik wie in den Umlaufbahnen der Planeten ganzzahlige Verhältnisse aufweist und daraus eine Sphärenharmonie ableitet, die er selbst zu hören behauptet. Er schafft damit das Modell, dem Weltgeschehen im Ganzen eine mathematische Form zu geben. Über die literarische Form seiner Philosophie, die dem hätte Ausdruck geben können, lässt sich jedoch nichts sagen; das Schweigegebot seiner Schule ließ es nicht zu, Schriften zu verfassen.[7]

2 Paradoxer Spruch: HERAKLIT

Man kann in der literarischen Form HERAKLITS, der zwischen 550 und 460 ebenfalls in Ionien, in Ephesos lebt, eine Konsequenz aus Anaximanders *ápeiron* sehen. Er philosophiert in vereinzelten Sprüchen, wenn man so will in bloßen Anhaltspunkten, die er offenbar bewusst nicht in einen klaren und übersichtlichen Zusammenhang bringt, sondern häufig in die Form von Paradoxien. Das trägt ihm den Beinamen des notorisch »Dunklen« (*ho skoteinós*) ein. Das undurchschaubare Weltgeschehen kann und soll nicht in einer durchschaubaren Ordnung dargestellt werden. Heraklit stammt vermutlich aus einem vornehmen Geschlecht, ohne dass er an den Regierungsgeschäften seiner Stadt teilnimmt, ist streitbar nach allen Seiten, bleibt selbst eine solitäre Figur. Er setzt weniger bei Beobachtungen als bei den begrenzten Möglichkeiten an, über sie Aussagen zu machen und sie befriedigend miteinander zu verknüpfen. Um zu zeigen, dass dies auf unterschiedliche, ja gegensätzliche Weise möglich ist, formuliert er paradoxe Aussagen von hoher Allgemeinheit, die in ihrer Prägnanz bis heute attraktiv geblieben sind. Sie eröffnen schlagartige Einsichten, aber keine Übersicht über die Einheit der Natur und der Gesellschaft. Heraklit behält sie unter dem Namen »das Weise« (*tò sophón*, B 32, B 41, B 108[8]) dennoch im Blick. Der *lógos*, mit dem er feststellbare regelmäßige Verhältnisse in allem Weltgeschehen postuliert, bleibt nach ihm in Zeichen verborgen. Er ist nur aus ihnen, aber nie eindeutig zu erschließen (B 93, B 123). Heraklit sieht die Deutungsspielräume der Zeichen der Sprache und schöpft sie nach Kräften aus, auch durch Bilder und Gleichnisse.

Mit seiner literarischen Form des isolierten Spruchs für isolierte Einsichten kann Heraklit an jedem Punkt des Weltgeschehens ansetzen. Er tut es mit Gegensätzen wie Erde und Wasser (B 36), Geradheit und Krümmung (B 59), dem Weg hinauf und hinab (B 60), Tag und Nacht, Sommer und Winter, Krieg und Frieden (B 67), Kind und Erwachsener (B 79), Krankheit und Gesundheit (B 111), Tod und Leben (B 88), Sterbliche und Unsterbliche (B 62), gerecht und ungerecht (B 102). Seine Gegensätze geben nicht schon Entscheidungen darüber vor, welche ihrer Seiten vorzuziehen ist. Sie lassen sich auch nicht in übersichtlichen Begriffspyramiden logisch über- und unterordnen, sondern halten sich in »gegenstrebiger Fügung« (*palíntropos harmoníē*, B 51). »Kurze Alltagsbeobachtungen und Sprichwörter stehen neben scharfer Invektive und hymnischen Formeln, direkte Behauptung neben geheimnisvoller Anspielung, kühne Bildlichkeit neben knapper gedanklicher Abstraktion«, nach den »archaischen Stilprinzipien der Responsion und Variation, der reihenden Gliederung und des abrupten Kontrastes«.[9] In der Formlosigkeit treten im Wechsel der Zeit starke Formen hervor, die sich in Heraklits Sprüchen spiegeln. Die Einheit des Weltgeschehens liegt darin, dass Alles sich durch Alles steuert (B 41) und durch jeweilige Vernetzungen oder Verknüpfungen (*synápsies oder syllápsies*) aus Einem Alles und aus Allem Eines werden kann (B 10). Die Auseinandersetzung von Allem mit Allem kann man als kriegerisch (*pólemos pántōn patḗr*, B 53), aber auch als das Spiel eines Kindes betrachten (B 52). Heraklits stärkstes Bild für die ständige Formveränderung ist der Fluss, der alles auseinanderdriften lässt und wieder zusammenbringt, der herankommt und sich entfernt und der sich schon geändert hat, wenn man ein weiteres Mal in ihn steigt (B 49a, B 91).

3 Lehrgedicht (Göttererzählung): PARMENIDES

Es ist unklar, ob Heraklit und Parmenides sich aufeinander bezogen haben. Beide jedoch sprechen in erhabenem Ton, von oben herab, nehmen dem Publikum gegenüber eine entschiedene Orientierungsüberlegenheit in Anspruch. Während Heraklit das Publikum jedoch irritieren will, will Parmenides es instruieren. Dazu schafft er eine gegensätzliche Form, das durchkomponierte Lehrgedicht.

PARMENIDES lebt nach den spärlichen und uneinheitlichen Quellen im Zeitraum zwischen 520 und 455 an der Westküste Süditaliens, im damaligen Elea, heute Velia. Vielleicht ist er von der pythagoreischen Schule und von XENOPHANES beeinflusst, der nach einem langen Wanderleben dort Zuflucht findet und bereits ein in Ich-Form erzähltes episches Lehrgedicht verfasst hat, in dem er gegen den Mythos polemisiert und so die Form gegen ihren traditionellen Inhalt wendet. Im Gegensatz dazu gewinnt Parmenides aus ihr einen neuen Inhalt. Die bisherigen Vorstellungen der Philosophen über die Ordnung der Natur sind so unterschiedlich, dass er nach einem Kriterium fragt, nach dem über sie entschieden werden kann. Es lässt sich offenbar nicht den Beobachtungen der Natur selbst entnehmen, die unterschiedlich sind, laufend wechseln und sich oft nicht miteinander vertragen. Um sie vergleichbar und bewertbar zu machen, darf das Kriterium nicht von ihnen bedingt und nicht zeitlich sein. Erst von einem solchen Unbedingten und Zeitlosen könnte man sagen, dass es *ist*. Und als solches wäre es *wahr*. Mit der unbedingten und zeitlosen Wahrheit setzt Parmenides der Philosophie einen expliziten und bis heute diskutierten Maßstab.

Ein Maßstab jenseits der menschlichen Beobachtungen muss übernatürlich, göttlich, den Menschen von Göttern anvertraut sein, doch jenseits des Streits der bekannten Götter. So trägt Parmenides seine Lehre von der Wahrheit zwar in der Form der Göttererzählung, dem Epos in Hexametern, vor, das durch HOMER und HESIOD höchste Autorität gewonnen hat, erfindet aber selbst eine Göttin, um sie die neue Lehre verkünden zu lassen. Er gibt ihr keinen Namen und schließt nicht an bekannte Göttererzählungen an. Auch er soll sein Lehrgedicht, das ebenfalls nur fragmentarisch erhalten ist, mit einem Musenanruf begonnen haben, mit dem der Dichter die Verantwortung für die Wahrheit seiner Erzählung an die Götter abgibt. Und wie Hesiod trägt er sich zugleich als Autor in seine Erzählung ein, in Gestalt eines jungen wissbegierigen Mannes, der in einem von Stuten gezogenen Wagen sitzt, den »Sonnenmädchen«, dem Gott der Sonne und der Weisheit, Apollo, dienende Unsterbliche, in rasender Fahrt lenken (Fragment B 1[10]). Der junge Mann steuert selbst nicht, er fährt nur mit und braucht auch dazu, so Parmenides, viel »Mut«. Die Fahrt hat die Gestalt einer Initiation: Sie führt den jungen Mann »durch alle Städte« der Menschen hin zum »Licht« jenseits der vertrauten Welt, zu einem »Tor der Straßen von Tag und Nacht«, das selber aus »Ätherlicht« besteht und über das die Göttin der Gerechtigkeit, Dike, wacht. Dike, hinter der noch Moira steht, das Geschick, über das auch Götter nicht verfügen, schließt auf Bitten das Tor auf, hinter dem sich ein »gähnender Schlund« auftut, auch hier die Metapher für vollkommenen Orientierungsverlust. Dann aber zeigt sich die bisher unbekannte Göttin und spricht mit göttlicher Autorität zu dem jungen Mann von der »Wahrheit« (*alḗtheia*). Die Wahrheit geht hier nur von Frauen aus.

Sie lautet im Kern, dass »Ist ist und dass Nicht-Sein nicht ist« (B 2). Dass Nicht-Sein ist, widerspricht sich – Parmenides bringt den Satz des auszuschließenden Widerspruchs auf den Weg, den dann Aristoteles explizit formulieren wird. Er setzt wie Heraklit beim Sagen (*légein*) an, mit dem das Denken (*noeĩn*) verbunden ist, beim Logos, aber noch nicht bei der Logik, die erst folgt.[11] Er unterscheidet noch nicht, *was* etwas ist (Prädikation) und *dass* etwas ist (Existenzaussage). Es geht zunächst nur darum, dass »Sein« keine Sache der Beobachtung ist, sondern gedacht wird. Es zu denken soll allein die Aufgabe des Denkens sein. Denken muss dann seinerseits so gedacht werden, dass es jenes Sein denken kann: Beide, Sein und Denken, sind füreinander gedacht, »das Sein« ist das vom »Denken« gedachte Sein, und »das Denken« ist das für dieses Sein gedachte Denken. Auf diese Weise kann man sagen, dass »Denken und Sein dasselbe« ist (*tò gàr autò noeĩn estín te kaì eĩnai*, B 3), dass Denken und Sein übereinstimmen, und genau das ist es, was man sich bis heute unter »Wahrheit« denkt.[12] Eben weil die Wahrheit als Einheit von gedachtem Sein und seiendem Denken nicht mehr zu begründen ist, braucht es die Autorität einer eigens erfundenen namenlosen Göttin, um sie einzuführen. In Parmenides' Lehrgedicht spricht nur sie, der junge Mann hört zu, es gibt keine Fragen, keine Kommunikation, stattdessen Lehre in Reinform, für die sich die ritualisierte, gebundene Form des Epos besonders eignet.

Die epische Form musste als bewusste Wahl auffallen, zum einen weil die bisherige Philosophie in Prosa vorgetragen worden war, zum andern weil sie griechische Ohren stören musste: Parmenides war nach dem Urteil der klassischen Philologen kein Dichter von Rang. Eine bewusste Wahl soll auch der neue Weg sein, den Parmenides vorschlägt. Die Göttin empfiehlt ihn zunächst als den rechten »Weg des Suchens« (*hodós dizēsiós*, B 6,3; B 7,2), dann zeigt sie ausführlich, wie verkehrt der alternative

Weg wäre, nämlich hinzunehmen, dass auch Nicht-Sein ist. Er hätte immerhin ermöglicht, auch das Werden und Vergehen und mit ihm die Zeit in das philosophische Denken einzubeziehen, wie es für die alltägliche Orientierung selbstverständlich ist. Da Werden, Vergehen und die Zeit aber bedeuten, dass das, was *ist*, vorher *nicht* war und später *nicht* mehr sein wird, schließt Parmenides sie aus. Denn in der Zeit selbst steckt, wie dann Parmenides' Schüler ZENON zeigt und ARISTOTELES später bestätigt, eine Paradoxie: Sie ist immer dieselbe und doch nie dieselbe, anders als das Sein ist sie und ist zugleich nicht und kann nach der parmenideischen Wahrheit also nicht sein. Eine bis heute anhaltende »Gewalt der Gewissheit« (*pístios ischýs*, B 8, 12), wie Parmenides sie nennt, lässt das für das Sein gedachte Denken am Sein der Zeit verzweifeln. Da man aber offensichtlich stets mit ihr zu tun hat, ist es eine »Entscheidung« (*krísis*, B 8, 15), sie auszuschließen, und für diese Entscheidung hat man auch nach Parmenides' Göttin letztlich nur Zeichen oder Anhaltspunkte (*sēmata*, B 8, 2 u. 55). Parmenides entscheidet mit der Autorität seiner Göttin, dass die alltägliche Orientierung an der Zeit eine täuschende »Meinung« (*dóxa*, B 8, 51), eine Fiktion ist. Damit erhebt er das philosophische Denken über die alltägliche Orientierung, und die westliche Philosophie, soweit ihr Hauptstrom ihm folgte, hat seither das Dauerproblem, mit der Zeit zurechtzukommen. So bleibt auch die von der unbekannten Göttin gestiftete Wahrheit im Zweifel.

4 Öffentliche Rede: SOPHISTEN und ISOKRATES

In Athen macht der schrittweise Übergang von Aristokratie zu Demokratie, die auf Gleichheit vor dem Gesetz (*isonomía*) und Redefreiheit (*isēgoría*) beruhte, breite Bildungsanstrengungen für

Bürger nötig, die mit ihren Argumenten in den alles entscheidenden Volksversammlungen überzeugen wollen. So entsteht die Profession der Sophisten, der »Weisheitslehrer«. Sie kommen noch von außen, haben darum selbst kein Recht, in den Volksversammlungen zu sprechen, und nehmen auch nicht politisch Partei. Sie schulen gegen Bezahlung die Bürger, ihre Argumente stark zu machen. Sie schreiben Reden für sie, verfassen auch Musterreden und können es damit zu hohem Ansehen und Reichtum bringen. Bei Männern wie PROTAGORAS aus Abdera in Thrakien (zwischen 490 und 411), GORGIAS aus Leontinoi auf Sizilien (zwischen 490 und nach 396) und PRODIKOS von Keos (zwischen 470 und nach 399) gehen erfolgreiche Politiker wie Perikles und Alkibiades in die Schule. Wie einflussreich sie sind, zeigt Platons scharfe und siegreiche Polemik gegen sie: Er hat bis heute ihren Ruf schwer geschädigt.[13] Aus seiner Sicht vertreten sie den heute noch gefürchteten Relativismus und Nihilismus.

Die Sophisten schaffen die literarische Form der öffentlichen Argumentation zu politischen und anderen Zwecken; sie wird noch immer weltweit in Zeitungen, Zeitschriften und Büchern genutzt. Als bezahlte Redenschreiber (*logográphoi*) müssen sie unterschiedliche Meinungen und Standpunkte vertreten können, und das führen sie vor, indem sie demonstrativ unterschiedliche Argumentationen stark machen. Die Argumentationen müssen erfolgreich sein, und so zeigen die Sophisten, wie Reden gestaltet sein müssen, um zu überzeugen. Sie stehen ihrerseits, wie die Bürger in der Volksversammlung, im Wettbewerb miteinander, und das befeuert sie, Strategien zu lehren, wie man überlegen argumentieren kann. In schwierigen Situationen müssen Redner wendig sein; daher empfiehlt es sich nicht, sich auf unverrückbare Prinzipien festzulegen. Das alles ist damals moralisch nicht anrüchig; man freut sich an Reden, die den Wettbewerb mit Worten statt mit Waffen austragen und jedem in einer Volksversammlung die Freiheit lassen, sich gefahrlos nach der einen oder der andern Seite zu entscheiden.

Die neue Form der öffentlichen Rede treibt die Philosophie aber auch in ihren Inhalten voran: Die Kunst der Sophisten wird zur Grundwissenschaft der Kommunikation der Gesellschaft. Um möglichst fundiert reden zu können, entwickelt man erste Philosophien der Sprache, des Rechts und der Moral, behandelt dagegen die Erkenntnis der Natur und die Frage nach ihrem wahren Sein skeptisch. Denn daran, dass etwas ist, sind weiterhin begründete Zweifel möglich und ebenso daran, dass etwas, wenn es ist, erkennbar ist und dass es, wenn es erkennbar ist, mitteilbar ist. Klar ist dagegen, dass letztlich den Ausschlag gibt, in welcher Situation welche Argumente auf welche Weise zur Geltung gebracht werden. Dazu braucht es Bildung und Übung, und die bieten die Sophisten an. In ihrer neuen Situation findet die Philosophie nicht mehr in bestimmten philosophischen Meinungen oder Lehren, sondern in einem souveränen Orientierungs-, Urteils-, Argumentations- und Darstellungsvermögen ihren neuen Inhalt und Halt.

Das macht sich vor allem Isokrates (436–338), der heute eher vergessene, neben Platon aber berühmteste und erfolgreichste Philosoph seiner Generation, zum Programm; Platon selbst lässt Sokrates ihm ein hohes Lob aussprechen und große Erwartungen für seine Zukunft äußern.[14] Angesichts von Platons Angriffen vor allem auf Gorgias, dessen Schüler Isokrates war, nennt dieser sich seinerseits betont einen »Philosophen«, dem es nicht nur um rhetorische Darstellungskunst, sondern ebenso um Wahrheit und Tüchtigkeit geht. Als gebürtiger Athener hat er das Rederecht in Volksversammlungen, aber weder die Stimme, um selbst als Redner aufzutreten, noch die Statur, um in die aktive Politik zu gehen. So *schreibt* er Reden, zunächst wie die Sophisten als Logograph; später aber gründet er eine eigene – ebenfalls einkömmliche, weil stark frequentierte – Schule, mit der er, ohne scharf zugespitzte philosophische Thesen, großen Einfluss ausübt. Er reflektiert ausdrücklich die Wahl seiner literarischen Form, lehnt sowohl mythische als auch sophistische und auf tosenden Beifall angelegte Schriften ab, um nun ganz sachlich zu reden; er bildet die Musterrede zur spezifischen literarischen Form aus und lehrt in ihr und mit ihr eine Philosophie der Orientierung an der jeweiligen Situation. Danach machen den Gebildeten nicht so sehr die natürliche Begabung, das theoretische Wissen und die praktischen Fertigkeiten aus, sondern dass er »mit den Angelegenheiten, die täglich anfallen, gut zurechtkommt und ein Urteilsvermögen besitzt, das die rechten Zeitpunkte (*kairoí*) erfasst und in der Lage ist, in den meisten Fällen das Nützliche zu erraten (*stocházesthai toú symphérontos*)«. Der in dieser Weise erfolgreiche Mann begegne jedem in angemessener und freundlicher Weise, zeige die gebotene Selbstbeherrschung, wisse den günstigen Zufall zu schätzen und lasse sich auch nicht durch den Erfolg verderben. Gerade im Reden müsse man »die Rücksicht auf die Erfordernisse der Situation bewahren (*tēn eukairían diaphyláttein*)«.[15]

Indem die Sophisten und insbesondere Isokrates die Philosophie für die öffentliche Rede tauglich machen, begründeten sie sie neu als Praxis im Dienst der Kommunikation der Gesellschaft und der Demokratie. Statt auf letzten Gewissheiten zu bestehen, schulen sie die Kunst der situationsangemessenen Argumentation, durch die Argumente erst durchdringen; so befördern sie ein realistisches anstelle eines idealisierenden Denkens und schaffen sich dadurch Achtung und Anerkennung bei ihren Mitbürgern. Sie machen die Rhetorik philosophisch und die Philosophie politisch. Heute würden wir von Intellektuellen sprechen. Isokrates hat auch klare politische Ziele. Er will durch umfassende Bildung aussichtsreicher junger Leute eine durch eine gebildete Elite geführte Demokratie fördern, tritt mit seinen höchst sorgfältig ausgearbeiteten Reden nicht für eine aggressive Machtpolitik Athens, sondern für eine Führung durch überlegene Orientierung und für einen »Panhellenismus« ein, nach dem Griechen sich nicht durch Geburt, sondern durch Bildung von den Barbaren unterscheiden sollen, und gewinnt dadurch großen politischen Einfluss.

5 Dialog: Sokrates und Platon

Die Frage nach der Bedeutung der Formen philosophischer Schriften hat sich vor allem an Sokrates und Platon entzündet. Beide haben die Frage ausdrücklich gestellt, und für das Verständnis ihres Philosophierens ist sie besonders virulent. Sokrates (ca. 469–399) will weder Reden noch philosophische Werke schreiben, sondern nur Gespräche führen, und er hat den Typus des Philosophen wie kein anderer geprägt. Platon (427–347), sein herausragender Schüler, Konkurrent des Isokrates, schreibt, dass er seine philosophische Lehre nicht der Schrift anvertrauen will. Stattdessen schreibt er mündliche Dialoge, in deren Mittelpunkt er Sokrates stellt, ohne selbst in ihnen aufzutreten; für die Weitergabe seiner Lehre gründet er eine Schule, die Akademie. Beide, Sokrates und Platon, betreiben Philosophie unter dem Vorzeichen, dass es in ihr um Wahrheit gehen muss, zugleich aber mit dem Vorbehalt, dass Wahrheit nur bedingt erreichbar ist. Sie stellen die Philosophie unter ein Ideal. Das geschieht in einer Zeit politischer Katastrophen: Das stolze Athen verliert den fast dreißigjährigen Peloponnesischen Krieg gegen Sparta (431–404), die besten Köpfe wechseln die Seiten, und am Ende herrscht die brutale Tyrannei der dreißig Oligarchen, die dann wieder durch die Demokratie ersetzt wird. Nichts steht mehr fest. Sokrates wird hingerichtet, Platon, dessen Verwandte unter den Tyrannen waren und der selbst ehrgeizige Pläne für einen neuen Staat hegt, zieht sich aus der Athener Politik zurück.

Nach dem wenigen, was man wirklich von SOKRATES weiß, stammt auch er aus Athen und nimmt dort all seine Bürgerrechte und -pflichten wahr, darunter die, in den Krieg zu ziehen, in dem er sich hervorragend bewährt, und in Gerichten mitzuwirken. Hier besteht er auf strenger Gesetzestreue, so sehr, dass er die Gesetze der Stadt auch dann noch achtet, als er selbst nach ihnen zum Tod verurteilt wird, obwohl ihm das mit deutlicher Mehrheit angenommene Urteil ungerecht erscheint. Er wird zu seiner Zeit in Konkurrenz mit den Sophisten wahrgenommen, doch unter besonderen, manchmal bizarren Merkmalen: Er treibt, eher nachlässig, das Handwerk eines Steinmetzen, lebt ärmlich mit seinen Frauen und seinen wenig begabten Kindern, ist auffallend hässlich, bei Gastmählern außerordentlich trinkfest, geht stets barfuß, friert im Feld nicht, wenn andere frieren, kann auch einmal einen Tag lang auf der Stelle stehen bleiben, um nachzudenken, wird darüber zur Komödienfigur und bleibt bei seinem Tod gelassener als alle, die um ihn sind.[16] Vor allem aber nimmt er kein Geld für sein Philosophieren, will nur dem Ideal, dem Wahren, Guten und Schönen, verpflichtet sein. Politisch ergreift er nicht Partei, sondern philosophiert, so stellt er es dar, in göttlichem Auftrag: Einerseits hört er auf einen ebenfalls nur ihm bekannten Gott in seinem Innern, sein *daimónion*, andererseits nimmt er den Spruch des Delphischen Orakels, dass niemand weiser sei als er, nicht einfach an, sondern schickt sich an, es auf eigene Faust zu überprüfen. So befragt er unentwegt Menschen, bei denen er ein besseres Wissen vermutet, daraufhin, ob es sich da um wahres Wissen handelt. Er tritt, heißt es, wie eine lästige Bremse auf. Schwer durchschaubar, ebenso ernsthaft wie skurril, erlaubt es sich Sokrates, dem Götterspruch zugleich zu glauben und nicht zu glauben. Die Folge ist, dass er das Philosophieren von der Form des Monologs auf die des Dialogs umstellt.

Sokrates, berühmt für die Kunst der Definition, der genauen Bestimmung dessen, wovon geredet wird, fragt die andern nach ihren Definitionen, die sich stets als haltlos erweisen. Wissen soll definiertes Wissen sein. Denn nur Wissen sei lehrbar, mitteilbar ohne Veränderung des Sinns. Von der Lehrbarkeit aber hänge die Erziehung und von der Erziehung die Heranbildung guter Bürger für einen gerechten Staat ab, dessen Konzeption höchste Aufgabe der Philosophie sein müsse. Da nun Sokrates mit dem Paradox antritt, dass er weiß, dass er nichts weiß, und es nutzt, um nach dem Maßstab des Wissens, der Wahrheit, die er selbst nicht kennt, in allem vermeintlichen Wissen Widersprüche und Aporien aufzudecken, wird aus dem Philosophieren ein unentwegtes Rechenschaft-Geben (*lógon didónai*) unter den Gesprächspartnern. Sokrates versetzt das Leben der Athener und die ihm folgende Philosophie in den Rechtfertigungsmodus.

Ohne zu definitiven Ergebnissen zu führen, entwickelt Sokrates dadurch ein Begriffsinstrumentarium zur Erschließung der Wahrheit: Er transformiert die logische Paradoxie des Wissens vom Nicht-Wissen der Wahrheit in den zeitlichen Prozess einer unendlichen Forschung nach der Wahrheit, der sich alle Wissenschaft bis heute verpflichtet sieht. Dass jemand weiser ist als alle andern (auch wenn oder eben weil er weiß, dass er in Wahrheit nichts weiß), verpflichtet einen vornehmen Griechen der Antike, die Staatsgeschäfte zu übernehmen, so wie es Platon dann auch in seiner *Politeia* empfiehlt. Stattdessen hält Sokrates die vornehmen jungen Leute, indem er sie mit dem Wissen selbst befasst, von den Staatsgeschäften ab und schafft, wie Nietzsche sie genannt hat, die Lebensform des »theoretischen Menschen«,[17] den Philosophen in der Folge zum Maßstab des Menschen überhaupt erheben. Sokrates fasziniert die vornehme Jugend Athens und sticht die berühmtesten Sophisten aus, indem er aus seinem Weg (*poreía*), der Methode (*méthodos*) der wahrheitsorientierten Dialogkunst (*dialektikē téchnē*), eine neue Form des Wettbewerbs macht und sich darin, oft vor Publikum, vor allen andern auszeichnet.[18] Er besteht auf kurzen Redebeiträgen: Jeder soll ohne lange Umwege sofort Rede und Antwort stehen und jeden erreichten Schritt der Argumentation bejahen oder verneinen. So wird aus der Dialogkunst eine Widerlegungs- und Streitkunst.

Dadurch dass er, als er von der Volksversammlung mit deutlichen Mehrheiten wegen Verführung der Jugend und Gottlosigkeit zum Tod verurteilt wird und nicht die Möglichkeiten der Verbannung oder der Flucht ergreift, die man ihm durchaus lässt, sondern in seinen letzten Dialogen im Kerker das Sterben als Weg zum wahren Philosophieren begreift, wird Sokrates zu dessen Märtyrer. Er lebt seine neue Form des ungeschriebenen, dialogischen Philosophierens exemplarisch vor und wird dadurch selbst zum Maßstab der Philosophie. Er schickt sie auf eine »zweite Fahrt« (*déuteros ploũs*), verschiebt ihren Inhalt auf die Frage, wie man zu leben hat: auf die Ethik, deren Maßstäbe sich am ehesten in Dialogen ermitteln lassen. Da man in wahrheitsorientierten Dialogen weder die Möglichkeit noch das Recht hat, andere zu einem guten Leben zu zwingen, setzt er bei der »Sorge« eines jeden um seine »Seele« (*epiméleia tēs psychēs*) an. Er wendet das Philosophieren im Dialog mit andern auf den Philosophierenden selbst zurück. Das dialogische Philosophieren wird zur selbstbezüglichen Lebenskunst.

All dem sieht sich auch PLATON verpflichtet, der Sokrates zu seinem Protagonisten macht. Er schreibt mit ausgefeilter Darstellungskunst Dialoge nieder, die Sokrates auf dem Markt, in Ausbildungsstätten der Jugend, in Privathäusern mit interessanten Gästen, ausnahmsweise auch außerhalb der Stadt und zuletzt im Kerker mit Freunden geführt hat oder geführt haben könnte, indem er sie teils nacherzählt, teils, für uns kaum unterscheidbar, frei gestaltet und idealisiert. Platon ist 28, als Sokrates im Alter von siebzig Jahren in den Tod geht. Er gehört selbst – seine Familie führt ihre Ursprünge auf Götter zurück – zur vornehmsten Jugend. Auch das sokratische Paradox übernimmt er – auf seine Weise: Er schreibt, dass er nicht aufschreiben will, was er selbst zu sagen hat. Er begründet das, sichtlich im Sinn des Sokrates, mit einer Kritik der Schrift überhaupt, die er zweimal vorträgt und beide Male an die spezifischen Situationen von Gesprächen bindet, in denen die Schrift den Sinn der sokratischen Gesprächskunst verkehrt.

Im sogenannten *VII. Brief*, der als echt gilt, berichtet er, dass er versuchen wollte, sein Konzept eines gerechten Staates anderswo zu verwirklichen, nämlich in Unteritalien, wo mit Parmenides und Pythagoras die Philosophie einen so starken Aufschwung genommen hatte. Er reiste mehrfach (damals unter Lebensgefahr) nach Sizilien, wo der mächtige Herrscher von Syrakus, Dionysios II., an seinen staatsphilosophischen Ideen interessiert schien. Dort befreundete er sich eng mit dem hoffnungsvollen jungen Dion, einem Verwandten des Herrschers, der jedoch nach Intrigen seiner Gegner verbannt wurde, in Platons Athener Akademie Unterkunft fand, später, erfüllt von deren Ideen, siegreich nach Syrakus zurückkehrte und schließlich dort ermordet wurde. Anders als Dion erwies sich Dionysios II. immer neu als unbelehrbar. Stattdessen machte er aus dem, was er von Platon gehört und gelesen hatte, unter vielfachen Verzerrungen eine eigene Schrift – so entschied sich Platon gegen die Schrift überhaupt, die sich herumtreibe und sich jedermann zum Missbrauch anbiete. Man müsse sich in das, was er zu sagen habe, in langen Gesprächen einarbeiten (Platons Akademie sieht jahrzehntelange Bildungsprozesse vor) und dann werde man es plötzlich, auf »einen kleinen Fingerzeig (*dià smikrās endeíxeōs*)« hin, selbst begreifen. Die Schrift könne dafür nicht mehr als ein Hilfsmittel zur Erinnerung sein. Eine Philosophie, die zu wahrem Wissen und letztendlich zu einem gerechten Staat führen soll, erfordert Mündlichkeit, also den Dialog.

So fügt Platon der sokratischen Praxis des Dialogs die Theorie hinzu – in schriftlichen Dialogen, die konsequent an die mündliche Praxis erinnern. In seinem tiefgründigsten Dialog, dem *Phaidros*, einem Dialog auch über den Dialog selbst, erscheint die Schriftkritik in einem anderen, aber ebenfalls pragmatischen Zusammenhang. Platon schließt sie hier an das Werben des Sokrates um den schönen Phaidros an.[19] Der führt ihn vor die Mauern Athens in die Natur, bringt eine geschriebene Liebesrede von Lysias mit, einem der damals berühmtesten Redenschreiber, und trägt sie Sokrates auf dessen Drängen hin begeistert vor. Der eifersüchtige Sokrates demonstriert Phaidros zunächst, wie man die schriftliche Rede weit besser anlegen kann, und schwingt sich dann, seinerseits entflammt durch die Gegenwart des schönen Phaidros, zu einer spontanen Rede auf, die ihn bald in eine *manía*, einen Liebesrausch, entrückt, der ihn vom göttlichen Leben und Wissen schwärmen lässt. Danach, wieder ernüchtert, erkennt er im Dialog mit Phaidros, dass alle wahrhaft gute Rede von jenem göttlichen Wissen lebt, das man jedoch nicht aufschreiben darf, weil man ihm nur, wie jetzt in dieser Situation mit Phaidros, im Gespräch zu Hilfe kommen kann, wenn es missverstanden wird. Denn nur in der Situation eines interindividuellen Gesprächs, in der raschen Abfolge von Frage und Antwort, kann man Missverständnisse leicht erkennen; nur sie gibt genügend Anhaltspunkte zum richtigen Verständnis; nur hier kann man für hinreichende Klarheit und Eindeutigkeit sorgen. Selbst der ägyptische Gott Theuth, der die Schrift erfand, musste sich, erzählt Sokrates, vom umsichtigen ägyptischen König

Thamus belehren lassen, dass es darauf ankomme, die Schrift auch in der rechten Weise zu *gebrauchen*. Daraus folgt für Platon das Paradox, dass er mündliche Dialoge schreibt – und sich selbst aus ihnen heraushält.

Vermutlich erfindet er die Form des Dialogs nicht neu, sondern steht hier schon in Konkurrenz zu anderen Sokratikern; jedoch sind nur Platons Dialoge erhalten.[20] Er bemüht sich, die Dialoge historisch und authentisch erscheinen zu lassen, setzt sich mit der Zeit aber, wo immer es ihm sinnvoll erscheint, darüber hinweg, ob sie es auch waren; aus Sokrates wird immer mehr ein platonischer Sokrates. Dies und dass Platon in seinen Dialogen selbst nicht auftritt, macht überraschend neue Inhalte möglich.

– Erstens kann Platon so die philosophierenden Individuen in ihren konkreten Situationen ins Spiel bringen. Seine Dialoge geben Gespräche unter ausgeprägten Persönlichkeiten wieder, die von Dialog zu Dialog und oft auch innerhalb eines Dialogs wechseln, wenn die Themen des Gesprächs oder die Art der Gesprächsführung wechseln. Platon macht eigens ihre Vorgeschichte, ihren Charakter, ihren Wissensstand, ihre Einstellungen, ihre Haltungen und sogar ihre Stimmungen kenntlich. Um die Positionen zu verdeutlichen, die seine Figuren beziehen, lässt er sie einander mitunter angreifen, aber auch Rücksicht aufeinander nehmen. Er bezieht auch Abwesende ein, soweit sie, wie Lysias im *Phaidros*, gerade durch ihre Abwesenheit den Gesprächsverlauf mitbestimmen. Mit einer Sprachkunst, die ganz natürlich wirkt, gibt er den Individualitäten auch stilistisch Ausdruck; Kenner erkennen hier feinste Differenzierungen. Platon zeigt so, dass das Philosophieren bei allem Ringen um treffende Definitionen, nützliche Abstraktionen und wegweisende Ideale an individuelle Personen mit individuellen Fähigkeiten gebunden ist.

– Zweitens motiviert er durch wechselnde inter-individuelle Konstellationen, warum wann welche Begriffe ins Spiel kommen. Ob Argumente ›ankommen‹, hängt von konkreten Situationen ab; in Platons Dialogen stehen sie oft nicht in erwartbarer Abfolge, sondern tauchen auch auf, wo man nicht mit ihnen gerechnet hat; ebenso unvermutet können sie wieder fallen gelassen werden. In der Regel kommt auch kein Konsens (*homología*) zustande; wenn doch, ist Sokrates oft der Erste, der ihn erneut als haltlos entlarvt. Zwar übernimmt er mit sicherem Blick für die Möglichkeiten seiner verschiedenen Gesprächspartner meist die überlegene Führung; doch Platon lässt die andern Sokrates auch widersprechen, ihn zurechtweisen, auf Irrtümern ertappen. Er führt immer wieder vor, wie Sokrates auch strategisch vorgeht, Umwege macht, zu Tricks Zuflucht nimmt, auf Zeit etwas zugesteht, was er später wieder infrage stellt, wie er hier vorprescht, dort nachgibt, sich in einen Rausch hineinredet usw. Platon warnt so davor, sich mit Sokrates und Sokrates mit ihm zu identifizieren, als ob er sein Sprachrohr wäre. Dennoch fasziniert Sokrates mit seinen Manövern zumindest seine jungen Gesprächspartner so, dass sie, auch wenn oder gerade weil er sie in Aporien getrieben hat, baldmöglichst wieder mit ihm reden wollen; er hat also auf seine Weise Erfolg mit seinen Strategien. Andere, die wie Gorgias und Kallikles selbst große Erfahrung in Rhetorik und Dialektik haben, lässt Platon mitunter, wie im Dialog *Gorgias*, einfach schweigen; Philebos, der der Lust zuliebe lebt, hat im gleichnamigen Dialog keine Lust, sich dafür zu rechtfertigen. Schließlich führt Platon in seine Dialoge auch Figuren ein, die Sokrates überlegen sind, so den alten Parmenides im Dialog *Parmenides* und den eleatischen Fremden, einen Schüler des Parmenides, im *Sophistes*. In seinen letzten Dialogen, dem *Timaios* und den *Nomoi*, in denen Platon nur noch mit Mühe die Form des Dialogs aufrechterhält, nimmt er Sokrates ganz zurück.

– Drittens hält Platon, solange Sokrates im Spiel ist, kunstvoll offen, ob er durch seine Begriffsvorschläge und Argumente oder durch sein Charisma überzeugt; er kann einen Mangel an Logik leicht durch mitreißende, enthusiastische Reden ausgleichen.[21] Platon führt auch Defizite der Mündlichkeit bei der Suche nach Wahrheit vor: Gespräche können nicht nur in Aporien enden, auch Übereinstimmungen können auf Missverständnissen oder Irrtümern beruhen, die später aufgedeckt werden oder auch nicht. Nicht nur bei langen Reden, auch bei langen Argumentationen kann die Übersicht verloren gehen, ohne dass man, wie in Schriften, die Möglichkeit hätte, nochmals nachzusehen. Das Paradox des *geschriebenen* mündlichen Dialogs aber schafft Distanz: Hier kann man mit den Gesprächen mitgehen und doch innehalten, um das jeweils Gesagte in seiner Konsequenz und seiner Überzeugungskraft kritisch zu überprüfen. Man kann, so Platon, seinem eigenen Verständnis »zu Hilfe kommen«; so erfüllen die Dialoge die Bedingungen der Schriftkritik. Indem Platon noch nicht einmal die Autorschaft für die Dialoge selbst übernimmt, sondern eigens dafür eingeführte Dialogfiguren umständlich darüber berichten lässt, wo, wann und wie sie stattgefunden haben, ja sogar, wie sie verfertigt werden (so im Eingang zum *Theaitetos*), schafft er auch sich selbst Distanz zu den Dialogen und ihren Inhalten. Sokrates will als Person hinter seine Argumente zurücktreten, Platon tut es. Aus der Ironie des Sokrates gegenüber seinem Wissen wird Platons Ironie gegenüber Sokrates. Beides schafft, zusammen mit dem offenen Ausgang vieler Dialoge und eigens angezeigter Auslassungen in den Dialogen, dem Autor ebenso wie den Leser(inne)n Freiheit gegen Festlegungen; die Letzteren können so nie wirklich wissen, woran sie sich in den platonischen Dialogen halten können, und sind darum gut beraten, die Schriftkritik auch gegenüber den Dialogen ernst zu nehmen und nicht ihre eigenen Meinungen in sie hineinzudichten. Und da es sich bei Platons Dialogen erkennbar um Dichtungen handelt, werden sie auch Sokrates' Dichter-Kritik im III. und X. Buch der *Politeia* beachten müssen, dass Dichter nicht dichten sollten, was sie sich vorstellen, sondern schlicht erzählen, was war – und was Platon selbst oft genug gerade nicht tut.[22] Aus der Distanz, in die sie auch diese Paradoxie versetzt, können die Leser(innen) die jeweiligen Entscheidungen über den Gebrauch der jeweils herangezogenen Unterscheidungen beobachten – und die Wahrheit, die man ohnehin nicht kennt, in der Schwebe lassen.

– Denn viertens wird das Wissen, das in den Dialogen zur Sprache kommt, keineswegs nur an seiner Wahrheit gemessen, sondern vor allem an seinem *Gebrauch* (*chrēsis*):[23] Es kann ein pragmatisches Wissen zum Gebrauch in der Erziehung (*Laches*), vor Gericht (*Euthyphron*) und zum Gewinnen von Freundschaften (*Lysis*) sein, ein reflexives, wo es um Besonnenheit geht (*Charmides*), ein kritisches, wenn ein trügerischer Anspruch von Sophisten auf seine Lehrbarkeit abzuweisen ist (*Protagoras*), ein ethisch ambivalentes, da Lügen als überlegenes Wissen verstanden werden kann (*Hippias II*), oder ein ethisch grundlegendes, wenn es Bedingung der Gerechtigkeit sein soll (*Apologie*, *Kriton*); es kann politischen Rang bekommen, wenn der Staat auf es gegründet werden soll (*Politeia*), und es kann mehr als überzeugend, geradezu bezwingend sein, wenn es dem Eros entspringt (*Symposion*, *Phaidros*). Wissen erfüllt nach dem platonischen Sokrates erst seinen Sinn, wenn es in der rechten Weise gebraucht wird – und dies ist erst in der jeweiligen Situation, hier der Dialogsituation, zu sehen.

– Trotz der Vorgabe, dass Sokrates weiß, dass er nichts weiß, erlauben ihm fünftens die Dialoge, auch positives Wissen vorzutragen. Denn solche Ausführungen können hier stets wieder infrage gestellt werden und sind insofern noch kein wahres Wissen: so etwa, wenn Sokrates im Dialog *Gorgias* in Gegenwart des Gorgias nach langen, teils aggressiven Auseinandersetzungen um die Bestimmung der Sophistik und Rhetorik sich selbst als einzig wahren Staatsmann Athens darstellt, weil er allein die Bürger besser und gerechter machen könne. Wo Ausführungen weder zu begründen noch nachzuprüfen sind, legt Platon Sokrates Mythen in den Mund, zusammenhängende monologische Erzählungen über Menschen nicht zugängliche, jenseitige Geschehnisse. Dazu gehören Erzählungen etwa von der göttlichen Herkunft des Eros (*Symposion*), vom Tod als einem Auswandern in ein glücklicheres Reich (*Apologie*) und den gerechteren Richtern dort (*Gorgias*), vom Weg der Seele in die Unterwelt (*Phaidon*), von der Wiederkehr der Seelen nach ihrem ethischen Verdienst (*Phaidon*, *Phaidros* und *Politeia*), von der Erfindung der Schrift durch einen ägyptischen Gott (*Phaidros*) oder von der Gestaltung der Welt durch einen Weltenbaumeister (*Timaios*), aber auch die große, ausdrücklich so genannte Erzählung vom gerechten Staat in der *Politeia* und die darin eingefügten Gleichnisse vom Weg zur Wahrheit der Ideen. Hier, am Kern von Platons positiver Philosophie, sind es seine Brüder, die Sokrates dazu drängen, ihnen auch eine konstruktive Vorstellung zu geben. In den Dialogen *Menon* und *Theaitetos* wird derartiges Wissen unter den herabgestuften Begriff der »wahren Meinung« (*dóxa alēthēs*) gefasst – einer Meinung, die für die jeweiligen Gesprächspartner glaubwürdig ist und für ihre Kommunikation ausreicht.

Zu diesem positiven Gebrauchswissen wird man im Ausgang von der schriftstellerischen Form des Dialogs auch das Wissen von den *Ideen* zählen. Denn auch von ihnen gibt es in den platonischen Dialogen keine definitive Wahrheit, auch hier erlaubt die Dialogform Platon, sich nicht festzulegen. In verschiedenen Dialogen ist jeweils anders von ihnen die Rede. Das Wort ›Idee‹ ist der Alltagssprache entnommen, mit seinem ganzen Spektrum von ›sehen‹ und ›gesehen werden‹, ›erscheinen‹ und ›wissen‹, ›einsehen‹ und ›sich auf etwas verstehen‹, für Griechen also nicht auffällig. Platon setzt aber auch andere Begriffe für die Ideen ein, *eĩdos* (vom selben Stamm wie *idéa*), Form (*morphḗ*), Gattung (*génos*), Logos, Muster (*parádeigma*), Bild (*eikṓn*) und Sein (*ousía*). So bleibt, offenbar gewollt, ein großer Spielraum, sie zu verstehen und misszuverstehen. Im Dialog *Phaidon*, in dem Platon die Annahme von Ideen nutzt, um den vor seiner Hinrichtung stehenden Sokrates die Unsterblichkeit der Seele beweisen zu lassen, gilt sie als »unsicheres Boot (*schedía*), auf dem man versuchen kann, durchs Leben zu schippern« (85d).

Platon versucht mit der Ideenannahme ausdrücklich, Parmenides' Frage nach dem Sein und Nicht-Sein neu und nun vereinbar mit Heraklits Lehre vom Werden zu beantworten. Ideen soll man sehen können, aber nur metaphorisch, nicht mit den Sinnen; es soll nicht nur eine, sondern es können viele sein, und die vielen können in unterschiedlichen Dialogsituationen unterschiedlich verknüpft werden. Versteht man sie vom Dialog unter Individuen her, sollen sie in erster Linie denkbar machen, dass man sich gemeinsam auf etwas, ein Sein, beziehen kann und dies in zeitlich wechselnder Weise, also in einem Werden. Platon lässt seine Protagonisten denn auch vorzugsweise mit dem Beispiel der Idee der Gleichheit arbeiten: In jeder von den Gesprächspartnern möglicherweise unterschiedlich wahrgenommenen Situation lässt der Blick auf eine Idee beide Seiten Gleiches sehen, z.B. Gutes oder Gerechtes; die Ideen werden dazu als »dasselbe in Bezug auf sich selbst« (*autò kath'autò*) eingeführt. Sein und Werden sind eine Frage der Verständigung über sie, und jede Verständigung über etwas muss von gemeinsamen Bezugspunkten Gebrauch machen. Ideen ermöglichen im Dialog gemeinsame Inhalte. Begriffe werden nicht einfach vorausgesetzt, sondern Begriffsbildung (*synagōgḗ*) und Begriffsdifferenzierung (*dihaíre-*

sis) mithilfe von Ideen sind das Hauptgeschäft der dialektischen Kunst.

Ideen werden so selbst Gegenstand von Dialogen, und so kann auch auf sie selbst unterschiedlich Bezug genommen werden. Ihnen kann ihrerseits ein Sein zugesprochen werden, zu dem man aufblicken kann, wenn sie höchste Werte darstellen (wobei die Frage entsteht, ob es auch von Schlichtem und Schmutzigem Ideen geben soll); ihr Zusammenhang mit dem sinnlich Wahrnehmbaren ist unterschiedlich deutbar. All dies und vieles andere wird versuchsweise in den Dialogen erwogen; letzte Antworten darauf gibt es nicht. Zuweilen macht Platon auch dort, wo es naheläge, keinen Gebrauch von der Ideenannahme. Das aber macht eine weitere, »höhere« Idee notwendig, die »Idee des Guten«, die in der *Politeia* als »bedeutendstes Wissen« (*mégiston máthēma*) fungiert (505a). Vom Dialog her verstanden ist sie die Idee vom guten Gebrauch der Ideen selbst, zunächst kategorialer Ideen (*mégista génē*, Soph 254d7) wie »das Seiende«, »Ruhe und Bewegung«, »Selbigkeit« und »Anderssein«, dann aller übrigen, die miteinander in Bezug gesetzt werden. Die Idee vom guten Gebrauch der Ideen muss dann ihrerseits das »Sein« an »Würde und Macht überragen«, ist »jenseits des Seins« (*epékeina tēs ousías*, 509b), entzieht sich der Feststellung.

Soweit Platon jenseits seiner Dialoge in der Art seiner Vorgänger und Nachfolger eine eigene Lehre vom Sein der Ideen selbst vertritt, wofür es zahlreiche Anhaltspunkte gibt, behält er sie sich oder doch seiner Schule, der Akademie, vor. Er zieht sich mit ihr aus der Öffentlichkeit zurück, die Sokrates bewusst gesucht hat – die Philosophie wird ›akademisch‹.

Die Form des geschriebenen mündlichen Dialogs ist oft wieder aufgenommen, aber nie mehr philosophisch so genutzt worden wie von Platon. Seine Feinheit und Hintergründigkeit wird nicht wieder erreicht. Stattdessen wird der Dialog als Sprachrohr des Autors in verteilten Rollen benutzt; so wird er zur bloßen Einkleidung. Platon will sich in seinen Dialogen als Autor vergessen machen. Er lässt die Gesprächspartner unentwegt nach der Wahrheit suchen, durch die sie unabhängig von Meinungen werden. Aber im Dialog können sie nur Meinungen äußern, auch über die Wahrheit. Platons Meinung kennt man nicht. Das Ideal wird *als* Ideal vorgeführt.

6 Lehrschrift: ARISTOTELES

ARISTOTELES (384–322), der wiederum herausragende Schüler Platons, verändert aufs Neue die Philosophie in Form und Inhalt – durch die Einführung der *Lehrschrift*, aus der die heute ganz selbstverständliche, gar nicht mehr auffallende Form der *Abhandlung* wurde. Wie Platon von Sokrates, so trennen Aristoteles von Platon wiederum vier Jahrzehnte. Die athenische Kultur begünstigte Freundschaften zwischen älteren und jüngeren Männern und zugleich den Wettbewerb zwischen ihnen. Dennoch ist in der Formierung historisch maßgeblicher Philosophien eine solche freundschaftlich-kritische Verkettung über drei Generationen hinweg einmalig geblieben. Sokrates, Platon und Aristoteles stehen in der westlichen Philosophie noch immer im Wettbewerb miteinander.

Aristoteles bekannte sich zur Schrift. Er galt in der platonischen Akademie, in die er, von außen, von Makedonien kommend, mit 17 Jahren eintrat, als ›Leser‹ (*anagnōstēs*): Offenbar befasste er sich im Gegensatz zur dort üblichen Praxis vorwiegend mit Schriften. Man nannte ihn auch ›Geist‹ (*noūs*): Er konnte mit überlegenen Einsichten aufwarten und selbst zu Platon in Konkurrenz treten. Er versucht ihn zunächst in dessen eigener Form philosophischen Schreibens zu übertrumpfen, schreibt ebenfalls

Dialoge und gibt ihnen zum Teil demonstrativ die gleichen Titel: *Symposion*, *Sophistes* oder *Politikos*. Er nutzt die Schrift, die nach Platon in jedermanns und damit auch in unberufene Hände kommen kann, bewusst, um philosophische Lehre auch über die Akademie und Athen hinaus möglich zu machen, und greift dabei immer wieder Platons ungeschriebene Ideen-Spekulationen an, von denen wir so überhaupt erst Näheres wissen. Da Aristoteles durch seinen Vater mit dem makedonischen Hof verbunden ist, der dort als Leibarzt wirkte, und später selbst an den Hof berufen wird, um an der Erziehung des Königssohns, Alexander, mitzuwirken, ist der Boden Athens für ihn nie sicher, umso weniger, als König Philipp II. sich das durch dauernde interne und externe Kriege geschwächte Griechenland unterwirft und in Athen teils als neuer starker Mann begrüßt, teils rhetorisch scharf bekämpft wird. So hält sich Aristoteles vollends aus der aktiven Politik heraus und widmet sich ihr nur theoretisch in Lehrschriften. Dennoch verlässt er Athen nach etwa zwanzig Jahren der Ausbildung in der Akademie, um im kleinasiatischen Assos vor allem Naturstudien zu treiben; nachdem er in ruhigeren Zeiten zurückgekehrt ist und eine eigene Schule, den *Peripatos* im Lykeion, gegründet hat, muss er nach weiteren zwölf Jahren, als Alexander, inzwischen König geworden, nach seinem Feldzug ins ferne Asien 323 in Babylon stirbt und man in Athen die Gelegenheit nutzt, um sich gegen die makedonische Herrschaft zu erheben, die Stadt erneut verlassen, weil ihm wie schon Sokrates eine Anklage droht. Als er bald darauf in seiner Heimat stirbt, hat sein philosophisches Werk eine ungeheure Breite erreicht, und auf fast allen Gebieten, auf denen Aristoteles gearbeitet hat, werden seine Schriften grundlegend für Jahrhunderte und Jahrtausende.

Mit der Lehrschrift, die er als neue Form philosophischer Schriften einführt, erhebt er im Kontrast zu den Formen seiner

Vorgänger, vor allem den Dialogen Platons, keinen literarischen Anspruch. Seine Schriften sind im Stil von Vorlesungsmanuskripten gehalten, die der Lehrende für sich notiert, um sie dann mündlich vor seinen Hörern zu erläutern. Man gab ihnen auch die Bezeichnung *akróasis*, Vortrag; Aristoteles hat schon in der Akademie wohl regelrechte Vorlesungen in besonderen Hörsälen gehalten. Die Schrift ist hier etwa das, was Platon in seiner Schriftkritik *hypómnēma* nannte: ein bloßes Mittel zur Erinnerung, rein sachbezogen, trocken, skizzenhaft. Aristoteles liefert geordnete Zusammenstellungen von Unterscheidungen und Argumenten, spröde Gedankenentwicklungen, mitunter pointierte Formulierungen, Zitate usw. Seine Lehrschriften sind Abhandlungen im Anfangsstadium: möglichst auf Vollständigkeit des Materials bedacht, manche Partien stilistisch durchgearbeitet, manche auch nur grobe Entwürfe, manche Anstöße für Weiteres. Der Gedankengang kann kontinuierlich weiterlaufen, aber auch immer wieder neu ansetzen und dann wieder an früher Gesagtes anschließen; manchmal fehlen Übergänge und Erläuterungen. Aristoteles gibt oft Überblicke über die bisher ungelösten Probleme, die er *aporíai* nennt, und diskutiert kontroverse Meinungen (die auf diese Weise in Fragmenten der Nachwelt erhalten blieben). Er legt stets die Schwierigkeiten der anstehenden Sache offen, gibt an, wo es sich um Folgerungen aus früher Gesagtem und wo es sich um neue philosophische Entscheidungen handelt; er kann seine Einsichten bei späteren Ausführungen auch revidieren. In der Form der Lehrschrift kann er entscheiden, welche Meinungen er erwähnt und welche nicht, welche er gelten lässt und welche nicht, je nachdem, wie weit er selbst mit ihnen kommt. Seine Lehrschriften und so auch die späteren nach ihrem Modell verfassten Abhandlungen sind Monologe: Der Autor beurteilt nun im Blick auf den Stand der Forschung, aber kraft eigener Autorität, was wahr ist und was nicht.

Aristoteles nennt seine Schriften selbst *pragmateíai*: nüchterne Bemühungen um die Sache (*prãgma*), Erarbeitungen des wissenschaftlichen Sachstands auf dem jeweiligen Gebiet und Lösungen der offenen Probleme. Das Ziel der Lehrschrift ist nicht mehr, etwas *bestimmten* Anderen (wie im Dialog), sondern es nun *allgemein*, für jedermann zu verdeutlichen. Auch die Lehrschrift ist zwar die Schrift eines Individuums. Sie zielt jedoch darauf ab, das *prãgma*, die Sache, um die es geht, unabhängig von der Individualität der Individuen darzustellen, die sich mit ihr befassen, und auf diese Weise Allgemeingültigkeit herzustellen. Indem der Autor sich bemüht, seine Individualität hinter der Sache zurücktreten zu lassen, hält er auch die Leser dazu an, ihrerseits ihre Individualität zu vergessen und sich ganz der Sache zu widmen. Man kann darin wieder eine Paradoxie sehen: Abhandlungen aristotelischen Typs sind Schriften von Individuen für Individuen ohne Individualitäten. Nicht Personen sollen Personen, sondern die Sache selbst soll überzeugen – und eben darin, in der Unabhängigkeit der Aussage von Personen, die sie mitteilen und verstehen, sieht man bis heute die *Wahrheit*. Aristoteles macht durch seine neue Form der Lehrschrift plausibel, dass Wahrheit das ist, bei dem individuelle Meinungen keine Rolle spielen. Sie kommen nur in der Regie des Autors zu Wort. Wenn der platonische Dialog die Form des Meinungsaustauschs auf der Suche nach Wahrheit ist, so die aristotelische Lehrschrift die Form der Feststellung der Wahrheit.

Aristoteles beginnt zunächst in der *Topik*, seiner wahrscheinlich frühesten Lehrschrift, die Meinungen, Argumente und Argumentationstechniken in Platons Dialogen von den Individuen, die sie dort ins Spiel bringen, zu lösen, zu ordnen und auf ihre generelle Wirkung hin zu analysieren. Er sieht von den Situationen ihres Gebrauchs ab, die Platon so sorgfältig ausgemalt hat. Er reduziert ihre Komplexität. Er beobachtet mit distanziertem

Blick, wie dort nicht nur Definitionen, Kategorien, Schlüsse, sondern auch scheinbare Schlüsse, Vieldeutigkeiten, Unwahrscheinlichkeiten, Paradoxien usw. eingesetzt werden, und bezieht darin ganz realistisch ein, dass in jeder Argumentation auch Zu- und Abneigung eine Rolle spielen und man beide darum auf geschickte Weise einsetzen muss. Er erstellt, noch unter dem sophistischen Gesichtspunkt, wie man Gegner im Streitgespräch besiegen kann, eine Art allgemeine Gebrauchsanweisung für Dialoge. Den distanzierten Blick, die Lösung von den Individuen und ihrem Charisma, ermöglicht die Schrift.

In dem, was man später *Organon* nannte, stellt Aristoteles ein »Werkzeug« bereit, mit dem man sich von *allen* situativen Bedingungen der Ermittlung der Wahrheit lösen kann: das, was seitdem »Logik« heißt, eine der wichtigsten philosophischen Errungenschaften überhaupt. Sie verdankt sich ebenfalls der Schrift. Um die Verdeutlichung der Sache vollends von bestimmten Individuen unabhängig und damit allgemeingültig zu machen, formalisiert Aristoteles den Sprachgebrauch durch für alle klare und damit eindeutige Regeln. Er legt den *apophantikòs lógos*, die die Sache selbst offenbarende Rede, auf den Satz als »Ort« der Wahrheit fest, an dem über seine Wahrheit oder Falschheit entschieden werden kann, und reduziert den Satz wiederum auf den bloßen Aussagesatz. In dessen einfacher, gut überschaubarer Form lassen sich Subjekt oder Satzgegenstand, dem etwas zugeschrieben wird, und Prädikate, die ihm zugeschrieben werden, deutlich unterscheiden. So tritt die Sache, die bestimmt werden soll, klar heraus. Bestimmt wird sie durch »Verknüpfung« (*sýnthesis*) und »Trennung« (*dihaíresis*), d.h. durch die Unterscheidung von Begriffen, die dazu ebenfalls hinreichend eindeutig bestimmt, d.h. definiert werden müssen. Auf der Basis dieser Formalisierung des Satzes lassen sich dann unterschiedliche Möglichkeiten untersuchen, einem Subjekt ein Prädikat zuzusprechen, nach

Aristoteles »Kategorien« (*katēgoríai*) zusammenzustellen, die in jeder Bestimmung berücksichtigt werden müssen. Kategorien sind wörtlich ›Zuschreibungen, Bezichtigungen, Anklagen‹. In ihrem Begriff scheint noch der dialektische und eristische Logos, ihre Herkunft aus der Analyse des Streitgesprächs durch. Erst mithilfe des Überblicks, den die Schrift ermöglicht, kann man die Formalisierung der Argumentation auf ihre Korrektheit hin überprüfen.

Im begrenzten Spielraum schriftlich formalisierter Aussagesätze lässt sich klar über Wahrheit und Falschheit einer anstehenden Sache, den Inhalt einer Lehrschrift, entscheiden. Das Verhältnis von Sache, Sprache und Schrift oder das »Wahrheiten« (*alētheúein*), wie er es nennt, klärt Aristoteles in seiner Schrift *Peri hermēneías*, lat. *De interpretatione*, deutsch *Von der Verdeutlichung*. Danach nimmt die Seele (*psychē*) Eindrücke (*pathēmata*) der Dinge, um die es geht (*prágmata*), unverändert auf und gibt sie, ebenfalls unverändert, als Gedanken (*noēmata*) in Lauten der Stimme (*tà en tē phōnē*) wieder, die dann in Buchstaben der Schrift (*grámmata*) niedergeschrieben werden. Damit diese Kopplung wahrheitsfähig ist, muss sie so gedacht werden, dass die Seele die Eindrücke lediglich erleidet, also ihren Sinn nicht verändert, so dass sie als für alle gleich gültige Gedanken in gesprochene und geschriebene Sätze eingehen können. Die Laute der Stimme und die Buchstaben der Schrift sind wohl, wie die Vielfalt der Sprachen und Schriften zeigt, willkürliche Zeichen (*sēmeīa*); aber diese Willkür kann man wiederum durch einen geregelten Gebrauch der Zeichen, wie die Logik sie vorschreibt, einschränken und aufheben. Zeichen zeichnen sich dadurch aus, dass sie von ihrem individuellen Vorkommen weg- und auf etwas Allgemeines hinweisen; ihre Bedeutung kann dann auf dieses Allgemeine festgelegt werden, das auf die Sache in ihrer allgemeinen Bedeutung zurückverweist. Unter diesen weiteren Komplexitätsreduktionen kann man sich auf Sprache und Schrift verlassen und sagen, dass wahre Sätze Aussagen über Dinge machen, wie sie für jeden und für immer an sich selbst sind.

Um der Bestimmung der Sache durch Prädikate alles Willkürliche zu nehmen, spricht Aristoteles statt von »zuschreiben« lieber von »zukommen« (*hypárchein*).[24] Der Satzgegenstand, das Subjekt, ist gegenüber den Prädikaten, die ihm wechselnd zukommen können, das Bleibende und damit das wahrhaft Seiende im Sinn des Parmenides. Aristoteles nennt es wie schon Platon mithilfe einer gängigen Substantivierung von ›sein‹ (*eīnai*) *ousía*. Die Kategorienlehre lässt offen, ob *ousía* die Sache selbst oder der allgemeine Begriff ist, durch den sie bestimmt ist und durch den sie erst offenbar wird; Aristoteles unterscheidet sie darum vorläufig als ›erste‹ und ›zweite‹ *ousía*. An die regelrechte Begriffs- und Satzbildung können jedoch regelrechte Schlüsse anschließen, die Aristoteles in den sogenannten *Analytiken* analysiert und die nun allen Zufall und Irrtum ausschließen sollen. Aristoteles nennt sie »apodiktisch«, wörtlich vor Gericht verteidigt, von allem Verdacht freigesprochen; in der deutschen Übersetzung »notwendig« ist das nicht mehr spürbar. Apodiktische Schlüsse nach vorgegebenen Regeln sind für alle gleich nachvollziehbar, also ohne Änderung des Sinns lehrbar und damit allgemeingültig. Um den Begriffen und Sätzen vollends alle Vieldeutigkeit im situativen Sprachgebrauch zu nehmen, kürzt Aristoteles sie auf bloße, nichtssagende Chiffren A, B, Γ ab. In dieser Gestalt wird auch in der Philosophie die genaue Bestimmtheit der Mathematik erreicht und die Bestimmung einer lehrbaren Wahrheit möglich.

Man mag, so Aristoteles, mit Herakliteern streiten können, ob irgendetwas in der Natur so stehen bleibt, dass es ein für alle Mal feststellbar ist. Er kontert ihre Argumente mit dem Selbstaufhebungsargument; auch mit der Leugnung der Feststellbarkeit würde ja etwas festgestellt.[25] Tatsächlich bleibt jedoch, was Aristoteles *nicht* sagt, nur die Schrift stehen, in der sich Bedeutungen formalisieren, fixieren und übersichtlich darstellen lassen. Da die Schrift aber, was Aristoteles eingesteht, willkürlich, also kontingent und sogar zweifach kontingent ist, weil sie aus kontingenten Buchstaben für kontingente Laute besteht, deren Gebrauch erst geregelt werden muss, um wahrheitsfähig zu werden, hat man es auch hier mit einer Paradoxie zu tun: Die zweifach kontingente Schrift soll die Darstellung nicht-kontingenter Sachverhalte, die Wahrheit von Sachen selbst ermöglichen.

Als letztes und sicherstes Prinzip des Erkennens (*gnōrízein*) formuliert Aristoteles den *Satz des Widerspruchs*, »dass unmöglich dasselbe demselben in derselben Beziehung zugleich zukommen kann und nicht zukommen kann«.[26] Von gegensätzlichen Bestimmungen, heißt das, kann immer nur eine zu derselben Zeit auf dieselbe Sache zutreffen. Auch Heraklit, erläutert Aristoteles, könne nicht wirklich meinen, dass demselben Gegensätzliches zugeschrieben werden kann: Denn bestreite man, dass der Satz des Widerspruchs gelte, setze man ihn ja, eben weil man seiner Geltung widerspreche, schon voraus. Vorausgesetzt bleiben dabei klar festgelegte Begriffe: Unter unterschiedlichen Begriffen können unterschiedliche oder auch keine Widersprüche entstehen. Vor allem aber schließt Aristoteles mit seinem »sichersten Prinzip« erneut die Zeit aus, um die es im Blick auf die dauernd sich verändernde Natur doch gerade gehen muss: Demselben kann ja, wenn nicht »zugleich« (*háma*), so doch nacheinander ohne Weiteres Gegensätzliches zukommen (etwas kann nicht zugleich stillstehen und sich bewegen, aber das eine jetzt, das andere später tun). So wird die Zeit erneut zum Problem des wahren Seins. Das geschieht in Aristoteles' Lehrschriften über die Natur, der *Physik*, und über deren begriffliche Voraussetzungen in der später so genannten *Metaphysik*. Und hier führt Aristoteles auch die Unterscheidung von Form und Inhalt ein, die, wie in der Einleitung erwähnt, auch dieser Einführung in die Formen philosophischer Schriften noch zugrunde liegt.

Aristoteles sucht das bleibende Sein (*ousía*) so zu denken, dass es dennoch Veränderungen zulässt. Dabei geht er im Sinn seiner Logik davon aus, dass alle Arten von Veränderungen begrifflich und damit wahrheitsfähig nur durch Gegensätze (*enántia*) zu erfassen sind, hier durch die Definition eines früheren Zustands im Gegensatz zu einem späteren. Die Unterscheidung solcher Zustände setzt für ihn dann ein Drittes voraus, dessen Zustände sie sind und an dem sie wechseln können und das er »das Zugrundeliegende« (*tò hypokeímenon*) nennt (ein Vogel sitzt auf einem Baum und fliegt dann auf). Aristoteles verstärkt das Zugrundeliegen in seiner *Physik* nun zum ursächlichen Grundsein: Das logisch Zugrundeliegende soll zugleich Ursache seiner Veränderungen sein, so dass man sagen kann, die *ousía* oder *physis* verändere sich selbst. Auch Komplexität der Natur wird reduziert, um das, was wir heute ›Umwelt‹ nennen, niemals hinreichend bestimmbare Abhängigkeiten einer Sache oder eines Lebewesens von seiner Umgebung.

Mit dieser Reduktion entdeckt Aristoteles jedoch die Relativität der Bewegung: dass Bewegung und Veränderung nur relativ zu etwas zu erfassen sind, das zu gleicher Zeit stehen und sich gleich bleibt. So sind auch Bedeutungsverschiebungen von Wörtern in Sätzen nur zu erkennen, wenn die Schrift (oder quasi-schriftliche Erinnerungen, soweit individuelle Gedächtnisse dazu fähig sind) dabei stehen bleibt. Aristoteles zieht daraus starke, ›meta-physische‹ Folgerungen: Wenn es das Denken ist, das Veränderungen erfasst, muss es dabei selbst »zum Stehen kommen« (*anánkē stēnai*). So entstehen jene Grenzen im Sein, ohne die es bei jenem *ápeiron* des Anaximander bliebe. Nach Aristoteles besteht das Denken eben darin, Grenzen (*hóroi*) zu ziehen, zu begrenzen (*horízein*), und so zeigt sich im Denken feststellbares Sein. Damit wird die parmenideische Gleichung von Denken und Sein auch herakliteisch denkbar, als immer neu im Denken zum Stehen gekommenes Sein. Das ist heute schwer nachvollziehbar: Nach Aristoteles *schafft* das Denken nicht Grenzen im Sinn des modernen Konstruktivismus, es *erfasst* sie auch nicht im Sinn der modernen Erkenntnistheorie, sondern es ist das, wodurch das Sein sich selbst begrenzt. Das ist dann plausibel, weil man wie Aristoteles in seiner Schrift *Über die Seele* (*Perì psychēs*) das Denken in die Natur und ihre Bewegung einfügt und nicht mehr wie Platon mit verschiedenen Welten argumentiert.

Wie die Zeit in das Sein eingeht, versucht Aristoteles in der *Metaphysik* zu klären, und dazu bildet er die Korrelation von Form und Inhalt. Der erste Kandidat für das immer bleibende Sein, das allen Veränderungen zugrunde liegt, wäre der »Stoff« (*hylē*) in seinem so weiten Sinn, dass er auch noch den »Elementen« der Naturphilosophen zugrunde liegt; in erkennbaren »Dingen« kann diese *hylē* immer neue »Formen« (*morphē*) annehmen. Doch sie wäre nach Aristoteles als selbst völlig formlose, also als anaximandrisches *ápeiron*, gar nicht fassbar. Stattdessen müsse man schon von einem »Ganzen« (*sýnholon*) aus Stoff und Form in einer lebendigen *phýsis* ausgehen, die auch in ihren Veränderungen immer dieselbe bleibt. Doch auch das lasse sich nicht halten, denn jedes Lebendige stirbt, vergeht selbst. So bleiben nur die Gattung (*génē*) von Lebendigem, die biologischen Arten mit ihrem immer gleichen Aussehen (*eĩdos*). In Aristoteles' Begriffen wird in deren Fortzeugung die immer gleiche Form mit immer neuem Stoff ausgefüllt: Die Form bleibt, der Inhalt, der Stoff wechselt in ihr. So kann die Form das wahre Sein, *ousía*, sein, und so hat sich die Korrelation von Form und Inhalt in der Geschichte der Philosophie lange erhalten. Aber Aristoteles bleibt auch dabei nicht stehen. Denn gerade bei Lebendigem ändert sich im Lauf des Lebens auch die Form, der Anblick (*eĩdos*): Eine Kaulquappe wird zu einem Frosch. So muss man, um das wahrhafte Sein, die *ousía*, zu denken, eine weitere Unterscheidung einführen, die Unterscheidung von Möglichkeit und Wirklichkeit: Eine Kaulquappe ist der Möglichkeit nach ein Frosch, das Aussehen des Frosches zeigt sich erst in dessen Blütezeit (*akmḗ*), der Zeit, in der er sich und damit seine vollendete Form fortzeugen kann. Um diese zu erkennen, muss aber Zeit vergehen, und so wird die Zeit Teil der Feststellung des Seins. Nach Aristoteles ist sie ihm nicht äußerlich. Denn in seinem (vordarwinistischen) Denken wird die Kaulquappe notwendig zum Frosch, sie hat das Ziel (*télos*) ihrer Bewegung oder Entwicklung in sich, es liegt ebenfalls in ihr selbst (*entelécheia*). Sie strebt ihm zu, und dazu hält sie wiederum das Göttliche an, das Aristoteles darum als »unbewegten Beweger« konzipiert, als das, was die Bewegung der immer neuen Erfüllung der Formen durch wechselnden Stoff in Gang hält, ohne selbst noch durch anderes zur Bewegung angehalten werden zu müssen. Hier kommt für ihn die *Theoretische Philosophie* und mit ihr die Bestimmung der Wahrheit des Seins in einer Lehrschrift zum Stehen.

Doch es gibt schon bei Aristoteles eine Alternative dazu. In der *Praktischen Philosophie*, die er zum ersten Mal von der Theoretischen unterscheidet, setzt er anders an. Denn das menschliche Handeln bewegt sich in weit größeren Spielräumen als die Natur im Übrigen. In der *Ethik* geht Aristoteles nicht von der Festlegung von Substanzen, sondern von der Beschreibung des gewohnten Verhaltens (*ēthos*) aus, hier der aristokratisch und männlich geprägten Gesellschaft, in der jeder sich vor den anderen auszeichnen will. Er unterscheidet dabei typische Handlungssituationen wie Krieg, Auftreten in Versammlungen, Umgang mit der Lust, mit dem Geld und auch mit der Wahrheit und er arbeitet statt mit allgemeinen Festlegungen methodisch mit Spielräumen. Diese Spielräume sind jeweils durch beiderseits schlechte Extreme begrenzt (z.B. im Krieg Tollkühnheit einerseits und Feigheit andererseits), zwischen denen man in der jeweiligen Situation durch eigene Entscheidung (*prohaíresis*) die jeweilige rechte Mitte zu finden hat. Soweit man hier von einem wahren Sein (*ousía*) sprechen kann, ist es anders strukturiert, und Aristoteles wandelt hier darum auch, wenn man den überlieferten Zeugnissen trauen darf, die Form der Lehrschrift ab: Er richtet sie nun an bestimmte Personen, die sogenannte *Nikomachische Ethik* etwa an Nikomachos, der sein Sohn gewesen sein könnte, die sogenannte *Eudemische Ethik* wohl an die Mitglieder der Akademie. Da er hier nicht mit derselben »Genauigkeit« (*akríbeia*) sprechen kann, gestaltet er den Text literarisch stärker durch, um dennoch zu überzeugen.[27]

Wenn die Lehrschrift unterschiedliche Gestalten annehmen kann, müsste sie ein Topos der *Poetik* sein. Aristoteles gibt hier wie gewohnt einen Überblick über die poetischen Gattungen und die Maßstäbe ihres Gelingens – wiederum in der literarisch anspruchslosen Form eines Vorlesungsmanuskripts. Unter den Formen philosophischer Schriften erwähnt er nur den sokratisch-platonischen Dialog, nicht das Lehrgedicht und schon gar nicht seine eigene Form der Lehrschrift. In der Anspruchslosigkeit ihrer Gestaltung scheint sie für ihn kein Gegenstand der Poetik zu sein, eher schon der *Rhetorik*, mit deren Hilfe man Richter überzeugen, Politisches erfolgreich miteinander beraten oder etwas in seinem Wert würdigen, aber eben auch andere von der Wahrheit seiner Lehre überzeugen kann. Doch für seine eigene Form der Lehrschrift nimmt er auch die Rhetorik nicht in Anspruch. In ihrer Bemühung um die Wahrheit der Sache bedarf sie für ihn keiner besonderen Formung: Ihr Inhalt, die Wahrheit, soll ganz für sich selbst sprechen. In poetisch-rhetorischer Sicht ist die Form der Lehrschrift, die Aristoteles zum Standard des philosophischen Schreibens gemacht hat, eine entschiedene Nicht-Form. Und doch ist ihr Gegenstand, die Sache selbst, Produkt einer hochgradigen Formung.

7 Lehrvergleich: CICERO

Im ständig wachsenden Römischen Reich scheint nichts zu einer neuen Philosophie oder einer einschneidenden Erneuerung der Philosophie gedrängt zu haben. In der Zeit des Hellenismus, der Ausbreitung der griechischen Wissenschaft über das Römische Reich, fand die Philosophie in Rom wohl Interesse, genoss aber kein allzu großes Ansehen. Das unterworfene Griechenland schien den Römern verweichlicht; man hielt öffentliche Meinungskämpfe unter den drei Philosophenschulen, die sich behaupteten, der epikureischen, der stoischen und der akademischen, die skeptisch geworden war, für wenig praxistauglich, wenn nicht zersetzend. So rezipierte man sie, wenn überhaupt, nach ihren durchgebildeten und nur noch gelegentlich veränderten Lehren. Philosophie wurde zum Bildungsgut höherer Schichten. Sie war in allen drei Schulen nun vorwiegend dem guten und glücklichen Leben des Einzelnen gewidmet, auf Ruhe und Fügsamkeit bedacht, wurde Anleitung zur »Lebenskunst«, und MARCUS TULLIUS CICERO (106–43) definierte sie auch so: *Ars est enim philosophia vitae.*[28]

Doch damit änderte sie sich durchaus und fand auch zu einer neuen prägenden Form. Die nun übersichtlich vorliegenden Philosophien stehen zur Wahl des Einzelnen, Philosophie wird explizit Sache der persönlichen Entscheidung. So ist es kennzeichnend, wer welche Philosophie aus welchen Gründen vorzieht und ob er sich überhaupt mit Philosophie befasst. Für einen Römer von Rang muss eine Philosophie ihre Brauchbarkeit nachweisen können; seinen eigenen Rang aber muss ein Römer dadurch beweisen, dass er erfolgreich die geregelte Laufbahn der höchsten Wahlämter der Republik durchläuft. Dem Aufsteiger Cicero – er entstammte dem Ritterstand, nicht dem Patriziat, war ein sogenannter *homo novus* – gelingt das exemplarisch. Er weiß sich durch Eheschließungen ein beträchtliches Vermögen zu sichern, bewährt sich rasch als Anwalt, Redner und Politiker und, in allerdings geringem Umfang, auch als Feldherr. Als Anwalt gewinnt er riskante Prozesse, mit seinen Lehrschriften zur Rhetorik setzt er Maßstäbe für Jahrhunderte, als Politiker verteidigt er während der verlustreichen Kämpfe um die Alleinherrschaft in Rom die Ideale der Republik. Dazu setzt er auch die Philosophie ein, deren Grundlagen er sich während einer Studienzeit in Griechenland angeeignet hat. Nach seinem Jahr als Konsul nutzt er sie, weiterhin aufrecht gegenüber den jeweils Mächtigen und nun ständig vom Tod bedroht, als Trostmittel und wird mehr und mehr zum Mann des Wortes: Zur politischen Untätigkeit verurteilt, legt er die kursierenden Philosophien und ihre Erträge für das Leben in ausführlichen Schriften zur Wahl für jedermann dar, der sich dafür interessiert, und begründet zugleich seine eigene Entscheidung unter ihnen.

Man nennt das meist abschätzig Eklektizismus, zumal sich Cicero häufig schon vorliegender Aufarbeitungen und Überblicke bedient. Dennoch setzt er eine neue Form philosophischer Schriften durch, die sich fest etablieren wird, die *Form des Lehrvergleichs*. Schon Philosophen wie Platon und Aristoteles, die bei Cicero immer präsent bleiben, haben Lehren ihrer Vorgänger zusammengeführt, um sich einen Überblick über sie zu verschaffen und neu über sie zu entscheiden. Cicero kombiniert zudem Platons Form des Dialogs mit Aristoteles' Form der Lehrschrift: Er lässt in langen (für Kenner der damaligen Philosophenschulen oft durchaus auch langweiligen) Dialogen lehrhafte Abhandlungen vortragen, die nur selten und kurz von Nachfragen oder szenischen Bemerkungen unterbrochen werden. In seiner paradigmatischen Schrift *De finibus bonorum et malorum*, deutsch etwa »Von den äußersten Grenzbestimmungen des Guten und Schlechten«, die 45 v. Chr., ein Jahr vor der Ermordung Caesars und zwei Jahre vor seiner eigenen Ermordung entsteht, schildert er als Autor dem späteren Caesar-Mörder Brutus, der philosophisch bereits sehr gebildet ist und das Ganze nun auf seine Stimmigkeit hin prüfen soll, drei Dialoge, die zu verschiedenen Zeiten und an verschiedenen Orten stattgefunden hätten: einen ersten zur Darlegung und zur Widerlegung des Epikureismus, einen zweiten zur Darlegung und zur Widerlegung des Stoizismus und einen abschließenden zur Verteidigung der akademischen Skepsis, der er, Cicero, selbst am stärksten zuneigt. Cicero übernimmt auch die Widerlegung der vorigen, während er ihre Darlegung jeweils geeigneten Personen überträgt, das alles in didaktischer Aufbereitung für das gehobene römische Publikum in rhetorisch gefeiltem Stil. Noch heute schreibt man gerne vergleichende Monografien, um Entscheidungen zwischen Philosophien zu ermöglichen.

Ähnlich ist Cicero auch in seinem bedeutsamsten, zum großen Teil aber verlorenen Dialog *De re publica* vorgegangen, einem abwägenden Vergleich der bekannten Staatsverfassungen, bei dem sich die eigene römische als die beste herausstellt. Die Dialoge, die rhetorisch Maßstäbe setzen und zugleich eine neue lateinische Terminologie schaffen, sind offensichtlich künstlich; die Form des Dialogs wird hier tatsächlich zur bloßen Einkleidung. Sachlich basiert Ciceros Form philosophischen Schreibens jedoch auf Aristoteles' Konzept des Spielraums, in dem jeder in seiner Situation zwischen plausibel darzulegenden Grenzen das Richtige zu finden hat, nun nicht mehr nur ethisch, sondern auch theoretisch. Aus der Distanz eines ebenso selbstbewussten wie berühmten römischen Staatsmanns zeigt sich die Philosophie in ihrer Standpunkthaftigkeit, Entscheidbarkeit und Brauchbarkeit.

8 Öffentlicher Brief: Seneca

Lucius Annaeus Seneca (nach 4 v.Chr. – 65 n.Chr.), einer der mächtigsten und reichsten Männer seiner Zeit, als Erzieher und späterer politischer und geschäftlicher Ratgeber des gefallsüchtigen Kaisers Nero in die mörderischen Intrigen an dessen Hof verstrickt, verfolgt in der Philosophie den Weg Ciceros weiter, bekennt sich aber ohne Umschweife als pragmatischer Stoiker und findet dafür noch einmal eine neue Form philosophischen Schreibens. Nach einer Reihe von Lehrschriften über Gegenstände wie die Kürze des Lebens, die Beherrschung des Zorns, die Seelenruhe, die Standhaftigkeit des Weisen, die Milde und die Wohltaten von Mächtigen und Reichen, die Muße und das glückliche Leben, denen er zum Teil auch die Form des Dialogs gibt, mehreren Trostschriften und einer Anzahl von Dramen bringt er sein letztes und umfangreichstes Werk über die stoische Ethik, die *Epistulae morales ad Lucilium*, in die *Form eines öffentlichen Briefs* an eine bestimmte Person. Schon Platon und Epikur haben von dieser Form Gebrauch gemacht; während Platons Briefe, soweit sie als authentisch gelten können, aber an historisch fassbare Personen, meist im Zusammenhang seiner Sizilienreisen, gerichtet waren, bleibt der junge Menoikeus, für den der alte Epikur seine Lehre zusammenfasst, schemenhaft, und das gilt auch für Senecas Adressaten Lucilius. Ohne erkennbare Linie und ein absehbares Ende gibt Seneca sprachlich ausgefeilte allgemeine Ratschläge für ein gutes und glückliches Leben im Sinn der Stoa.

Der öffentliche Brief ist erneut eine paradoxe Form philosophischen Schreibens: Der Autor wendet sich an bestimmte Einzelne, aber zur Kenntnis der Öffentlichkeit – und vermeidet darum zu große Privatheit und Intimität. Dennoch kann er, für die Öffentlichkeit, Privatheit und Lebensnähe demonstrieren. Briefe überhaupt schaffen eine distanzierte Intimität: Sie werden zu verschiedenen Zeiten und an verschiedenen Orten geschrieben und gelesen, lassen Zeit für besonnene Antworten, und man kann zwanglos die Themen wechseln. Man schreibt aus der eigenen Situation heraus im Blick auf die Situation des Andern, und im Briefwechsel kann ein echter Dialog entstehen. Seneca erwartet jedoch keine Antwort. Auch diese neue Form ist weitgehend Einkleidung einer Lehrschrift.

Doch im Blick auf Senecas Situation bekommt sie einen tieferen Sinn. Seine Form des öffentlichen Briefes ist Teil einer philosophischen Praxis und dient ihm zugleich zu seiner Selbstvergewisserung und Selbstrechtfertigung. Seneca hatte sie in seiner Position besonders nötig, zumal als er die Gunst Neros verlor, der ihm, bei passender Gelegenheit, schließlich die Selbsttötung befahl. Die öffentlichen Briefe konnten zudem Nero, der sich mit seinen groß inszenierten Auftritten als Schauspieler, Sänger und Sportler in den Augen der Senatsaristokratie völlig unakzeptable Eskapaden leistete, zur Mäßigung anleiten – durch einen Mann von großer Weitsicht, Ruhe und Gelassenheit, der zu Macht und Geschäft auch Distanz zu halten und dies zuletzt mit seiner Selbsttötung nach dem Vorbild des Sokrates seinerseits groß zu inszenieren wusste.

9 Diatribe: EPIKTET

Ein Jahrhundert später haben sich die Lehren der verschiedenen Schultraditionen zum guten und glücklichen Leben weitgehend aneinander angenähert und miteinander verschmolzen. Man braucht sie kaum mehr zu verteidigen und zu begründen, das Interesse an systematischen und innovativen Gesamtdarstellungen erlischt. So entsteht die lockere Form der *Diatribe*, wörtlich des »Zeitvertreibs«, sie wird zum Namen für Vorträge und Gespräche im Rahmen von Schulen.[29] Als literarische Form ist sie auch für Laien bestimmt, dient vor allem der Ermunterung und Ermahnung zur philosophischen Besinnung und bedient sich entsprechend populärer Mittel, neben der Mahnrede (*paraínesis*) des fiktiven Dialogs und der dialektischen Argumentation, vor allem aber der teils pathetischen, teils scherzhaften Erzählung beispielhafter Geschichten, mit denen man an Alltagssituationen anknüpfen will. Darin zeichnet sich besonders der ehemalige Sklave EPIKTET (ca. 50 – ca. 138) aus. Mit anderen Philosophen vom Kaiser Domitian aus Italien vertrieben, baut er in Nikopolis im südlichen Balkan eine Schule auf, die großen Zulauf hat; selbst der folgende Kaiser Hadrian sucht ihn dort auf. Epiktet schreibt wiederum nicht; aber Nachschriften bleiben erhalten und ein noch publikumswirksamerer Auszug daraus, das Handbüchlein (*encheirídion*), ein philosophischer Ratgeber im Taschenformat. Epiktet, der sich neben den stoischen Schulhäuptern durchaus auch auf Sokrates und Platon und außerdem auf den berühmten Kyniker Diogenes von Sinope beruft, stellt die Entscheidung in den Mittelpunkt zwischen dem, worüber Menschen verfügen können, beginnend mit seinen Wahrnehmungen und Vorstellungen, und dem, was er aus ihnen macht. Die Philosophie wird sehr persönlich und frei.

10 Aufzeichnungen für sich selbst: MARC AUREL

Auf der andern Seite des sozialen Gefüges der römischen Gesellschaft entwickelt ein römischer Kaiser, MARCUS AURELIUS (121–180), ebenfalls eine sehr persönliche philosophische Lebenskunstlehre. Es ist die Zeit, in der das Römische Reich sich nach außen nicht mehr weiter ausdehnt und im Innern zu ausgeglichenen und stabilen Herrschaftsstrukturen mit langen Regierungszeiten gekommen ist, die Zeit der Adoptivkaiser, die ihre Nachfolger aus den am besten Geeigneten in ihrer Umgebung auswählen. So hatte der »gute« Kaiser Hadrian schon früh Marcus Aurelius als den Nachfolger seines Nachfolgers, des »gottesfürchtigen« Antoninus, ausersehen und gezielt zum Kaiser erziehen lassen, abseits des Militärs, weshalb Marcus Aurelius sich dann besonders als gerechter Gerichtsherr auszeichnet. Er regiert mit einem im Amt des Kaisers bisher kaum bekannten Anstand, ist fähig und willig zu einer neuen Ehrlichkeit gegenüber andern und sich selbst.

Um sie sich zu bewahren, verfertigt oder diktiert er laufend *Aufzeichnungen*, vorwiegend in Feldlagern, als er die Grenzen des Reiches zu verteidigen hat. Sie werden unter dem Titel *Bücher an sich selbst* (*eis heautón*) überliefert: Nicht eigentlich für die Öffentlichkeit bestimmt, tragen sie ihm dennoch ein hohes Ansehen ein. Die Aufzeichnungen laufen ohne Plan fort; Marc Aurel scheint sie nicht geordnet zu haben; er rechnete nicht damit, jemals die Zeit zu haben, sie wieder lesen zu können. Er bezieht sich auch nicht auf seine Geschäfte als Kaiser, sondern hält sich gerade in Distanz zu ihnen: Sein erklärtes Ziel ist nicht, seine politischen und militärischen Entscheidungen aus der Philosophie zu begründen, sondern kein »Caesar« wie seine frühen Vorgänger zu werden. Er besinnt sich darauf, wie er auch als Kaiser Mensch nach den Geboten der stoischen Schule bleiben kann. In der Sache unterscheiden sich seine Gedanken nur wenig von denen Senecas oder Epiktets, sind aber trauriger gestimmt, was manche auf seine zahlreichen physischen und psychischen Leiden zurückführen.

So scheint das Schreiben an sich selbst – wiederum eine zunächst paradoxe Form – den Sinn zu haben, sich seiner selbst mithilfe des Schreibens laufend zu versichern: Marc Aurel schreibt keine Autobiografie – man erfährt kaum Faktisches über ihn –, sondern sucht bei dem, worüber er Tag für Tag zu entscheiden hat, eine Haltung zu bewahren und zu festigen, in der er, was auch geschehen mochte (darunter eine Verschwörung gegen ihn), in stoischer Manier gelassen und gerecht bleiben kann. Er hat, wenn er ehrlich zu sich selbst ist, als römischer Kaiser keinen wirklichen Gesprächspartner, der ihm gegenüber völlig unbefangen sein könnte; zu ihm bleibt immer eine Distanz, und diese Distanz macht er sich zur Maxime: »Ertrage deine Mitmenschen und halte sie dir fern« (*anéchou kaì apéchou*). Er führt auch keinen Pseudo-Dialog mit sich selbst, fingiert sich auch keinen Gesprächspartner und er spricht auch nicht, sondern schreibt. Titel wie »Selbstbetrachtungen«, »Selbstgespräche« und »Selbstdialog« treffen seine Form philosophischen Schreibens darum nur bedingt. Er schreibt in einem stichworthaften, spröden Stil, der vieles offenlässt, und mit Anspielungen, die für andere kaum verständlich sind. Keine Ausmalungen und Überzeugungsmittel in der Art Epiktets, keine Begründungen, keine logische Konsequenz unter seinen Aufzeichnungen. Eher als um eine Abhandlung *über* Philosophie handelt es sich um eine Ausübung *von* Philosophie.[30] Seine Aufzeichnungen für sich selbst sind bloße Erinnerungsmittel (*hypomnēmátiá*, III 14), aber in einem neuen Sinn: Das Aufschreiben selbst, das schriftliche Fixieren hilft ihm, sich an seine Grundsätze zu erinnern und sich an sie zu halten. Die Aufzeichnung seiner philosophischen Gedanken ist die Form, an der Schrift selbst Halt zu finden.

11 Doxobiografie: Diogenes Laertios

Die letzte innovative literarische Form in der antiken Philosophie, die hier wenigstens kurz zu erwähnen ist, ist keine Form des Philosophierens mehr – sondern die einer bloßen Sammlung von Meinungen historischer Philosophen, teils berühmter, teils weniger bekannter, nach merkwürdigen Kriterien geordnet, ohne erkennbaren konzeptuellen Zusammenhang, oft ohne seriöse Quellen, selten auf eigene Lektüre gestützt und doch für uns außerordentlich wichtig: die Zusammenstellung der *Lebensläufe und Meinungen der in der Philosophie Berühmtesten*, wie Diogenes Laertios aus dem 3. Jahrhundert sein Buch vielleicht genannt hat. Über ihn selbst ist kaum etwas bekannt. Mit der Zusammenstellung philosophischer Meinungen hatte man schon in Aristoteles' Werkstatt begonnen. Seither muss für den Unterricht und zur privaten Lektüre eine Vielzahl von Handbüchern entstanden sein, die nicht überliefert sind, Diogenes Laertios aber wohl als Quelle benutzt hat. Wir können uns nur an seine Sammlung halten. So plagiiert sie sein mag, so oberflächlich sie philosophisch ist und so unverblümt sie auf die Wirkung billiger Anekdoten spekuliert, ist die Kombination von Biografie und Doxografie, der Bericht über Leben und Werk der Philosophen doch eine besondere und weiter wirkende Form philosophischen Schreibens. Soweit pointierte Aussprüche der Philosophen mit Situationen verknüpft werden, in denen sie angeblich gefallen sind, bekommen ihre Lehren einen ›Sitz im Leben‹; wir pflegen bis heute Philosophien so darzustellen, zumal in Einführungen wie der vorliegenden, die einen ersten Überblick geben sollen. So werden die Meinungen oder Lehren anfänglich plausibel gemacht, und dafür eignet sich Diogenes Laertios' »Erzählung als Darstellungsform«,[31] freilich nur in seriöser Gestalt. Sie erleichtert es nicht nur, andere Philosophien zu überblicken, sondern schafft auch Spielräume, Alternativen zu ihnen zu sehen. Nur so ist für Nachfolger(innen) ein neues produktives Philosophieren möglich.

II. Mittelalter

In der Spätantike gab es auch eine Wendung zur großen, hochabstrakten metaphysischen Spekulation – bei PLOTIN (205–270). Sie führt in einer Richtung vom Einen, Guten und Schönen zum Vielen, Schlechten und Unreinen herab und zeigt in der Gegenrichtung Stufen auf, über die man bis zu mystischer Ekstase im Einklang mit dem Einen aufsteigen kann. Plotin und sein Schüler PORPHYRIOS (233 – vor 305), den Plotin beauftragt, den Entwurf niederzuschreiben und zu ordnen, führen in vielem Platons ungeschriebene Lehre in Form der aristotelischen Lehrschrift fort. Sie schaffen so keine neue Form philosophischen Schreibens, bereiten aber die christliche Philosophie vor, die zahlreiche neue Formen hervorbringt, nun auf dem Boden des Glaubens an einen einzigen allwissenden, allmächtigen und allliebenden Gott. Er wird herrschend im Verfall der römischen Ordnung, im Zug der großen Völkerwanderungen, während verheerender Kriege, Hungersnöte und Seuchen. Und er wird von der wachsend mächtigen Papstkirche gestützt.

Der christliche Glaube stellt die Philosophie vor eine neue Paradoxie: Vor dem Gott der Bibel ist nichts verborgen, er aber will vor allen verborgen bleiben; er sagt von sich lediglich, er sei, der er sei; aus ihm ist alles zu begreifen, ohne dass er selbst zu begreifen wäre. So lernt die christliche Philosophie, die nun kaum mehr von Theologie zu unterscheiden und deren Begriff deshalb umstritten ist, Paradoxien fruchtbar zu machen. So soll der Glaube an die Offenbarung Gottes durch die menschliche Vernunft und Logik bestärkt und überprüft werden; schon weil die Bibel, die Quelle der Offenbarung, zahlreiche offenkundige Widersprüche enthält, muss die menschliche Vernunft über die Richtigkeit der göttlichen Offenbarung entscheiden. Doch der demütige Glaube stellt seinerseits das menschliche Wissen überhaupt und damit auch das Wissen von sich selbst, den Glauben, infrage. So kann man weder seines Glaubens noch seines Wissens jemals sicher sein; in der Gewissheit des Glaubens wird alles Wissen, einschließlich des Wissens vom eigenen Glauben, ungewiss. Man hätte sich darum, nun weit grundsätzlicher als in der Skepsis, von allen abschließenden Urteilen und also auch aller Dogmatik und Metaphysik zurückzuhalten. Zugleich aber fordert der neue und allein selig machende Glaube, ihn aller Welt mit großer Bestimmtheit zu verkünden und ihm, wo nötig, zur höheren Ehre Gottes durch entschiedene Bestimmungen und Deutungen Ausdruck zu geben.[32] AURELIUS AUGUSTINUS (354–430), Patriziersohn der alten Schule, später Bischof von Hippo in Nordafrika und einer der Kirchenväter, wurde darin für Jahrtausende zum Vorbild. Er hat für die widerstrebenden Bedürfnisse des christlichen Philosophierens drei unterschiedliche schriftstellerische Formen geschaffen, das Selbstgespräch zur Reinigung seines Denkens für eine neue Wahrheit des Glaubens (I), das Bekenntnis des Glaubens vor Gott als Beispiel für andere (II) und die Apologie, die Verteidigung der christlichen Dogmatik gegen Andersgläubige (III). Sie verschaffen der Philosophie grundlegend neue Inhalte. Die Selbstgespräche, *Soliloquia*, wie er sie nennt, verfasst Augustinus 386/87 vor seiner Taufe, die *Confessiones* um 400, nachdem er Bischof geworden ist, *De civitate dei*, sein großes apologetisches Werk, zwischen 413 und 427, als er den in seinem Sinn rechten Glauben auch mit militärischen Mitteln zu verteidigen hat und Rom durch die Westgoten erobert wird. Er stirbt während der Belagerung Hippos durch die Vandalen.

12 Selbstgespräch: Aurelius Augustinus (I)

In Selbstgesprächen[33] werde, so der stolze und nun bekehrte Römer Augustinus, niemand durch andere und deren Argumente gedemütigt. Er spaltet sich selbst auf in die personifizierte philosophische Vernunft einerseits, deren Stimme sich in ihm meldet, und den »Augustinus« im Übrigen, der auf ihre Fragen und Forderungen in einem sokratischen Dialog antwortet. Auf diese Weise will er erforschen, unter welchen Bedingungen und wie weit er vernünftig sein kann. Die gespaltenen Personen in ihm eint lediglich das Gedächtnis (*memoria*), das nur Sammlungen (*collecta*) von Erinnertem enthält und im Sinn Platons die Schrift als Gedächtnisstütze braucht. »Augustinus« spricht seinerseits durchaus vernünftig, jedoch mit einer beschränkten und weiterer Orientierung bedürftigen Vernunft. Er bedarf nach erfolgter Konversion der Selbstprüfung und Selbstreinigung: In der Form des prüfenden Selbstgespächs wird die eigene Person, der Sprechende selbst, zum Inhalt des Philosophierens. Augustinus mustert seine frühere Lebensweise daraufhin durch, was ihm half und was ihn hinderte, durch Vernunft zur Wahrheit und Weisheit zu kommen. Hinderlich waren hier vor allem Sinnenfreuden jeder Art, von denen er nun entschieden Abstand nimmt. Im Verlauf des Selbstgesprächs wird die Vernunft so immer mehr zur Führerin; die Selbstreinigung, zunächst mehr zum Neuplatonismus als zum Christentum, gelingt sichtlich; »Augustinus« kann immer stärker die Führung selbst übernehmen und sieht dann, obwohl er aus gesundheitlichen Gründen wenig schreiben soll, ein »zweites Buch« zur Niederschrift vor. Dort kommt er über die später von Descartes stark gemachte Wahrheit, dass der, der sich selbst erkennen will, schon weiß, dass er ist,[34] zur sokratisch-platonischen und nun auch christlichen Wahrheit der Unsterblichkeit der Seele.

Doch dieses Wissen und diese Wahrheit bedürfen nun der Unterstützung Gottes, vor dem jede(r) alleine steht. Der Autor Augustinus beginnt seine *Soliloquia* darum mit einem langen inbrünstigen Gebet mit zahlreichen Motiven, die er dann in den *Confessiones* entfaltet.

13 Bekenntnis vor Gott: Aurelius Augustinus (II)

Augustinus wollte seine Selbstgespräche nicht veröffentlichen; es verbreitete sich stattdessen ein Plagiat unter seinem Namen, die sogenannten *Pseudosoliloquien*. Umso mehr waren seine *Confessiones* für eine große Öffentlichkeit gedacht. Hier reflektiert er seinen Weg durch die damals gängigen Philosophien hindurch zum Glauben an den allein selig machenden christlichen Gott. Inzwischen Bischof, weiß er sich sündig vor ihm und aufgerufen, als Beispiel für alle, Gläubige und Noch-nicht-Gläubige, seine Sünden vor Gott zu bekennen, auch wenn Gott schon alles weiß. Das fordert zu radikaler Wahrhaftigkeit heraus – und führt zu überraschend neuen philosophischen Inhalten.

Denn die Erforschung seiner Sündigkeit zwingt Augustinus, sich von der ›äußeren‹, der von allen gleichermaßen beobachtbaren Welt abzuwenden und das zu konzipieren, was seither das ›Innere‹ heißt und von dem wir bis heute wie selbstverständlich sprechen. Dieses Innere ist jedoch nicht lokalisierbar, es ist ein paradoxer Ort und Nicht-Ort zugleich. Es ist auch nicht verifizierbar: Nur der jeweilige Mensch selbst kann es beobachten – und Gott. Und nur Gott kann es völlig durchschauen und sieht auch die Befangenheit in aller Selbstbeobachtung. In diesem Innern erblickt man nun den Schauplatz von Gefühlen, des Bewusstseins, des Willens und des Gewissens. Von all dem war in der Antike noch kaum die Rede,[35] und in der Moderne wird es zu einem leitenden Anhaltspunkt der Philosophie.

Für Augustinus ist das Innere zunächst der – immer fragliche – Ort des Glaubens, eine Glaubenswelt: Nicht irgendwo im Kosmos, sondern nur hier kann Gott zu finden sein, nur hier kann man ihn ansprechen, nur hier wird er antworten. Gerade das Innere ist aber, so Augustinus, nur in der Erinnerung gegeben, im Gedächtnis (*memoria*), und so bin ich im Grunde mein Gedächtnis (*ego sum, qui memini*). Das Gedächtnis aber verhält sich eigenwillig und unergründlich: Etwas kann mir einfallen oder nicht, ich erinnere etwas einmal so, einmal anders; es verdaut, was ich erlebt habe, wie ein Magen. So können sich bei weiterer Selbsterforschung tiefe und immer noch tiefer verborgene Höhlen (*caveae abditiores*) in meinem Innern auftun, ich komme niemals zu einem abschließenden und haltbaren Begriff meiner selbst (*nec ego ipse capio totum, quod sum*). Vor Gottes Augen werde ich mir selbst zur Frage (*mihi quaestio factus sum*).

Diese Haltlosigkeit im Inneren, die weit tiefer geht als die skeptische, vertieft sich noch im Blick auf die *Zeit*. Vergangenheit und Zukunft, erkennt Augustinus bei der Erforschung seiner *memoria*, sind beide nur in der Gegenwart (als das, was erinnert oder erwartet wird), aber die Gegenwart ist ihrerseits nur der Übergang von der Vergangenheit in die Zukunft. So ist auch die Zeit ohne jeden festen Anhaltspunkt, wie ihn Aristoteles noch in der gleichmäßigen kreisförmigen Bewegung der Sterne gefunden hatte. Augustinus setzt die Zeit nun so an, dass sie von dem selbst der Zeit unterworfenen Inneren »auseinandergespannt« (*distentio*), eröffnet, konstituiert wird. Man kann daher nicht sagen, was die Zeit ist, und kann dennoch problemlos mit ihr umgehen. Augustinus entdeckt in seinen Bekenntnissen vor Gott nicht nur das Innere, sondern auch eine vom begrifflichen Wissen unabhängige Orientierungsfähigkeit.

Danach könnte alles Wissen von einem vorwissenschaftlichen Glauben, einem lediglich Plausiblen, ausgehen. Für den christlichen Glauben im Besonderen aber muss man sich, wenn man zuvor Heide oder Jude war, bewusst entscheiden. So wird mit dem christlichen Glauben die Entscheidbarkeit *allen* Glaubens deutlich. Im Glauben an den unbegreiflichen Gott und den Gottessohn Christus, zu dem man sich ausdrücklich bekennen muss, wird alle Orientierung, alle Selbstbesinnung und alles Begreifen zur Gnade Gottes.

14 Apologie gegen die Heiden: AURELIUS AUGUSTINUS (III)

Der Anlass von Augustinus' großem apologetischem Werk *De civitate dei* ist eine *äußere* Kampfsituation: 410 wird im Zug der westgotischen Angriffe auf das Römische Reich die Hauptstadt Rom, die nun auch das Zentrum der Christenheit ist, zum ersten Mal seit unvordenklicher Zeit erobert, geplündert und verwüstet. Aber einige Kirchen, in denen Christen Zuflucht gesucht hatten, bleiben dabei verschont. So bezichtigt man die Christen und ihren Gott, die Katastrophe herbeigeführt zu haben, um den christlichen Glauben zu bekräftigen. Ein Freund des beredten Augustinus fordert diesen zu einer Verteidigungsschrift auf. Er liefert sie in gewaltigem Umfang und in donnernder Sprache, gestützt auf Bibelzitate, aber auch auf philosophische Begriffe und Denkfiguren vor allem wiederum Platons und des Neuplatonismus. Auf diesem Weg entwickelt er eine grundlegende Dogmatik des Christentums, eine *doctrina christiana*, die in vielem bis in die Neuzeit verbindlich bleibt.

Der Verteidigung dienen nur die ersten zehn der 22 Bücher. Schon in seinen *Confessiones* hat Augustinus einem suchenden einen auslegenden Teil hinzugefügt, seinen Überlegungen zur Zeit eine Interpretation des biblischen Schöpfungsberichts vom Beginn der Zeit an. Nun lässt er der Verteidigung gegen die Anschuldigungen eine umfassende Grundlegung der Verteidigung in Gestalt einer Abhandlung über die Stellung des Christentums in Staat und Geschichte folgen. Die Apologie und ihre Grundlegung fordern nun statt des fragenden einen affirmativen Stil und entsprechende rhetorische Mittel bis hin zur engagierten Predigt. Um Bibel und philosophische Vernunft in einem höheren Wissen zu versöhnen, greift Augustinus, wie schon frühere Kirchenväter, zu großzügigen Symbolisierungen, Analogisierungen, Metaphorisierungen und Idealisierungen der in der Bibel berichteten Ereignisse, zu scharfen moralischen Kontrastierungen, zur Einführung neuer irdischer und himmlischer Wesenheiten (wie Engel und Teufel) und bei alldem zu gezielten Umdeutungen, Umkehrungen und Umwertungen der überlieferten philosophischen Unterscheidungen mit dem Argument, dass die Bibel selbst zugleich historisch und allegorisch spreche.[36] Überall findet er Anhaltspunkte für die Machtlosigkeit der heidnischen Götter einerseits und für geheimnisvolle Wirkungen des einen christlichen Gottes andererseits. Widersprüche in der Bibel werden mit gewagten Deutungen aufgelöst oder überdeckt. Entgegen den Bemühungen des römischen Gelehrten Varro, die heidnische Götterwelt logisch zu ordnen, stellt Augustinus sie als widersprüchlich, das Handeln des christlichen Gottes dagegen stets als folgerichtig und gerecht dar. Er preist wohl die vielgerühmten römischen Tugenden und schätzt auch die römische Weltherrschaft, doch nur, soweit sie die Herrschaft des christlichen Gottes vorbereiten.

Wie im persönlichen Bekenntnis vor Gott das Innere des Menschen entwirft Augustinus in der Apologie der Christenheit im Ganzen eine innere Welt in der äußeren Welt, den unsichtbaren »Gottesstaat« (*civitas dei*) im sichtbaren irdischen Staat (*civitas terrena*). »Civitas« meint hier nicht einen Staat oder eine Stadt, sondern gleichsam die Staatsbürgerschaft in der göttlichen Gemeinschaft.[37] Die *civitas dei* ist eine unsichtbare Gottesgemeinschaft auf Erden, deren Mitglieder durch und durch gut und gerecht sind und die nach ihrem irdischen Tod ein ewiges glückseliges Leben haben werden. Sie sind dazu von Gott vorbestimmt, prädestiniert, ohne dass dies auf Erden zu erkennen sein muss; auch sie selbst können sich dessen nie sicher sein. So muss sich jeder bemühen, im irdischen Leben seine Erwähltheit für das ewige Leben als wahr zu erweisen, auch wenn ihm das letztlich nie gelingen kann. Die christliche Paradoxie eines an den Glauben gebundenen Wissens wird fruchtbar für die Gestaltung eines christlichen Lebens.

Die *civitas dei* ist in der irdischen Geschichte nicht wirklich erkennbar; es gibt für sie nur Anhaltspunkte, die man richtig zu deuten wissen muss. Augustinus setzt dazu unter anderem Engel ein, die der Verführung des Teufels erlegen sind und ihrerseits die ersten Menschen zum Sündenfall, zur Abkehr vom Guten ins Böse, verführt haben. Um ihn philosophisch denkbar zu machen, ist aber ein Wille nötig, der nicht schon, wie Sokrates es dachte, dem Guten folgt, sondern wie das Gedächtnis eigensinnig und so erst eigentlich Wille und *als* Wille undurchschaubar ist. So können die göttliche und die irdische *civitas* einander in ein und demselben Menschen bekämpfen, der Mensch wird zum Kampfplatz widerstreitender Willen. Es liegt dann wiederum bei Gott und seiner Gnade, wie das Leben des Einzelnen so auch das Leben der menschlichen Gemeinschaft in der Geschichte zu einem christlich-guten Ende zu führen. So schafft die Apologie Zuversicht: Was jetzt nicht erkennbar wirklich und wahr ist, wird sich dereinst als wirklich und wahr herausstellen. Die Form der Apologie hat Augustinus dazu gebracht, eine von Gott vorbedachte Heilsgeschichte zu konzipieren und damit die Geschichtsphilosophie zu initiieren.[38]

15 Poetisches Rezept gegen Kummer: Boethius

Anicius Manlius Severinus Boethius (zwischen 475 und 524), aus vornehmem römischem Adel und nun Christ, aber kein Kleriker, hochgebildet, Übersetzer und Kommentator der logischen Schriften des Aristoteles, Verehrer auch Platons, Kanzler des christlichen Kaisers Theoderich, in Ungnade gefallen und zum Tod verurteilt, ruft in *De consolatione philosophiae* die Philosophie zum Trost an. Er stellt sie im Wechsel von Prosa und elegischen Versen als majestätische Frau dar, die ihm Rezepte gegen seinen Kummer vorträgt: Abwendung von allen Glücksgütern, Rückwendung auf sich selbst, Zuwendung zu Gott, der das scheinbare Unglück der Menschen zu ihrem Glück zu wenden weiß. Die Form macht den vielfach bekannten Inhalt erhaben und neu eindrucksvoll. Die Philosophie bleibt in dieser noch antiken und nur erst undeutlich christlichen Gestalt das ganze Mittelalter hindurch gegenwärtig und populär.

Zugleich gibt Boethius dem Mittelalter mit seiner Übersetzung der neuplatonischen Einführung (*Isagogê*) des Porphyrios eines seiner Hauptprobleme auf, den sogenannten Universalienstreit oder die Frage, ob das Allgemeine eigene Realität hat. Und mit theologischen Traktaten greift er auch in den Streit um die Trinität ein, die Frage, welchen Rang Christus gegenüber Gott haben sollte. Er schafft generell Maßstäbe, wie man mit philosophischen Begriffen und Argumenten theologische Probleme angehen kann. Auch darin kommt man immer wieder auf ihn zurück. Er wird wie Aristoteles und Augustinus zu einer der großen Autoritäten des Mittelalters.

16 Gebet: Anselm von Canterbury

Ein halbes Jahrtausend später will Anselm von Canterbury (1033–1109), ein inbrünstig gläubiger Mönch aus dem Aosta-Tal, der schließlich Erzbischof von Canterbury wird und als solcher in schwere Streitigkeiten mit dem König von England gerät, den Gottesglauben von der Autorität der Bibel (*auctoritas scripturae*) lösen und auf die Notwendigkeit der Vernunft (*rationis necessitas*) und damit die Klarheit der Wahrheit (*veritatis claritas*) auf die Philosophie gründen. In der Tradition der Apologetik gewinnt er aus Augustinus' drei innovativen Formen theologisch-philosophischen Schreibens eine neue.

In seinem *Monologion* nimmt er zunächst die Form des Selbstgesprächs auf: Er schreibt, wie er betont, auf Drängen seiner Mitbrüder die Gedanken auf, die ihn umtreiben, vor allem zum Problem der Trinität. Er teilt das Selbstgespräch jedoch nicht wie Augustinus in klar unterschiedene Rollen auf; sein *Monologion* nähert sich in der Form dem Traktat. In der Sache stellt Anselm die Rede oder das Wort Gottes (*locutio*) in den Mittelpunkt und vergleicht in einer folgenreichen Analogie Gottes Schöpfung mit der eines Handwerkers, der seine Vorstellungen verwirklicht. Die geheime Autorität ist Aristoteles mit seiner Philosophie der Substanz (*ousía*), die unabhängig von allem andern existiert und von deren bleibendem Wesen sich wechselnde Eigenschaften unterscheiden lassen. Beim christlichen Gott werden die Eigenschaften, die von ihm ausgesagt werden, jedoch zum Problem, weil sie nicht wechseln und Gott doch in neuen Situationen neu handeln können muss.

Umso mehr sucht Anselm ein einziges, vollkommen überzeugendes, unbestreitbares Argument für das Sein und Wesen Gottes und findet dafür eine neue Form: die Anrede an Gott selbst, das *Proslogion*, das angesichts der Abhängigkeit aller Geschicke der Welt und der Menschen von Gott nur die Gestalt eines *Gebets* haben kann. Damit nimmt Anselm Augustinus' Form der *Confessio*, des Bekenntnisses, auf, jedoch nicht mehr, um seine Sünden vor Gott zu erforschen, sondern um das Dasein Gottes selbst zu beweisen.

Er beginnt wie Augustinus mit einer Anrufung Gottes, den er nur in seinem von Sündigkeit befleckten Innern finden kann. Er hält in dem kurzen und übersichtlichen Werk die Form des Gebets auf die Weise durch, dass er laufend zwischen dem teils feiernden, teils unterwürfigen Gebetston und der kühlen und prosaischen Argumentation wechselt. Er bettet das eine in das andere ein im Sinn seines ursprünglich gewählten Titels *Fides quaerens intellectum* (»Der Glaube, der nach rationaler Einsicht sucht«) und zeigt so unmittelbar, dass für ihn Glaube und rationale, nicht auf die Autorität der Bibel gegründete Einsicht zusammengehören. Im Gebet ist der Glaube führend: Anselm geht es ausdrücklich nicht darum einzusehen, damit er glauben kann, sondern zu glauben, damit er rational einsehen kann (*Neque enim quaero intelligere ut credam, sed credo ut intelligam*). Es soll sich jedoch nicht um seinen persönlichen Glauben handeln. Anselm stellt seine Einsicht so dar, dass nicht er selbst sie findet, sondern dass sie sich ihm aufdrängt und er sie nur noch niederschreibt. Die gläubige Einsicht ist die, dass »es etwas gibt, als das nichts Größeres gedacht werden kann« (*esse aliquid quo nihil maius cogitari possit*) und dass dies nur Gott und Gott nur dies sein kann; Boethius hatte die Formel schon vorbereitet. Für Anselm folgt aus ihr, dass es mehr, größer (*maius*) oder, wie er dann auch sagt (und Boethius schon sagte), besser (*melius*) ist, auch außerhalb des Verstandes, der diese Einsicht hat, wirklich, also nicht nur gedacht zu sein – wie beim Handwerker, der seine Vorstellungen verwirklicht. Also muss Gott, wenn es denn seinem Begriff nach nichts Größeres gibt als ihn, wirklich sein – freilich nur unter der Voraussetzung des christlichen Glaubens, dass er der Schöpfer, damit alles von ihm abhängig und er in diesem Sinn größer ist als alles andere. Darum die Form des Gebets. Wenn Parmenides eine Göttin erfand, die die Wahrheit des Seins verkündet, so wird Anselm im Gebet an Gott die Wahrheit von dessen Sein klar.[39]

17 Widerspruchsregister: PETRUS ABAELARDUS

Auch PETRUS ABAELARDUS (1079–1142), kurz Abélard, bleibt fest im christlichen Glauben, hinter dem inzwischen eine mächtige Kirche steht. Er will ihn ebenfalls rationalisieren, jedoch nicht durch einen für Gläubige im Grunde überflüssigen Beweis, sondern durch eine Abwägung der einander oft widersprechenden Autoritäten, auf die die Theologie sich stützt. Mit seinem Abwägungsverfahren schafft er eine neue Form philosophischen Schreibens, das Widerspruchsregister. Sohn eines Ritters aus der Bretagne, wird er mit seinem Mut zur Abweichung, seiner leidenschaftlichen Streitbarkeit, seiner damals skandalösen Liebesgeschichte mit Heloïse, die Stoff für Romane bot, und seinem Gründergeist ebenso berühmt wie berüchtigt; all dies brachte ihm Feindschaften selbst mit seinen Lehrern und Verurteilungen seiner Lehren auf Konzilien, aber auch eine große Gefolgschaft unter Studenten und Lesern ein. So wechselte er in seinem Leben unruhig unter den Klöstern, in seinem Schreiben unter den Formen, dem Dialog, dem Brief, dem Traktat, dem Selbstgespräch.

Mit seinem *Sic et non*, deutsch *Ja und Nein*, das er immer wieder überarbeitet, listet er insgesamt 158 bedeutsame theologische Fragen auf, in denen die traditionellen Autoritäten einander widersprechen, beginnend mit dem Punkt, »dass der Glaube durch menschliche Vernunftgründe ergänzt werden müsse«. Zu jedem Punkt führt er, immer nach demselben Schema, Argumente und ausführliche Zitate *pro* und *contra* an, ohne selbst die Widersprüche aufzulösen; sie bleiben irritierend stehen. Stattdessen fragt Abélard im Prolog, wie die Widersprüche zustande kommen, und geht so, seinerseits mit vielen Belegen von Autoritäten, philosophisch eine Ebene tiefer. Danach treten Widersprüche dann auf, wenn gleiche Worte in verschiedenen Bedeutungen verwendet oder die Lehren in einer abwechslungsreicheren oder leichter verständlichen Sprache vorgetragen werden; wenn sich in Abschriften Fehler einschleichen; wenn den Texten unpassende Überschriften hinzugefügt oder sie anderen, bekannteren Autoren zugeschrieben werden. Hier sei also philologische Vorsicht geboten, wie sie heute in der Wissenschaft selbstverständlich ist. Tiefere Quellen möglicher Widersprüche lägen darin, dass die Bibel in vieldeutigen Gleichnissen spricht; dass Kirchenlehrer ihre Meinungen ändern, ihre Formulierungen aneinander anpassen, manchmal abweichende Meinungen einfügen oder sich schlicht nicht festlegen wollen; noch tiefere, dass man es oft mit Trugbildern zu tun hat, die man nicht als solche erkennt, dass die Dinge sich in unterschiedlichen Perspektiven unterschiedlich darstellen; und schließlich, dass selbst Propheten schwer unterscheiden können, wo aus ihnen der Geist Gottes und wo ihr eigener Geist spricht. Niemand kann letztlich wissen, was aus ihm spricht, auch Philosophen nicht. Abélard unterstellt den Schreibenden bei alldem keine Lügen, keine absichtlichen Täuschungen; generell müssten Widersprüche nicht den Schriften, sondern könnten ebenso ihrem Verständnis entstammen.

Am Ende seines Prologs wirbt Abélard für eine kritische Lektüre auch von Autoritäten unter Berufung einerseits auf Aristoteles, den »klarsichtigsten (*perspicacissimus*) aller Philosophen«, andererseits auf Augustinus, den wichtigsten Kirchenlehrer, der gleichwohl seine eigenen Meinungen mit der Zeit korrigiert habe. Durch Zweifeln (*dubitando*) komme man zur methodischen Befragung (*inquisitio*), durch methodisches Befragen werde man der Wahrheit (*veritas*) ansichtig. Die Wahrheit selbst aber (*Veritas ipsa*) sei Christus, und er habe mit seinem »Suchet, so werdet ihr finden« (Lk 11,9; Mt 7,7) selbst zur methodischen Befragung aufgefordert.

Abélards schriftstellerische Form des Widerspruchsregisters rüttelt so nicht am Glauben überhaupt, dem er mit seiner *Theologia christiana* (der Titel hat sich mehrfach geändert) selbst eine ausführliche Abhandlung widmet, nur am Glauben an Autoritäten – soweit man die Widersprüche unter ihnen nicht abwägt. Seit Abélard lassen sie sich nicht mehr einfach durch allegorische Auslegungen wegdeuten, sondern zwingen zu tieferen und rational überprüfbaren Deutungen auch der Glaubensfragen und zu eigenen Glaubensentscheidungen. Das hat im Hochmittelalter zur Form der Quaestio geführt.[40]

18 Kommentar: Ibn Rushd (Averroes) und Moshe ben Maimon (Maimonides)

Vorbild dafür ist Aristoteles, der im 12. Jahrhundert zur wichtigsten Autorität der christlichen Philosophie wird. Da seine Lehrschriften nicht nur in sich nicht leicht verständlich sind, sondern nun auch geklärt werden muss, wie weit sie mit der christlichen Lehre vereinbar sind, wird die schriftstellerische Form des Kommentars nötig. Das Wort »Kommentar« stammt von lateinisch *comminisci*, »sich etwas ins Gedächtnis rufen«. Kommentare sollen nichts Neues besagen, sondern die Autorität von Schriften bekräftigen. Sie sind insofern Antworten auf Abélard. Bekannt wird die Form jedoch als Kommentierung der »Sentenzen« des PETRUS LOMBARDUS (nach 1095–1160), des späteren Bischofs von Paris, der Zitate aus der Heiligen Schrift, den Kirchenvätern und Kirchenlehrern, insbesondere Augustinus, als Corpus des theologischen Wissens in vier Büchern mit durchnummerierten Kapiteln zusammengestellt hat. Als seine Sentenzen zum theologischen Lehrbuch avancieren, sehen sich die bedeutendsten Theologen des Mittelalters zu »Sentenzen-Kommentaren« herausgefordert.

Zu einer Form des *philosophischen* Schreibens wird der Kommentar, als im arabischen Kulturraum seit dem 8./9. Jahrhundert Aristoteles übersetzt und erörtert wird, vor allem in Bagdad, dem großen Zentrum der arabischen Wissenschaft, aber mehr und mehr auch in Kairo, Marrakesch, Cordoba und Toledo. Aristoteles gilt aufgrund der Breite und Tiefe seines Werks bald als »der Philosoph« schlechthin. Von seiner Philosophie (*Falsafa*) verspricht man sich eine Bereicherung und Vertiefung auch der islamischen Theologie (*Kalām*). Wo Judentum, Christentum und Islam koexistieren, kann die Philosophie, da sie selbst keine Religion einschließt, helfen, Religionen miteinander vereinbar zu machen oder zumindest ihre Vereinbarkeit zu erörtern. Ein bevorzugter Ort dafür ist das kulturell blühende Andalusien des 10. bis 12. Jahrhunderts. In Cordoba, damals eine der größten Städte der Welt, schafft IBN RUSHD, latinisiert AVERROES (1126–1198), einen arabischen Kommentar *zu* Aristoteles, zu derselben Zeit, zum Teil in Bezug auf Ibn Rushd, RABBI MOSHE BEN MAIMON im Akronym RAMBAM, arabisch IBN MAIMUN und griechisch MOSES MAIMONIDES (vermutlich 1138–1204), mit seinem *Führer der Unschlüssigen* (MOREH NEWUCHIM) einen jüdischen

Kommentar der Thora *mit Hilfe des* Aristoteles. Beide, Ibn Rushd und Moshe ben Maimon, sind in Cordoba geboren, beide sind Rechtsgelehrte, Ärzte und Philosophen aus hochangesehenen Familien, beide kommen von praktischen Interessen an Mathematik, Astronomie und Medizin her, die im arabischen Kulturkreis hochentwickelt waren. Beide stützen sich, nachdem die Kenntnis des Griechischen im Mittelmeerraum stark zurückgegangen ist, auf die arabischen Übersetzungen der Werke des Aristoteles. Beide fragen über die schlichte religiöse Gläubigkeit hinaus nach philosophischen und damit allgemein gültigen Möglichkeiten, von Gott und seiner Schöpfung zu sprechen. Beide entscheiden wie Richter aufgrund der ihnen selbst zugewachsenen Autorität, und beide werden zu höchsten Autoritäten in ihren religiösen Traditionen. Beide werden aber auch aus Cordoba vertrieben, Ibn Rushd gegen Ende seines Lebens, als das islamische Herrscherhaus der Almohaden sich stärker fundamentalistisch orientiert, Moshe ben Maimon schon früh mit seiner Familie; er wird am Hof zu Kairo als hochangesehener Leibarzt dienen. So sind beide einander wohl nie persönlich begegnet.

Ibn Rushd wird zur Kommentierung der Schriften des Aristoteles vom andalusischen Herrscher beauftragt und als »der« Kommentator des Aristoteles schlechthin bekannt. Im Lauf seines Lebens verfasst er bis zu drei Kommentare zu den wichtigsten Lehrschriften in wachsender Gründlichkeit, einen kurzen Kommentar, ein sogenanntes *Kompendium*, einen mittleren und einen großen Kommentar. Zwischen ihnen sind kaum Umbrüche oder Neuansätze zu erkennen.[41] Das zu Kommentierende wächst bei weiterer Vertiefung an – dem Umfang eines Kommentars sind keine Grenzen gesetzt, abgesehen davon, dass der Überblick verloren geht. Bei Ibn Rushds großen Kommentaren kann man sich jedoch an die Abfolge des kommentierten Textes selbst halten. Den Kommentar zu Aristoteles' Seelenlehre (*Perì psychēs*,

De anima), zu der schon andere Kommentare vorlagen und der theologisch-philosophisch zum wichtigsten wird, teilt er in 325 kleine Textstücke auf, die er fortlaufend zitiert und mehr oder weniger eingehend kommentiert – Kommentare zu einzelnen Stellen können den Umfang von Abhandlungen annehmen.

Moshe ben Maimon geht in den drei Büchern seines *Moreh Newuchim* dagegen ohne klar vorgegebene Ordnung zunächst vieldeutigen Stellen im Wortlaut der Thora nach, die wissenschaftlich gebildete und zugleich der Wahrheit der Thora vertrauende Leser, für die das Werk bestimmt ist, verwirren können. Er legt seinen Kommentar in Briefform an, richtet ihn an einen besonders gut vorgebildeten und vielversprechenden Schüler, der in Verwirrung geraten ist und auf dessen Nachfragen er in seinem Werk möglicherweise immer wieder reagiert. In die Klärung des Sinns der vieldeutigen Gleichnisse der Thora – nur so ist Gottes Wort, so Moshe ben Maimon, dem Volk zugänglich – fügt er Erklärungen allgemeiner Art ein, etwa zur Unkörperlichkeit Gottes und zur Methode der Auslegung von körperlichen Bezeichnungen Gottes. Dabei zieht er neben einer Vielzahl von Stellen aus der Thora selbst auch Aristoteles zur Verdeutlichung heran, oft ohne ihn ausdrücklich zu nennen. Wo er dann zu stärker systematischen Darlegungen in den beiden weiteren Büchern übergeht, können Aussagen des Aristoteles auch selbst zum Gegenstand ausführlicher Kommentare werden. Dessen Autorität bleibt jedoch stets durch die Thora begrenzt (wie bei Ibn Rushd durch den Koran); Unvereinbarkeiten, z.B. in der Frage der Schöpfung aus dem Nichts, werden, auch hier mithilfe der allegorischen Deutung, zugunsten der Thora entschieden.

Während es Ibn Rushds Ziel ist, mit einem Aristoteles selbst entnommenen beweisenden Verfahren dessen wahres Denken und auf dieser Basis auch die Wahrheit der Religion darzustellen, beansprucht der Jude Moshe ben Maimon kein definitives Wissen. Ein solches hätte ihm wie einem Propheten durch Offenbarung zuteilwerden müssen. Er stellt seinen Lesern stattdessen ausdrücklich anheim, selbst zur richtigen oder besseren Einsicht zu kommen. Die Form des Kommentars *mit Hilfe* des Aristoteles hält diese Möglichkeit immer offen. Denn im jüdischen Verständnis können und dürfen über Gott selbst ohnehin keine Aussagen gemacht werden, weder bildliche noch begriffliche. Man kann ihn nur in seinen Wirkungen erkennen, und dazu muss man die Wissenschaften studieren. Eben das kann gebildete Juden unschlüssig zwischen schlichter Thora-Gläubigkeit und griechisch-arabischer Gelehrsamkeit, auch der des Ibn Rushd, den Moshe ben Maimon gelegentlich heranzieht, schwanken lassen. Da aber nach Aristoteles der Mensch zum Wissen bestimmt ist, tut sich hier dennoch eine Brücke zum stets verborgenen Sinn des göttlichen Wissens auf, über das man freilich, wie Moshe ben Maimon im III. Buch seines *Moreh Newuchim* darlegt, nur in bewusst dunklen Begriffen sprechen darf, die unterschiedlich einsichtigen Lesern dann unterschiedlich zugänglich sein werden. Der Kommentar differenziert hier nicht nur, was er kommentiert, sondern auch, wie deutlich er kommentiert.

Auch Ibn Rushd differenziert die Wahrheit der Religion in diesem Sinn; das hat ihm den Vorwurf der »doppelten Wahrheit« eingetragen. Doch es geht hier um die rechte Form, die Wahrheit vorzutragen, und hier hat man es wieder mit den Entscheidungsspielräumen im Vertrauen auf Autoritäten zu tun, auf die Abélard aufmerksam gemacht hat. Ibn Rushd verfasst dazu einen eigenen Traktat mit dem Titel *Die entscheidende Abhandlung und die Urteilsfällung über das Verhältnis von Gesetz und Philosophie*. So hat man auch über Fragen der Einheit des Intellekts unter allen Menschen, der Ewigkeit bzw. anfänglichen Schöpfung der Welt und der Unsterblichkeit der Seele zu entscheiden, in denen die auf der Bibel fußenden Religionen und die aristotelische Philosophie nicht vereinbar sind.

19 Summe von Lehrdiskursen (Quaestiones): THOMAS VON AQUIN

Wenn die Wahrheit feststeht, kann man sie nur noch differenzieren. Sobald der Umfang der Kommentare deren Übersichtlichkeit bedroht, wird eine neue Form philosophischer Schriften notwendig: die übersichtliche Zusammenstellung der Lehrdiskurse oder die *Summe*. Sie wird besonders gebraucht, als sich im Hochmittelalter die Institution der Universität etabliert. Die großen mittelalterlichen Philosophen sind, wenn sie nicht Äbte, Bischöfe oder Kardinäle werden, meist *magistri* und *doctores* an Universitäten, an denen die Gesamtheit der kirchlich anerkannten Wissenschaften (*universitas litterarum*) in einer Gemeinschaft von Lehrenden und Lernenden (*universitas magistrorum et scholarium*) in der damaligen Gelehrtensprache Latein gelehrt wird. Auch die Philosophie muss sich darum als Lehrdiskurs präsentieren; sie hat nun an der Universität einen lokal und geistig klar definierten Diskursraum. Durch den ständigen Austausch von Studenten, herumziehenden Scholaren und Professoren stehen die Hohen Schulen miteinander im Wettbewerb und tragen ihn aus um die beste und interessanteste Lehre. So ist man nicht einfach an Wahrheiten des Glaubens, die nur sehr begrenzt infrage stehen, sondern an Argumenten für sie interessiert, über die man mit Scharfsinn und Tiefsinn diskutieren kann. Gehen die Debatten zu weit, schreitet die Zensur der Universität und letztlich der Papst oder ein Konzil ein. Zugleich konkurrieren Mönchsorden, die zum Teil auch Lehrstellen an den Universitäten besetzen, um Lehren und Lebensformen.

Die Form der Summe, die es an allen Fakultäten in mehr oder weniger umfassender oder spezifizierter Gestalt gibt, dient in der Theologie nicht der Originalität, sondern der vollkommenen Darstellung der christlichen Lehre (*doctrina christiana*). Die Lehre kann jedoch unterschiedlich akzentuiert und begründet werden. ALBERTUS MAGNUS (ca. 1200–1280) verfasst eine bereits renommierte *Summa theologiae sive de mirabili scientia dei* (»Summe der Theologie oder Von der wunderbaren Wissenschaft Gottes«), die noch eng an die Sentenzen des Petrus Lombardus angelehnt ist. Sein bedeutendster Schüler THOMAS VON AQUIN (1225–1274), der sich wie schon Albertus Magnus auch im Traktat, in Aristoteles-Kommentaren und in der Apologie auszeichnet, bringt sie zur Hochform. Seine *Summa theologiae* oder auch *Summa theologica*, an der er von 1266 bis 1273 arbeitet, umfasst Tausende von Seiten. Spross eines Adelsgeschlechts, der gegen den entschiedenen Willen seiner Familie in den Bettelorden der Dominikaner eintritt, um dann in Köln, Paris, Rom und Neapel zu lehren, unterhält er einen regelrechten Schreibbetrieb; er diktiert drei oder vier Sekretären gleichzeitig, die auch recherchieren, Quellen-Sammlungen vorbereiten, Zitate überprüfen usw.

Thomas kann nun das ganze Lehrwerk des Aristoteles, das inzwischen in lateinischen Übersetzungen aus dem Arabischen vorliegt – Griechisch und Arabisch steht ihm nicht mehr zur Verfügung –, in seine Summe einbeziehen. Die *theologia* oder *doctrina sacra* oder *scientia divina* umfasst, sofern ja alles von Gott ausgeht, auch die Wissenschaften vom Menschen, von seiner Freiheit zum Guten und Bösen und von seinen Tugenden, die Wissenschaften von der Natur und von der Wissenschaft selbst und damit die ganze damals relevante und weiterhin so genannte Philosophie. Die *doctrina christiana* soll mithilfe der Philosophie des Aristoteles, der nüchternsten, bodenständigsten, folgerichtigsten und umfassendsten Philosophie der Antike, zur *scientia* werden. Wiewohl der konkurrierende (Neu-)Platonismus auch im Hochmittalter lebendig bleibt, fungiert Aristoteles wie schon bei dessen Kommentatoren auch bei Thomas schlicht als »der Philosoph«.

Thomas legt die Lehre nun jedoch konsequent nach dem Schema der *Quaestio* an.[42] Es bildet die regelmäßig an den Universitäten durchgeführten, von Magistern geleiteten Disputationen ab. Auf die Lesung (*lectio*) eines autoritativen Textes hin (z.B. aus der Bibel, aus den Sentenzen des Lombardus oder aus Aristoteles) gibt am Folgetag ein leitender Magister (*magister regens*) eine These vor; einer der *baccalaurei* des Magisters begründet sie in etwa drei Stunden; Opponenten (*opponentes*) bekämpfen sie ebenso ausführlich; weitere (*respondentes*) reagieren auf die Gegenargumente und schlagen eine provisorische Lösung vor. Am Tag darauf werden die Argumente *pro* und *contra* zusammengefasst und die Frage durch den Magister entschieden (*determinatio*). Durch einen *secretarius* werden Zusammenfassung und Entscheidung in einer *reportatio* niedergeschrieben und in einer vom Magister autorisierten Fassung (*ordinatio*) herausgegeben. Aufgabe aller Beteiligten ist eine klare Herausarbeitung der Frage (*quaestio*), eine scharfe Abgrenzung der Begriffe (*distinctio*), eine Auflösung des Problems in Fragen, die mit ja oder nein (*sic et non*) zu beantworten sind, und eine logische Beweisführung mit Erörterung der Gründe und Gegengründe (*pro* und *contra*). Man pflegt die Quaestio mit großer Streitlust wie bei Ritterturnieren. Besonders interessant wird es, wenn statt der wöchentlich oder vierzehntäglich durchgeführten *quaestiones disputatae* oder *disputationes ordinariae* zu Standardthemen zweimal jährlich *quaestiones quodlibetales* zu spontan gestellten Fragen von besonderer Brisanz veranstaltet werden; hier kann ein Magister sein ganzes Können zeigen, und Thomas zeigt es.

Die Summe von Quaestionen ist die am strengsten geregelte Form philosophischer Schriften überhaupt. Thomas zielt mit ihr buch- und schulmäßig (»scholastisch«) auf konzise Sachlichkeit, Knappheit und Übersichtlichkeit: Man soll sich präzise, rasch und leicht über alle relevanten Fragen des christlichen Glaubens orientieren können. Seine *Summa theologiae* gibt ihrem Inhalt, der *doctrina christiana*, trotz ihres ursprünglichen Sammlungscharakters eine durchgreifende Ordnung. Sie schlägt in drei Teilen einen großen Bogen von Gott und seiner Schöpfung (I) über den Menschen und seine Sittlichkeit, die nach biblischen Maßgaben neu bestimmt wird (II), zu Christus und den von ihm gestifteten Sakramenten und ihrer Bedeutung für den Gottesdienst.[43] Man hat Thomas' *Summa theologiae* gerne mit den gotischen Kathedralen des Hochmittelalters verglichen: Die fein ziselierten Quaestionen tragen wie Maßbögen das ganze Gewölbe. Sie sind ihrerseits in Teilfragen, sogenannte *articuli*, gegliedert. Darin wird die Argumentation stets mit einem »es scheint, dass« (*videtur quod*) eröffnet, einer gängigen These, die durch weitere Thesen, in der Regel zwei, ergänzt wird (*praeterea*). Darauf folgt, beginnend mit »Aber andererseits« (*Sed contra*) das Gegenargument, hier in der Regel nur eines, woraus dann die Schlussfolgerung (*conclusio*) gezogen wird. Sie ist der Kern des Artikels und enthält Thomas' Lehrentscheidung. Von ihr ausgehend antwortet er abschließend, beginnend mit »ich antworte, dass gesagt werden muss, dass« (*respondeo dicendum quod*), auf die zuvor angeführten Argumente. Der Zusammenhang der Quaestionen untereinander wird mit der geschaffenen Übersicht als einsichtig unterstellt und ist nicht Thema besonderer Quaestionen. Soweit wie möglich beruft sich Thomas seinerseits auf Autoritäten, neben der Bibel, den Kirchenvätern, Kirchenlehrern und Konzilien vor allem auf Aristoteles, zuweilen auch auf Aussagen anderer Magister (*dicta magistrorum*). Die Form überzeugt von ihrem Inhalt: Was in einem solchen Umfang so fein und klar durchdacht ist, kann nicht falsch sein – dass Gott die Welt mit der Vernunft geschaffen hat, für deren menschlichen Gebrauch die aristotelische Philosophie die Begriffe und Regeln bereitstellt.

Doch Thomas hat es dabei nicht belassen. Am Nikolaustag 1273, ein halbes Jahr vor seinem Tod, soll er während der Feier der heiligen Messe eine Vision oder Erleuchtung erlebt und daraufhin jegliche Arbeiten an seinen Schriften eingestellt haben; so blieb die *Summa theologiae* unvollendet. Thomas wird schon bald heiliggesprochen. Noch am Ende des 19. Jahrhunderts erklärt Papst Leo XIII. im Zug der Verkündung der päpstlichen Unfehlbarkeit Thomas' *doctrina christiana* zur offiziellen Kirchenlehre.

20 Kombination symbolischer Figuren: Ramon Llull

Ramon Llull, lat. Raimundus Lullus (ca. 1232–1316), widerspricht der thomistischen Scholastik. Er versucht auf ganz andere Weise, Vernunft in den Glauben zu bringen. Aus vornehmem Haus, wächst er auf der gerade erst von den Christen zurückeroberten Insel Mallorca auf, wo Christen, Juden und Muslime auf engem Raum gut zusammenleben. Auch er hat ein Bekehrungserlebnis; ihm sei, berichtet er, der gekreuzigte Christus mehrfach erschienen. Es bringt ihn, einen Familienvater, zu dem Entschluss, sein mondänes Leben als Prinzenerzieher am Hof aufzugeben, sich als sogenannter Tertiar dem Dritten Orden der Franziskaner anzuschließen, der, anders als der Erste und Zweite, nicht nur Mönche und Nonnen aufnimmt, und sich ganz der christlichen und nun nicht mehr, wie in den Kreuzzügen, gewaltsamen Mission zu widmen. Sein Plan ist, »das beste Buch der Welt gegen die Irrtümer der Ungläubigen« zu schreiben. Mit Fantasie (man nennt ihn den *vir phantasticus*) ebenso wie mit Leidenschaft begabt, verfasst er an die dreihundert Werke in vielfältigen schriftstellerischen Formen wie Traktat, Roman, allegorische Erzählung, Erbauungsschrift, Dialog, Liebesgedicht, in denen sich Wissenschaftliches, Mystisches und Autobiografisches mit Poetischem mischt. Er schreibt nicht nur lateinisch, sondern auch, um die Muslime besser bekehren zu können, arabisch und, als Erster der überragenden Philosophen, in der Volkssprache, katalanisch. Sein Ehrgeiz aber ist seine *Ars magna et ultima* oder *Logica nova*, das »große definitive« Buch, das nach seinem Plan auf wissenschaftliche Weise alle vom christlichen Glauben überzeugen wird. Er führt auch seine Leitidee auf eine göttliche Erleuchtung (*illuminatio*) zurück und arbeitet ihr unter wechselnden Namen auch in seiner übrigen Schriftstellerei zu. Auf unermüdlichen Reisen durch Europa und nach Afrika schafft er es, sie in Universitäten und Fürstenhäusern und selbst vor dem Papst vorzutragen.

Seine »Kunst« (*Ars*), die neue Form philosophischen Schreibens, besteht in einer umfassenden Unterscheidungs- und Verknüpfungstechnik, die mit Symbolen in Gestalt von Buchstaben und grafischen Darstellungen arbeitet. Sie soll das ganze damalige philosophisch-theologische Wissen vollständig in formaler Allgemeinheit erschließen, ohne auf Autoritäten zurückzugreifen, die, wie sich gezeigt hat, nie die Autoritäten aller sind. Zugleich soll sie möglichst übersichtlich und allgemeinverständlich und damit für jedermann operabel werden. Llull hat sie darum im Lauf von Jahrzehnten einerseits immer mehr ausgebaut und andererseits immer knapper zu fassen versucht: die letzte von 1307/8, die *Ars brevis*, ist auch die kürzeste, nur ein Zehntel so lang wie die differenzierteste. Sie beschränkt sich weitgehend auf eine einführende Anweisung zum Gebrauch der symbolischen

Figuren und ist in mehr als sechzig Handschriften und über zwanzig Editionen überliefert.[44]

Llull arbeitet zuletzt mit neun Buchstaben des Alphabets von B bis K: 9 als 1. Potenz von 3 ist ein Symbol der Trinität, A nennt er die erste Figur, in der die folgenden Buchstaben einander grafisch zugeordnet werden. In sechs Abteilungen sind jeweils neun Begriffe unterschiedlicher Art zusammengefasst:

(1) »Würden oder Grundwerte« (*dignitates*) wie Güte (B), Größe (C), ewige Dauer (D), Macht (E), Weisheit (F), Wille (G), Tugend (H), Wahrheit (I), Herrlichkeit (K) – sie treffen in allen drei monotheistischen Religionen auf Gott zu;
(2) Beziehungsbegriffe wie Unterschied (B), Übereinstimmung (C), Gegensätzlichkeit (D), Anfang (E), Mitte (F), Ziel (G), Größersein (H), Gleichheit (I), Kleinersein (K);
(3) »Fragen« im Sinn der Kategorien des Aristoteles, nämlich ob, was, woraus, warum, wie groß, wie beschaffen, wann, wo, womit;
(4) »Subjekte«, im Himmel und auf Erden vorkommende Lebens- und Tätigkeitsbereiche wie Gott, Engel, Himmel, Mensch, Vorstellungskraft, Sinnenkraft, vegetative Kraft, elementare Kraft, instrumentale Kraft;
(5) Tugenden wie Gerechtigkeit, Klugheit, Stärke, Mäßigkeit, Glaube, Hoffnung, Nächstenliebe, Geduld, Mitleid und
(6) Laster wie Geiz, Völlerei, Unkeuschheit, Hochmut, Trägheit, Neid, Zorn, Lüge und Unbeständigkeit.

So stehen z.B. unter E Macht, Anfang, Warum?, Mensch, Mäßigkeit und Hochmut, unter I Wahrheit, Gleichheit, Wo?, Elementare Kraft, Geduld und Lüge zusammen. Begründet werden die Zusammenstellungen nicht. Es handelt sich um kombinatorisches Material. Die Logik oder Kunst besteht dann darin, es miteinander zu kombinieren und dadurch Wissen zu gewinnen.

Llull betrachtet die Kombinationen als Schlüsse; dadurch sollen sie ihre Notwendigkeit bekommen. Damit stellt er von Substanzen auf Funktionen und Relationen unter ihnen um: denn auch und gerade Gott könne nur in Beziehungen wirken.

Die Figuren sind mit viel Fantasie entworfen. Die erste Figur »A« ordnet in konzentrischen Kreisen den substantivischen *dignitates* unter einem jeweiligen Buchstaben Adjektive zu, der Güte (B) also gut, der Wahrheit (I) wahr usw. Als Eigenschaften können sie den übrigen *dignitates* zugesprochen werden, einander also alternativ differenzieren, z.B. als mächtige (Ie) oder gute (Ib) Wahrheit oder weiser (Gf) oder dauerhafter (Gd) Wille. Die zweite Figur »T«, die ebenfalls aus konzentrischen Kreisen besteht, bezieht die übrigen Bestimmungsmöglichkeiten aufeinander. Sie enthält in der Mitte drei Dreiecke, deren gemeinsamer Mittelpunkt auch der Mittelpunkt der Kreise ist, wobei die Seiten des ersten Dreiecks für Unterschied, Übereinstimmung und Gegensatz, die des zweiten für Anfang, Mitte und Ziel und die des dritten für größer, gleich und kleiner stehen. Die Spitzen können gedreht werden und so auf das jeweils Unterscheidbare, z.B. Sinnliches von Sinnlichem, Sinnliches vom Geistigem, Geistiges von Geistigem (hier Seele, Engel und Gott) zeigen. Eine dritte Figur besteht aus 36 in einem Dreieck aneinandergefügten rechteckigen Kammern, in denen jeder Buchstabe des Alphabets von B bis K mit jedem andern kombiniert wird; sie ist das Instrument, um alle Bedeutungs- und Verknüpfungsmöglichkeiten aller Buchstaben auszuschöpfen. In einer vierten Figur sind wie auf Wählscheiben von Tresoren die neun Buchstaben jeweils auf drei konzentrischen und gegeneinander drehbaren Kreisen angeordnet, so dass Dreier-Kombinationen der Buchstaben (z.B. BDE oder CDF) und entsprechend potenzierte Kombinationsmöglichkeiten entstehen. In weiteren Teilen folgen Definitionen der Prinzipien, Regeln der Fragestellung nach den aristotelischen

Kategorien, eine Tafel schrittweise versetzter Dreiergruppen von Buchstaben unter Einschluss der Figuren A und T (z.B. (A)BCDT, (A)CDET, (A)DEFT ..., (A)BCTB, (A)CDTC ... bis (A)THIK) und Regeln zur Ausschöpfung (*evacuatio*) der Figuren. Ein 9. Teil handelt von den resultierenden Bestimmungen der »Subjekte« Gott, Engel, Himmel usw. und ein 10. und 11. Teil von der kombinierten Anwendung der Figuren und Tafeln für konkrete Bestimmungen. Abstrakt ist das alles kaum begreiflich; es muss, wie Llull in einem 12. und 13. Teil klarmacht, eingeübt und mit Weisheit gelehrt werden.

Die Brauchbarkeit, Schlüssigkeit, Vollständigkeit und Überzeugungskraft dieses Unterscheidungs- und Verknüpfungsapparats wird man anheimstellen müssen. Das philosophisch Interessante daran ist, dass Llull mit ihm die seit Aristoteles vertraute Grenze zwischen formaler Logik, die von allen Bedeutungen der Begriffe zugunsten bloßer Chiffren absieht, und den Inhalten der Philosophie und Wissenschaften unterläuft. Mit seinem formalen Apparat will er die Inhalte der *doctrina christiana* kombinatorisch erzeugen. Es würde sich um einen frühen Konstruktivismus handeln, wenn nicht unter den Buchstaben B – K erste Inhalte schon gesetzt wären. Entscheidend aber ist, dass die Bestimmungen mit dieser Technik beweglich werden. Dafür sorgt die »*triadische* Konzeption«, die »nicht nur abstrakte *Monismen*, sondern auch *dualistische* Entgegensetzungen« überwindet.[45] Die figürliche Unterscheidungs*kunst* hält die Unterscheidungs*möglichkeiten* deutlich vor Augen. Die Form der Kombination symbolischer Figuren schafft so einen neuen Spielraum des Wissens im Glauben, einen Spielraum nicht mehr nur unter Autoritäten wie bei Abélard, sondern unter philosophisch-theologischen Denkmöglichkeiten überhaupt. So ist sie weniger ein Wahrheits- als ein Fragengenerator, eine Heuristik oder Findekunst.

21 Kritischer Kommentar zu einer Summa der Logik: William of Ockham

William of Ockham (zwischen 1280 und 1349), Franziskanermönch, der zeitweise in Oxford und London lehrt, schreibt klassische Kommentare und eine Summa zur Logik des Aristoteles. Er fügt ihr jedoch einen Prolog hinzu und schreibt Kommentare in sie ein, mit denen er die Realitätsannahmen der mittelalterlichen Philosophie radikal infrage stellt. Er nutzt den Paratext zur Revision des Gesamttextes. Ein etabliertes wissenschaftliches Publikum vorausgesetzt, wird man in den vertrauten Formen philosophischer Schriften zuverlässiger und schneller gehört, fällt das inhaltlich Unvertraute stärker auf. Das war der Fall. Der Ketzerei angeklagt, flieht William vor der Macht des Papstes und verfasst politische Traktate gegen ihn.

In seinen Schriften zur Logik vollzieht er, in weiterhin unerschüttertem christlichem Glauben, ein Selbstgericht der Philosophie über ihr bisheriges Denken und Schreiben. Denn die Voraussetzungen ihrer Lehren lassen sich nicht halten. Nimmt man die Allmacht oder Omnipotenz Gottes ernst, kann man nicht ausschließen, dass er alles immer auch anders schaffen und ordnen könnte, als Menschen es sich denken: Dann sind die scheinbar notwendigen Ordnungen der Welt tatsächlich zufällig, kontingent. Und den Begriffen, die die philosophisch-theologischen Lehrer dabei gebrauchen, müssen dann nicht schon Gegenstände in der Welt oder jenseits der Welt entsprechen; sie sind zunächst nur Termini in Sätzen oder Zeichen, die auf Unterschiedliches verweisen können oder, wie im Fall von Konjunktionen und Präpositionen, auch nur andere Zeichen verknüpfen. Sprechen, Schreiben und ihre Zeichen bekommen dadurch Eigengewicht, und die Logik als Lehre vom Denken begründet dann nicht schon eine Lehre vom Sein, sondern ist lediglich ein Instrument, Verknüpfungen von Zeichen auf ihre Widerspruchsfreiheit hin zu überprüfen. Nur Aristoteles' Prinzip des zu vermeidenden Widerspruchs lässt Ockham noch gelten. Auf weitere Prinzipien aber sollte man tunlichst verzichten, sie jedenfalls nicht willkürlich vermehren. Das sogenannte Ökonomie- oder Sparsamkeitsprinzip, mit möglichst wenigen Prinzipien auszukommen, das unter dem Namen ›Ockhams Rasiermesser‹ bekannt geworden ist, ist ein methodisches Prinzip für den Umgang mit Prinzipien selbst. Es verhindert metaphysische Verdoppelungen der physischen Welt, in denen sich die mittelalterliche Philosophie so unbefangen erging.

Setzt man bei der Widerspruchsfreiheit von Sätzen aus Zeichen an, stehen Zeichen und Dinge ebenfalls in einem kontingenten Verhältnis: Dinge supponieren, wie Ockham sagt, den Zeichen, sie treten für sie ein. Sie können aber verschiedenen Zeichen supponieren und gleiche Zeichen verschiedene Gegenstände repräsentieren. Die notwendige Verbindung von Sachverhalten, Gedanken und gesprochenen und geschriebenen Sätzen, wie Aristoteles sie unterstellte, ist nicht (mehr) plausibel. Mit der These, dass sich in Begriffen nicht schon die wahre Wirklichkeit zeigt, befeuert Ockham den sogenannten Universalienstreit, den Streit um die eigenständige Realität des Allgemeinen, auf die sich Philosophie und Theologie bisher weitgehend gestützt haben. Sie steht nun unwiderruflich infrage. Die kontingenten Zeichen des Sprechens und Schreibens verbürgen nicht den Realitätsbezug des Denkens, sondern machen ihn fragwürdig. Der Kosmos der mittelalterlichen Philosophie kommt durch die neue Form der überprüfenden Kommentierung seiner logisch-metaphysischen Voraussetzungen ins Wanken. Ockham zieht daraus die politische Konsequenz, dass auch der Papst nicht mit scheinbar gottgegebener Lehrautorität aus der scheinbaren Realität seiner Begriffe handfeste Eigentums- und Herrschaftstitel ableiten kann, wie er es nun immer unverblümter tut. Ockham gibt damit auch der politischen Philosophie einen starken Anstoß.[46]

22 Prismatisches Schreiben: Nikolaus von Kues

Nikolaus von Kues, eig. Johann Cryfftz, lat. Nicolaus Cusanus (1401–1464), ist in einer andern Situation: Aus gutbürgerlichen Verhältnissen stammend, arbeitet er sich zum Kirchenfürsten hoch. Er ist nicht nur vielfältig versierter Universitätslehrer und Wissenschaftler, sondern auch undogmatischer geistlicher Diplomat, bedeutender Kirchenpolitiker und -reformer, der sich für den Religionsfrieden einsetzt und zeitweise ebenfalls mutig gegen den Papst antritt, Bischof, der für den Bestand seines Bistums, von dem er – neben vielen weiteren Pfründen – lebt, auch militärisch kämpft, und dazwischen Kurienkardinal. Er neigt, in bester Kenntnis aller theologischen Autoritäten, der Mystik zu, kennt die Welt aber auch gut von ihrer politischen und ökonomischen Seite. Zugleich stehen ihm alle philosophischen Wege, sich Gott zu nähern, zur Verfügung, darunter auch mathematische und naturwissenschaftliche. Er weiß Widersprüche zu vereinen und stellt aus dem Glauben heraus auch noch das Widerspruchsprinzip infrage. Er bleibt der Theologie treu, führt aber die Logik über sich hinaus: Er arbeitet, ohne diesen Begriff zu gebrauchen, entschieden mit *Paradoxien* und geht so auch auf das Start-Paradox der christlichen Philosophie, dass aus Gott alles, er aber nicht zu begreifen ist, selbst zurück.[47]

Der *Inhalt* seiner philosophischen Theologie oder theologischen Philosophie steht weiterhin fest: die eine Wahrheit des Glaubens zu sehen und in ihrer Mitte die Trinität zu verstehen. Die *Methode* lässt sich Cusanus von der Bibel selbst vorgeben: Wenn Gott nach Ex. 20,4 nicht zu begreifen und man ihm nach

Ex. 33,20 nicht ins Angesicht sehen kann, lehrt doch Paulus in 1. Kor. 13,12, durch den Spiegel (*speculum*) eines Rätsels oder Gleichnisses (*aenigma*) zu sehen, um dem Erkennen (*cognoscere*) dessen näherzukommen, wie man von Gott immer schon erkannt ist. So hat Christus vor allem in Gleichnissen geredet. Man hat also die Unbegreiflichkeit Gottes und seiner Werke zu wahren, kann aber doch diese Unbegreiflichkeit begreifen in einer paradoxen *docta ignorantia*, einer »wissentlichen Unwissenheit«. Den Ausdruck hatte schon Augustinus gebraucht; er bleibt Cusanus' zentraler Anhaltspunkt. Er schafft selbst unermüdlich Gleichnisse, um ihn zu verdeutlichen, nun aber algebraische, geometrische, physikalische, handwerkliche. Und er bringt die Methode seiner Rätsel- oder Gleichnis-Wissenschaft (*aenigmatica scientia*) ihrerseits in ein Gleichnis, das einer Brille (*beryllum*), die man sich auf die Augen setzt, um ansonsten Unsichtbares sehen zu können. Durch eine geschliffene Linse wird das einfallende Licht gebündelt oder zerstreut: Sie steht für das Unterscheiden als solches, das abstrahiert und differenziert.

Und daraus ergibt sich die *Form* von Cusanus' philosophischem Schreiben. Das *Prisma* wurde erst ein Jahrhundert später beschrieben: Wird ein geeignetes Mineral zum Prisma geschliffen, zerlegt es das einfallende Licht in vielfarbige Strahlen, und ebenso legt Cusanus sein philosophisches Werk an, als vielfarbige Ausstrahlung der einen *docta ignorantia*, in die das Licht Gottes einfällt. Er verfasst im Abstand von wenigen Jahren eine lange Reihe vergleichsweise kurzer Schriften in gängigen Formen wie dem Traktat oder dem Dialog, die stets von der *docta ignorantia* handeln, aber in immer schärfer kontrastierten Farben. Sie zeigen immer nur Ähnliches, nie Gleiches; sie gehen, immer im Blick auf das Eine, jeweils von unterschiedlichen Ausgangspunkten aus, sind Perspektiven, in denen das Unbegreifliche begriffliche Kontur gewinnt, ohne je durchschaut und begriffen zu werden. In *De docta ignorantia* (1440) selbst, Cusanus' erstem großem Werk, das sein Grundwerk bleibt, nimmt er noch die gewohnte *Perspektive des Gelehrten* ein, der sich klarmacht, dass das Unendliche niemals durch Endliches zu erfassen ist. Dann folgt in *De coniecturis* (*Über die Vermutungen*, 1440–1444) die *Perspektive der methodischen Reflexion*, nach der für endliche Menschen Wahrheit immer nur als Mutmaßung, d.h. unter Einräumung anderer Möglichkeiten, zu Gebote steht und bei jedem Menschen anders ausfällt; nur die Mathematik ist für alle gleich und eindeutig. *De quaerendo deum* (*Über die Gottsuche*, 1445) zeigt die *Perspektive als Suche nach dem einen Licht*, in dem man die Gnade Gottes vermutet, das sich aber in den verschiedenen Erkenntnismöglichkeiten des Menschen verschieden bricht. In den Dialogen des Laien (*idiota*) über die Weisheit (*sapientia*), den menschlichen Geist (*mens*) und die Versuche mit der Waage (*statica experimenta*) (1450) beginnt Cusanus mit der *Perspektive des von aller Gelehrsamkeit Unbelasteten*. In *De visione Dei* (1453) wählt er die *Perspektive der mystischen Theologie der Gottesschau* – er geht hier (in Umkehrung der Perspektive) – von einer Christus-Ikone aus, die dem Betrachter, gleichgültig, wo er steht, immer ins Auge zu blicken scheint. In *De beryllo* (*Die Brille*, 1458) macht er das *Einnehmen von Perspektiven selbst* zum Thema, im Ton des in sie einweisenden Lehrers, der auch die wichtigste philosophische Autorität, Aristoteles, unter Beiziehung anderer Philosophen, vor allem Protagoras, Platon und Dionysios Areopagita, des vermeintlichen Schülers des Paulus, zu berichtigen weiß.[48] Vom *Trialogus de possest* (*Gespräch unter Dreien über das Können-ist*, 1460) versucht er in der *Perspektive des Selbstbezugs des Begreifens* neue Begriffe für die *docta ignorantia* zu bilden, hier den des seienden Könnens (*posse est*), über das Gott unumschränkt verfügt, so dass man ihn so wie den Namen aller Namen, das Wissen alles Wissens, das Begreifen alles Begreifens auch das Können alles Könnens nennen kann. In *De non aliud* (*Über das Nicht-andere*, 1461/62) geht er weiter zur *Perspektive der bloßen Identität*: Wenn jedes anders (*aliud*) ist als anderes und eben dadurch es selbst, so ist Gott wiederum anders als dieses andere und insofern ein Nicht-anderes (*non aliud*). Der *Gipfel der Betrachtung* (*De apice theoriae*, 1464) ist dann die *Perspektive des Begriffs des Könnens selbst*: Denn dem Begriff des *posse*, des Könnens, fügt auch der Begriff des Seins (*esse*, *est*) oder des Existierens nichts mehr hinzu (wie bei Anselm von Canterbury); Gottes Können schließt auch sein Sein-Können ein.

In dieser Form des prismatischen Schreibens, des perspektivisch begreifenden Blicks auf das eine Unbegreifliche, steckt eine *Unterscheidungstheorie oder -technik*, die Cusanus, der auch Llull stark rezipiert hat, nur zurückhaltend expliziert. Es war schon in der Antike klar, dass Unterscheidungen nur durch Entgegensetzungen möglich sind. Cusanus fügt dem hinzu, dass die Gegensätze, die das Unübersehbare durch klare Begrenzungen oder Verendlichungen, auf wissenschaftliche Weise durch Definitionen überschaubar machen, im Unendlichen und als solchen Unübersehbaren zusammenfallen. Dafür gebraucht er vorwiegend geometrische Gleichnisse: Ein Vieleck, dessen Ecken immer weiter vermehrt werden, nähert sich dem Kreis, der Umfang eines Kreises, je größer er wird, der Gerade, ein Dreieck, dessen Höhe immer kleiner wird, ebenfalls der Gerade. Ein Kreisel, mit dem Kinder spielen, steht für eine stehende Bewegung; bewegt er sich schnell genug, nimmt man die Bewegung nicht mehr wahr. Das methodische Prinzip ist eine Entgrenzung der Begriffe, die der Verstand (*ratio*) durch seine Gegensätze begrenzt, durch die Vernunft (*intellectus*), die auf die Einheit der Gegensätze zurückgeht. Das führt, wie im *possest* oder im *non aliud*, zu Widersprüchen zum Widerspruchsfreiheitsprinzip, weil dann verstandesmäßig Gegensätzliches zugleich von demselben gilt, und also zu *Para-*

doxien. Genau sie aber bringen nach Cusanus das Begreifen Gott näher, der nicht anders zu denken ist, als dass er alle Gegensätze hervorbringt und darum auch in sich vereinigt. Daraus folgt für Cusanus eine gezielte Technik des Paradoxierens. Da Paradoxien aber das Verstandesdenken blockieren, weil es zum Unterscheiden auf widerspruchsfreie Bestimmungen angewiesen ist, werden wieder Entparadoxierungen notwendig – durch plausible Gleichnisse, die unmittelbar einleuchten. Versucht man sie begrifflich zu deuten, entstehen neue Paradoxien. So bieten sie einen für das sich an Gleichnisse haltende Verstehen beruhigenden, für die wissentliche Unwissenheit freilich weiterhin beunruhigenden Abschluss.

Mit seinem prismatischen Schreiben hat Cusanus einen Weg gezeigt, die letzte paradoxe Wahrheit des (monotheistischen) Glaubens, dass alles aus Gott, er selbst aber nicht zu begreifen ist, plausibel zu machen und damit die Grenzen oder Perspektiven der widerstreitenden Religionen zu überwinden. Soweit man darin Mystik sieht, muss man zugleich sehen, dass auch die Mystik paradox verfährt – sofern sie über ihr Schweigen als ein Schweigen-Müssen redet.

III. Neuzeit

Gegen Ende des 15. Jahrhunderts kommt ein Pathos der völligen Neuorientierung sowohl in der Konzeption des Wissens als auch in der Gestaltung des menschlichen Lebens auf. Man wendet sich weiterhin nicht gegen den christlichen Glauben, löst sich jedoch im Philosophieren von dessen inzwischen hochumstrittenen Vorgaben; das scholastische Wissen gilt vielen nun als verkrustet und veraltet; von Italien ausgehend, orientiert man sich neu im Namen des Menschen (Humanismus) und will sein Bild, auch in seiner körperlichen Schönheit, aus der Antike, der Zeit vor dem Christentum, wiedergewinnen (Renaissance). Die irdischen Bedingungen des Menschen, außer der Natur die Geschichte und die Sprache, rücken in den Mittelpunkt und mit ihnen das Individuum, das mit *seiner* Orientierung in *seiner* Welt ohne Rücksicht auf ständische und klerikale Ordnungen dem Ideal der Selbstvervollkommnung folgt (*uomo universale*).

Ganz heterogene Ereignisse, Entdeckungen, Erfindungen und Entwürfe treiben die Neuorientierung voran, vor allem

– die Entdeckung Amerikas und die Umrundung der Erde mithilfe der (Neu-)Erfindung des Kompasses (der früher schon in China bekannt war): Sie eröffnet der *geografischen Orientierung* neue Horizonte;

– die Umordnung von Zentrum und Peripherie in der *astronomischen Orientierung* – NIKOLAUS KOPERNIKUS (1473–1543) rückt um der einfacheren mathematischen Berechnung der Bewegungen der Planeten und der Sterne willen die Erde aus der Mitte der Welt und macht sie zu einem bloßen Standpunkt im Universum;
– die Entwicklung der perspektivischen Malerei, der geometrischen Rekonstruktion des natürlichen Sehens: Der scheinbar natürliche Eindruck in der Wahrnehmung von Räumen, der wichtigsten *sinnlichen Orientierung*, lässt sich durch berechenbare Illusionen erzeugen;
– die Erfindung des Buchdrucks: Sie ermöglicht die Verbreitung von Wissen jeder Art unabhängig von Kanzleien und Kirchen auf anonymen Märkten für ein immer weiter wachsendes Publikum; jeder, der lesen lernt (zunächst sind es nur wenige), kann seine *geistige Orientierung* nach Gutdünken erweitern;
– der Protestantismus, die eigene *religiöse Orientierung* an der Bibel, die nun jeder selbst in seiner Sprache lesen kann, statt sich kirchlichen Lehren zu unterwerfen; Abspaltungen von der katholischen Kirche und die Reformation lösen schwere politische Krisen, Bürgerkriege und zwischenstaatliche Kriege aus, die sich weit über ein Jahrhundert hinziehen;
– die Erfindung des Schießpulvers mit all ihren Folgen für die *militärische Orientierung*;
– die *politische Orientierung* an der Herrschaft als solcher ohne moralische und religiöse Vorgaben (NICCOLÒ MACHIAVELLI (1469–1527);
– die beginnende kapitalistische Organisation des Welthandels, die *ökonomische Orientierung* an Märkten im großen Stil und
– der Entwurf von Utopien, *Lebens- und Orientierungswelten im Ganzen*.

Die *wissenschaftliche Orientierung* wird nach und nach nicht mehr aristotelisch auf Wesensbestimmungen, sondern auf Beobachtungen und Berechnungen gegründet. Man kombiniert beide, soweit möglich, in Experimenten, d.h. Beobachtungen unter klar definierten Umständen, die möglichst exakte Messungen und mathematische Berechnungen zulassen (GALILEO GALILEI, 1564–1642).

23 Satire auf die gegenwärtige Gelehrsamkeit: ERASMUS VON ROTTERDAM

Die Neuerungen fordern auch wieder zahlreiche innovative Formen philosophischen Schreibens heraus. DESIDERIUS ERASMUS VON ROTTERDAM (zwischen 1466 und 1536) ironisiert in der Form der Satire das alte Wissen, statt es zu widerlegen; er schüttelt dogmatischen Eifer mit Humor ab. Der für seine Gelehrsamkeit hochberühmte Augustiner-Chorherr, Sohn eines Priesters, der an den bedeutendsten Höfen und Universitäten willkommen ist, ohne sich irgendwo dauerhaft festzusetzen, sondern stets durch Europa reist, Prinzen erzieht, Missbräuche der Kirche anprangert, sich um eine neue Bibelübersetzung verdient macht, aber gegen Luthers Reformation mit Schriften für den Frieden streitet, kann es sich leisten, sich auch über die christliche und humanistische Gelehrsamkeit lustig zu machen. Im Haus des um einige Jahre jüngeren THOMAS MORE, dem ähnlich gebildeten späteren Lordkanzler, schreibt er rasch, in erkennbarer Anspielung auf dessen Namen, seine Satire *Mōrias Enkōmion seu Laus Stultitiae*, das *Lob der Torheit*, nieder. Er weist selbst auf zahlreiche Vorgänger in dieser schriftstellerischen Form hin, übernimmt aber nicht deren Schärfe. Die Torheit, die er selbst gelehrt daherreden lässt, gibt ironischerweise durchaus Kluges von sich, etwa, dass das Kinderzeugen, Heldentaten im Krieg oder auch Heroisches in der Philosophie meist nur ihr, der Torheit, zu verdanken seien, dass auch Platon und selbst die Apostel unvernünftigen Leidenschaften erlegen seien oder Päpste Kriege führen, um sich nochmals ganz jung zufühlen. Erasmus bedient sich der beliebten Paradoxie, dass gerade Narren Wahres sagen können, und macht sich auch gleich selbst zum Narren, indem er im Widmungsschreiben an Thomas More seine eigene Schrift ebenso gelehrt wie töricht hochlobt – um sie dann zur bloßen rhetorischen Übung zu erklären. Jeder, der hier ernsthaft entgegnet, macht sich seinerseits lächerlich: So wird die Satire unanfechtbar.

Die auffälligste neue Form philosophischen Schreibens zu Beginn der Neuzeit ist der Essay. Sie ist die Form des Versuchs, des Ausprobierens, des Sich-vorläufig-nicht-Festlegens. Das Wort ›Essay‹ stammt vom lateinischen *exigere*, das die ganze Spanne von ›tatkräftig handeln‹, ›erarbeiten‹ über ›prüfen, untersuchen‹ bis zu ›abwägen‹ umfasst. Der schriftstellerische Essay ist, wenn man ihn paradox bezeichnen will, eine neue Form der Formlosigkeit, die nun neben und oft auch vor die Lehrschrift, die Abhandlung, den Traktat tritt: Die passende Form wird hier nicht vorgegeben, sondern findet sich beim Schreiben. Im Unterschied zur Lehrschrift verpflichtet sich der Autor nicht auf wohlbegründete Wahrheiten, verzichtet auf umfassende argumentative Absicherung und kann auch seine eigene Autorität infrage stellen.[49] Umso mehr muss er interessant sein – durch überraschende Gedanken, denen die Leser(innen) folgen können oder auch nicht. Die Dinge dürfen vorerst in der Schwebe bleiben, und man muss zusehen, wozu man neues Vertrauen fasst. Man bleibt vorerst gläubig, aber der Glaube rückt in den Hintergrund. Die Wissenschaft geht nicht mehr von ihm aus und führt auch nicht mehr auf ihn hin. Philosophie und religiöse, dogmatische und kirchliche Theologie trennen sich, die philosophische Theologie wird, wo nötig, neu erdacht.

Die Form des Essays, dem MICHEL DE MONTAIGNE (1533–1592) den Namen gegeben hat, öffnet neue Wege für (a) einen Neuentwurf der gesellschaftlichen Verhältnisse, der Utopie, die THOMAS MORE (1478–1535) berühmt gemacht hat, ohne schon den Namen Essay zu verwenden, (b) die Selbstbeobachtung und Selbstdarstellung des Individuums, die Montaigne in einer bis heute nicht überholten Gestalt entwickelt hat, und (c) eine neue wissenschaftliche Interpretation der Natur, mit der FRANCIS BACON (1561–1626) dem sogenannten englischen Empirismus den Weg gebahnt hat. THOMAS HOBBES, JOHN LOCKE, BISCHOF BERKELEY und DAVID HUME können dann zur Form der Lehrschrift zurückkehren, Hobbes (1588–1679) unter dem auf Euklid anspielenden Titel *Elementa Philosophiae*, Locke (1632–1704) unter dem Namen des Essay (*Essay Concerning Human Understanding*), Berkeley (1685–1753) unter dem Namen des Treatise, Hume (1711–1766) unter dem Namen des Enquiry. Bacon selbst nennt wohl seine *Religious Meditations. Places of Persuasion and Dissuasion* Essays, sein philosophisches Hauptwerk aber, das ein einziger großer Essay ist, *Instauratio Magna*, Große Erneuerung. Wer Essays schreibt, muss ein eigenes Urteil wagen und auf es vertrauen und die dazu nötige Persönlichkeit haben. More, Montaigne und Bacon hatten sie. Alle drei gelangten an die Spitze ihrer Gesellschaft und wirkten auf die königliche Politik ein. Sie nahmen keine Lehrstühle an Universitäten ein, und das wird, was die großen Neuerer der europäischen Philosophie betrifft, bis ins 18. Jahrhundert so bleiben.

24 Essay als Gegenentwurf zu den gegenwärtigen gesellschaftlichen Zuständen (Utopie): Thomas More

Der von Erasmus angesprochene Thomas More, lat. Thomas Morus (1478–1535), Sohn eines hohen Londoner Richters, am Hof des Erzbischofs von Canterbury erzogen und schon mit 25 Jahren zum Mitglied des Parlaments ernannt, schickt, noch vor seiner großen politischen Karriere, die ihn ins höchste Staatsamt, das Amt des Lordkanzlers, führen wird, seinerseits 1516 das Manuskript seiner *Utopia* an Erasmus. Bestens mit Platons Ideen zu einem Idealstaat, Augustinus' *De civitate dei* und Ockhams Kritik an der politischen Herrschaft der Kirche vertraut, trägt er in der Form des Essays einen Gegenentwurf zu den gesellschaftlichen Verhältnissen seiner Gegenwart vor. In der Zeit, in der auf der einen Seite Machiavelli an *Il Principe* arbeitet, in dem er Fürsten Ratschläge zum Machterwerb und Machterhalt ohne religiöse und moralische Rücksichten gibt, und auf der andern Seite Erasmus eine moralgeleitete *Institutio principis christiani* (*Erziehung eines christlichen Fürsten*) herausbringt, die für den künftigen Kaiser Karl V. bestimmt ist, entwirft More Vorschläge für einen alternativen Staat – kein Privateigentum, kein Geld, Pflicht aller zur Arbeit, ausgeglichene Güterverteilung, auf Zeit gewählte Regierende, Gleichstellung von Männern und Frauen, überschaubare Gesetze, Strafrecht mit dem Ziel der Resozialisierung, parlamentarische Redefreiheit, moralisch integre Richter, strenges Eheleben, Kindergärten, Verpönung aller Luxusgüter, regelmäßige Fortbildung, Sport und Gesundheitspflege, Koloniegründung zur Vermeidung von Bevölkerungsüberschüssen, Entwicklungshilfe für die Kolonisierten, Krieg nur zur Notwehr, vernünftige Religion mit Toleranz gegen Andersgläubige, Priestertum auch von Frauen. Die Verwirklichung dieses zukunftsweisenden Programms ist vorerst jedoch so unwahrscheinlich, dass More seinen Staat auf eine »neue«, jetzt noch unerreichbare Insel in einem fernen Ozean verlegt. Er nennt die Insel (nicht den Staat) *Utopia*, Nirgendwo-Ort, was sich im Englischen zugleich wie Eutopia, guter, schöner Ort, anhört.

Die Utopie wird inhaltlich zu einem schriftstellerischen Genre. Mit seiner *Utopia* schafft More aber auch die für Alternativen jeder Art offene Form philosophischen Schreibens, den formal nicht festgelegten Essay. Um sich selbst nicht auf seine Vorschläge festzulegen, führt er einen Erzähler namens Raphael (»Gott hilft«) ein, einen weitgereisten Mann, der auch Amerigo Vespucci begleitet habe, befragt ihn zusammen mit einem Freund im Dialog und behält sich seine Zweifel vor. Raphael in seiner »edlen, wahrhaft philosophischen Denkungsart« liegt vor allem an der Unabhängigkeit seines Denkens auch gegenüber Fürsten, in deren Dienst er darum nicht eintreten will, auch wenn sein Rat noch so gefragt ist. Denn Philosophen könnten nicht Könige sein, Könige aber wollten, wie sich schon bei Platon gezeigt habe, den Rat von Philosophen nicht. More selbst wird dennoch der höchste Diener eines besonders skrupellosen Königs, Heinrich VIII., werden und, als er, ein streng gläubiger Katholik, der Absicht des Königs, auch die englische Kirche seiner persönlichen Macht zu unterstellen, nicht folgen will, von ihm hingerichtet werden.

Ferner konnte More's Utopie in seinem Fall nicht sein. Der Schilderung der idealen und, wie er selbst sagt, weithin auch illusorischen Zustände dort hat er in seinem Essay eine konkrete und massive Kritik der Zustände in seinem Land vorausgeschickt, was seinen König nicht hindert, ihn zu engagieren, zumal More protestantische Häretiker unnachsichtig zu verfolgen verspricht. Als Raphael im ursprünglichen zweiten Teil des Essays mit seinen Ideen erschöpft zu Ende kommt, will ihn der weltmännische More keinen Fragen mehr aussetzen. Er gesteht lediglich zu, dass diese Ideen da und dort interessant sein könnten, sieht in ihnen jedoch keine Normen für eine revolutionäre Umwandlung des Staates.[50] Die Dinge bleiben in essayistischer Schwebe.

Das wird sich bei TOMMASO CAMPANELLA (1568–1639) ändern, einem ekstatischen Mönch aus Stilo in Kalabrien, der seine *Civitas solis. Idea republicae philosophiae* (*Città del Sole / Der Sonnenstaat oder Entwurf einer Philosophie des Staates*) in der Kerkerhaft verfasst. Als er ihr nach Jahrzehnten mithilfe einflussreicher Freunde entgeht, kann er sein Leben unter dem Schutz Richelieus in einem Pariser Kloster beschließen, wo er dem künftigen König Louis XIV. ein glänzendes Horoskop stellen wird. In der Form einer als Dialog zwischen einem Großmeister und einem genuesischen Seefahrer aufgemachten Lehrschrift predigt er einen fanatischen und autoritären Kommunismus in einem bis ins Kleinste durchgeplanten Gemeinwesen. Die ironische Selbstdistanz des Satirikers und Essayisten im Genre der Utopie geht wieder verloren.

25 Essay als Form der Selbstbeobachtung und Selbstdarstellung: MICHEL DE MONTAIGNE

MICHEL DE MONTAIGNE (1533–1592) bewegt sich ebenfalls in höchsten politischen Kreisen, er jedoch, ohne es zu wollen. Sein Rat wird gesucht, er sträubt sich aber wie More's Raphael, Ämter anzunehmen, mit begrenztem Erfolg. Er lebt im Frankreich der Hugenottenkriege, die von jedem Einzelnen lebensgefährliche Glaubensentscheidungen fordern und Frankreich im Ganzen in eine jahrzehntelange existenzbedrohende Krise stürzen. Montaigne weiß sich ihnen weitgehend zu entziehen, obwohl er unmittelbar von den Kämpfen umgeben ist. Ohne starke Bekenntnisse beim alten Glauben bleibend, kann er stattdessen vermitteln.

Er erbt als ältester Sohn Schloss Montaigne in der Nähe von Bordeaux, eine eher burgartige Festung. Seine Familie ist durch Handel vermögend geworden und in der Gegend sehr angesehen. Sein Vater hat die Tochter reicher spanischer Juden geheiratet, die zum Katholizismus übergetreten waren, lässt den Jungen von einem Deutschen erziehen, der nur Lateinisch mit ihm spricht – Michel liebt die Sprache sein Leben lang – und wird Bürgermeister von Bordeaux. Wie Thomas More und dann auch Francis Bacon wird Michel zum Juristen ausgebildet, kommt ins Stadtparlament von Bordeaux, lernt dort Étienne de la Boétie kennen, der fünf Jahre später stirbt und ihm wie nichts sonst fehlen wird. Mit 38 Jahren beschließt er, sich in einen der alten runden Schlosstürme zurückzuziehen, wo er sich über einer Kapelle und einem Schlafzimmer im hellen und luftigen obersten Geschoss sein Bücher- und Arbeitszimmer einrichtet und die Dachbalken mit Sätzen der Alten übersät; er will sich nur noch dem Lesen und Schreiben widmen. Im Jahr der Bartholomäusnacht, 1572, als die katholische Katharina von Medici, die Mutter des schwachen Königs Charles IX., während der Hochzeit ihrer Tochter Margot mit dem Protestanten Heinrich von Navarra, dem späteren König Henri IV., die angereisten Hugenotten und deren hochangesehenen Führer, den Admiral von Coligny, der auch großen Einfluss auf den König hat, ermorden lässt, beginnt Montaigne an den *Essais* zu arbeiten, die in ständig erweiterten Ausgaben erscheinen. Er bleibt am Hof des Königs von Frankreich ebenso wohlgelitten wie bei Heinrich von Navarra, den er mehrfach in seinem Schloss beherbergt; beide ernennen ihn zum Kammerherrn. Während die religiösen Bürgerkriege in wechselnden Fronten weiter toben, bricht er zu einer Besichtigungsreise nach Deutschland und Italien auf und wird schließlich aus Rom, wo er Audienz beim Papst erhält, von Henri III., der nun König von Frankreich ist, in das von den Bürgerkriegen zerrissene Bordeaux zurückgerufen, um dort nun seinerseits Bürgermeister zu werden. Er akzeptiert den Ruf für zwei Amtsperioden, kann die Situation beruhigen und verabschiedet sich dann endgültig in seinen Turm. Als Henri III. sich schließlich in den Schutz Heinrichs von Navarra begeben muss, den er zuvor exkommunizieren ließ, aber von einem Mönch ermordet wird und Heinrich von Navarra als Henri IV. König von Frankreich und dazu katholisch wird, bietet er Montaigne vergeblich ein Staatsamt an: Montaigne reichert stattdessen seine *Essais* weiter an und stirbt, von Nierensteinen und Altersbeschwerden geplagt, lebenssatt und gut auf den Tod vorbereitet mit 59 Jahren.

Man muss sich diese Umstände vor Augen halten, um Montaignes schriftstellerische Lebensleistung, die er schlicht *Essais* nennt, einschätzen zu können. Er macht den Versuch, so zu schreiben, wie er lebt, und so zu leben, wie er schreibt – auf den Versuch hin. Der Versuch ist die erklärte Form seines Lebens und seine Form des Essays auch dessen entschiedenste Form. Seine *Essais* werden für ihre Leichtigkeit berühmt, die ernsthaft bleibt und nie oberflächlich wird. Sie leben von der Skepsis gegen alle dogmatischen Festlegungen, besonders der Philosophie und Theologie, und Montaigne lässt die Dinge nicht nur in der Schwebe, sondern gewinnt dieser Schwebe neue Philosophie ab.[51]

Er redet dabei nicht von seinen politischen Wagnissen und Verdiensten, sondern von seinem alltäglichen Leben, das so oder so ähnlich auch andere in seiner Position führen könnten. Die Themen reichen vom Leben eines Adligen auf seinen Gütern und bei Hofe über Geschmacksfragen, Aufgaben im Krieg, in der Politik und in der Diplomatie, Sinn und Grenzen der Religion, anderen Lebensformen und Kulturen bis zum Alltäglichsten: Gewohnheiten, Vergnügungen, Krankheiten, Ärzte, Alter, Tod, das alles unter wechselnd physischem, psychischem, sozialem, moralischem und politischem Blickwinkel. Philosophieren heißt für Montaigne zuletzt wie für Sokrates »sterben lernen«: sein Leben meistern ohne absolute Gewissheiten. Er teilt seine Beobachtungen so unbefangen und offen wie irgend möglich und bewusst ohne vorgegebene Methode und systematische Ordnung mit und beurteilt sie ganz nach seinen eigenen Maßstäben. Er lässt seine Gedanken mäandern, umherschweifen: So können sie überall sonst kaum Beachtetes und oft Verachtetes, aber keineswegs Verachtenswertes entdecken. Selbst die Titel der *Essais* – nach drei stetig erweiterten Ausgaben sind es 107 an der Zahl – sagen nur begrenzt etwas über die Inhalte aus. So ist z.B. unter der Überschrift *Über einige Verse des Vergil* (III 5), die Erhabenes erwarten lässt, ausführlich von Ehe, Frauen, Sex, Nacktheit und Geschlechtsteilen die Rede, unter dem Titel *Über die Physiognomie* (III 12) vom alles vergiftenden und alle Ordnung auflösenden Religionskrieg, wie Montaigne ihn selbst erlebte. Selbst hier findet er mit verblüffender Ehrlichkeit Befriedigung darin, dieses »Schauspiel unseres öffentlichen Todes« (*spectacle de nostre mort publique*) mit eigenen Augen beobachten zu können, zumal ihm der Zustand des Staates ohnehin verrottet scheint. Und als noch die Pest hinzukommt, bestätigt sich ihm, dass es ihm, ohne Angst vor dem Tod, vor allem eben um seine ruhige Beobachtungs- und Urteilsfähigkeit geht (III 12). Antike (kaum christliche) Autoren zieht er reichlich, aber mehr zum Schmuck als zur Bestätigung heran, weil sie ihm eben einfallen. Er zeichnet seine Beobachtungen, Erfahrungen und Urteile wohl auf, um sich auszuplaudern, vor allem aber, um seine Unbefangenheit zu testen und seine Urteilsfähigkeit zu steigern; er registriert dabei stets Verluste an Aufrichtigkeit, wenn es um Moral geht. Die eingespielten Idealisierungen des Lebens bröckeln ab und brechen ein. Montaigne spricht von einem *fricassée*, das er zusammenkoche (*barbouille*), einem Register der Versuche seines Lebens (*registre des essais de ma vie*), das man als Beispiel für innere Gesundheit nehmen könne – oder für das Gegenteil (III 13).

Eben in ihrer Unbefangenheit sind Montaignes *Essais* philosophisch innovativ:

– Im *Wissen* geht es ihm nicht mehr um das möglichst Gewisse, sondern um das Lebensnotwendige und Praxistaugliche: Vorbild in seiner Haltung zum Wissen ist ihm Sokrates mit seinem »Ich weiß, dass ich nichts weiß« und seiner Sorge um seine Seele; bei Montaigne wird daraus sein »*Que sais-je*? – Was weiß ich schon?«. Er rede »opulent« (*opulement*) vom Nicht-Wissen (*inscience*), vom Wissen nur implizit und nebenbei (III 12). Er will auch, hier weit von Sokrates entfernt, andere nicht nach ihrem möglichen Wissen ausfragen, sondern einfach erzählen, was er beobachtet. Die *Essais* wirken dennoch nicht geschwätzig, weil sie immer etwas zu sagen haben, was aufhorchen lässt, und nicht planlos, weil sie jeweils ihre eigene Ordnung finden. Sie schaffen sich, wie sein Leben, ihre Form selbst, und sie formen auch sein Leben. Er habe, so Montaigne, sein Buch nicht *mehr* gemacht, als sein Buch *ihn* gemacht habe, sein Buch sei »konsubstantiell« (*consubstantiel*) mit ihm selbst (II 18). Aus der substanziellen aristotelischen Form wird die Formbarkeit; Montaigne bricht mit ihrer metaphysischen Fixierung; die Form ist, im Leben wie im Schreiben, wandelbar.

– Das verändert das Verständnis von *Wahrheit.* Wahr ist nach Montaigne zunächst die individuelle Beobachtung, die in der aristotelischen Tradition eher geringgeschätzt wurde. Indviduell beobachten aber kann man letztlich nur sein eigenes Leben, »mich als ersten mit meiner ganzen Existenz (*mon estre universel*), als Michel de Montaigne und nicht als Grammatiker oder Dichter oder Jurist. Wenn die Leute mir vorwerfen, dass ich zuviel von mir rede, so werfe ich ihnen vor, dass sie an sich selbst gar nicht denken.« (III 2) Doch gerade in der Beobachtung seiner selbst und erst recht in den Mitteilungen dieser Beobachtungen ist man gewöhnlich befangen, stößt an Grenzen der Scham und Konvention. So fordert die Unbefangenheit der Beobachtung Wahrhaftigkeit (*fidelité*, *sincérité*) und die Unbefangenheit der Mitteilung Sensibilität und Geschick. Montaigne wäre bei all dem Drastischen, das er mitunter mitzuteilen hat, gerne noch offener; aber die anderen müssten da mitspielen, sie müssten auch aufnehmen können, was man ihnen sagen will, wie Ballspieler, die sich beweglich auf den Wurf einstellen, der ihnen entgegenkommt (III 13). Und darum könne man vieles leichter schreiben als sagen, denn man müsse dabei niemandem ins Auge sehen (III 5).

– Allgemeine Wahrheiten und Lehren lassen sich so kaum gewinnen. Denn die Situation, in der man etwas beobachtet, ändert sich laufend. Montaigne stellt entschieden von Beständigkeit auf *Zeitlichkeit* um. Er sieht alles im Wandel und Wechsel, nicht nur von Jahr zu Jahr, sondern auch von Tag zu Tag und von Minute zu Minute: »Ich jetzt und Ich soeben, wir sind zweierlei; aber welches ist besser? ich kann darüber nichts sagen.« (III 9) Er schildere nicht das Sein (*l'estre*), sondern den Übergang (*le passage*) und passe dem seine Darstellung an. Unter neuen Umständen (*circonstances*) könne er ja schon wieder andere Gesichtspunkte (*considerations*) haben. Dabei möge er sich wohl selbst widersprechen, aber nicht der Wahrheit (II 2).

– So kommt man statt zu einer systematischen Ordnung im Namen einer metaphysischen Vernunft zur Entscheidung für unterschiedliche Unterscheidungen in unterschiedlichen Situationen: Er spreche, schreibt Montaigne, deshalb immer wieder verschieden von sich, weil er ganz Gegensätzliches an sich entdecke und nichts über sich sagen könne, was ganz, einfach und beständig auf ihn zutreffe. Selbst seine eigenen Identitätszuschreibungen lösen sich für ihn auf. So bleibt nur »ich unterscheide« (*distinguo*), dies sei der universellste Teil seiner Logik (II 1) – *Unterscheidungstechnik oder Unterscheidungskunst.*

– Damit geht nicht aller Halt verloren. Entgegen dem allgemeinen Vorurteil könne, so Montaigne, ein *Geflecht von zufälligen Anhaltspunkten* einen viel zuverlässigeren Halt bieten als der Glaube an Prinzipien, die doch immer auch bestritten werden könnten: »Nicht alles, was wankt (*branle*), fällt (*tombe*) auch. Das Geflecht (*contexture*) eines so großen Gebildes [wie z.B. des Römischen Reiches] hängt an mehr als einem Nagel. Es hält schon durch sein Alter, so wie alte Gebäude, denen die Zeit das Fundament (*pied*) zerrüttet hat und die keinen Putz und Mörtel mehr haben, dennoch leben und sich durch ihr eigenes Gewicht aufrechthalten.« (III 9)

– Das gilt auch für die Tugenden und die Gesetze. Gesetze haben dann *Autorität*, wenn sie ihnen durch ihren gewohnten Gebrauch zuwächst: »Das ist der mystische Grund ihrer Autorität (*le fondement mystique de leur authorité*); es gibt keinen anderen.« (III 13) Darum erweisen sich, so Montaigne, alle diese Beschreibungen von künstlich erdachten Staatswesen (*toutes ces descriptions de police, feintes par art*) als lächerlich und ungeeignet, in die Praxis umgesetzt zu werden.« (III 9) Wie sein Leben und seine Schriften findet auch das Recht mit der Zeit seine ihm gemäße Ordnung. Ebenso die Tugenden. Sie sehen im Alter signifikant anders aus als in der Jugend (III 5) und auch sie müssen ihr pragmatisches Maß haben. Es geht nicht um Reinheit, sondern um das jeweils Angemessene.

– So ist letztlich jeder in jedem Moment auf sich selbst verwiesen. Montaigne will in jedem Sinn, im körperlichen, geistigen, politischen, moralischen und religiösen, Herr seiner selbst sein (*maistre de moy, á tout sens*), und das heißt in erster Linie sich freihalten von den Urteilen anderer. Darum hasse er jede Art von Bindung und Verpflichtung (*toute sorte de liaison de d'obligation*, III 5). Und doch folge er notgedrungen in vielem Sitte und Brauch und habe sich auch, mehr oder weniger widerwillig, verheiraten lassen. *Freiheit* kann danach immer nur in den jeweiligen Spielräumen liegen, die man sich selbst gegenüber anderen und anderem jeweils schafft. Man muss in der Gesellschaft Verpflichtungen eingehen, darum aber nicht auch von ihnen überzeugt sein. So bleibt man wach gegenüber allen überschießenden Idealisierungen der Philosophie. Montaignes Essays im Leben wie im Schreiben wollen aus Fleisch und Knochen (*essays en cher et en os*, III 5) sein. Das Mittelalter ist wie weggeblasen.

26 Essay als Form einer neuen wissenschaftlichen Interpretation der Natur: Francis Bacon

Francis Bacon, späterer Baron Verulam, 1. Viscount St. Albans (1561–1626), kämpft darum, das Mittelalter durch neue Anfänge in der Wissenschaft zu überwinden. Wenn Montaigne die Wahrheit in der unbefangenen Selbstbeobachtung suchte, so Bacon in einem unbefangenen Umgang mit der Natur. Er kommt wie Thomas More ins höchste Staatsamt des Lordkanzlers, ist jedoch berüchtigt für seine skrupellose Sucht nach Macht und Reichtum, die ihm schließlich Adelstitel einträgt, ihn aber auch über Bestechungsvorwürfe stürzen lässt. Auch er hat Religionskämpfe durchzustehen, die hier bis ins Parlament hineinreichen. Nachdem er, am elisabethanischen Hof aufgewachsen, Jakob (bzw. James) I., Sohn der katholischen Maria Stuart, nach Kräften unterstützt hat, verurteilt ihn das Parlament, und der König lässt ihn fallen. Das schafft ihm Zeit, seine »große Erneuerung«, die *Instauratio Magna*, zu schaffen. Über sich selbst, sagt er in deren Vorwort, schweigt er (*De nobis ipsis silemus*).

Er hat mit Essays in ebenfalls stetig erweiterten Ausgaben begonnen – vor seiner großen Karriere, 1597, sind es zehn Essays, 1612 dann 38 und nach seinem Sturz, 1625, 58; den ersten Titel *Essayes. Religious Meditations. Places of Persuasion and Dissuasion* (*Essays. Religiöse Meditationen. Gemeinplätze des Überzeugens und Ausredens*) ersetzt er durch den Titel *Essayes or Counsels, civill and morall* (*Essays oder praktische und moralische Ratschläge*). Sie umfassen eine Klugheitslehre über alle Lebensbereiche hinweg, sind ebenfalls locker gefügt und in leichtem Konversationston an Leute seines Standes gerichtet. Auch Bacon führt laufend antike Autoren und ihre Gemeinplätze an, beruft sich nachdrücklich aber weiterhin auch auf die Bibel. Mag er frömmer sein als Montaigne, er lässt immer wieder auch Machiavelli zu Wort kommen, um eine nüchterne und raffinierte, doch nicht skrupellose Staatskunst zu propagieren. Auch er preist nicht einfach Tugenden an, sondern wägt pragmatisch ihre Effekte beim Umgang mit andern ab. In kenntnisreichen Ausführungen kommen auch Kolonisation, Finanzgeschäfte und moderne Waffen zu ihrem Recht, all dies jedoch unter Ausschluss der eigenen Person, deren Absichten man umso weniger einschätzen kann.[52]

Seine *Instauratio Magna* nennt Bacon nicht mehr Essay, aber man kann sie weit mehr als einen ansehen. Er fügt dem Haupttitel bei: *seu indicia vera de interpretatione naturae* (*oder wahre Anhaltspunkte einer Interpretation der Natur*). Die Abschnitte des ersten, methodischen Teils bezeichnet er als »Aphorismi«. Er überschreibt ihn *Novum Organon*, (gegenüber dem aristotelischen) *Neues Werkzeug*. Die Stücke bleiben fragmentarisch; aphoristischen Charakter im späteren Sinn haben sie nicht.[53] Bacon macht es sich zum Programm, sich schrittweise voranzutasten und so seinen bewusst vorläufigen Versuch voranzutreiben. Er übernimmt ausdrücklich »die Rolle nur eines Wegweisers« (*indicis tantummodo persona*), der der Wissenschaft einen neuen »Weg«

(*via*) zeigt; er veranschaulicht das durch eine berühmt gewordene Titelgrafik aufs offene Meer hinausfahrender Schiffe. Mit vorgreifenden Verallgemeinerungen hält er sich zurück. Stattdessen legt er Wert auf *subtilitas*, die Feinheit von Beobachtungen, aufgrund deren Verallgemeinerungen immer wieder revidiert werden können. Auf das *Novum Organon* folgen Teile zur Geschichte der Natur und der Erfahrung (*Historia naturalis et experimentalis*) und schließlich eine bunte Sammlung von Beobachtungen und Berichten unter dem zeitgenössisch gängigen Titel *Silva Silvarum*, *Wald von Wäldern*. Bacon plant hier eintausend Artikel, aber das Material ist natürlich nicht abgrenzbar. Die *Instauratio Magna* bleibt in der Sache ein Versuch und literarisch ein Fragment.

Aus wissenschaftstheoretischer Sicht ist sie »eine reichhaltige *Topik* der Forschungstechnik zum Auffinden neuer Tatsachen nach Maßgabe von Interpretationen, deren Endgültigkeit während des Erkenntnisweges nicht feststeht«.[54] Bacon verfasst sie im Wissen, dass sie Fragment bleiben muss. Es geht ihm nicht um Vollständigkeit und nicht um letzte Gewissheit, sondern um die Breite der Beobachtung und um machbare Umsetzung in der Beherrschung der Natur. Hier fließt sichtlich seine Erfahrung mit der politischen Macht mit ein. Man muss sich den Mächtigen und so auch der übermächtigen Natur fügen, wenn man sie lenken will. Die Parole ist *natura parendo vincitur*: Die Natur wird besiegt, indem man ihr gehorcht. Auch in der Sache kommt es dabei immer auf den Versuch an.

Konkrete Versuche, die Natur zu beherrschen, müssen stets mit unerwarteten Schwierigkeiten rechnen und darum immer wieder neu ansetzen. Dem stehen *idola*, Verblendungen, im Weg, die Neigung des Menschen, das Gegebene nicht nur zu beobachten und zu analysieren, sondern es sogleich überschießenden Verallgemeinerungen und Wünschbarkeiten zu unterwerfen (*idola tribus* und *idola specus*). Hinzu kommen die begrenzten sprachlichen Möglichkeiten einer Gesellschaft (*idola fori*) und die jeweiligen philosophischen und wissenschaftlichen Voreingenommenheiten der Forscher (*idola theatri*). Hier hilft nur ein weitgesponnenes Geflecht von Maßnahmen – und Zufällen, wie die Erfindungen des Buchdrucks für die Wissenschaft, des Kompasses für die Schifffahrt und des Schießpulvers für die (damals noch nicht anrüchige) Kriegskunst. Mehr als durch Theorien vergrößert sich durch sie der Spielraum für Versuche zur Übermächtigung und Steuerung der Natur.

Den Nutzen der Mathematik für die Naturforschung stellt Bacon zurück, und das wird den Erfolg seines Programm deutlich begrenzen. Als erfolgreicher hat sich sein Entwurf für eine differenzierte und durchorganisierte Kooperation der Wissenschaftler erwiesen, den er in seiner Utopie *Nova Atlantis* vorlegt. Auch sie hat die Form eines Reiseberichts, bei dem es aber weniger auf das Staatswesen ankommt – es gleicht sehr dem zeitgenössischen englischen –, sondern auf die praktische Durchführung der *Instauratio Magna* mit anwendungsorientierten und nur für Ruhm und Ehre arbeitenden Wissenschaftlern in einem »Haus Salomons«, das nicht der Regierung verpflichtet ist. Auch wenn sie in vielem wirklich wurde, ist sie doch immer noch eine Utopie.

27 Philosophische Interpretation eigener Dichtungen: GIORDANO BRUNO

Dass der Neubeginn der Wissenschaft damals schwere Opfer fordert, ist vor allem durch GIORDANO BRUNO aus Nola bei Neapel (1548–1600) manifest geworden. Er hat damit gerechnet und sich dafür seinerseits eine neue Form philosophischen Schreibens geschaffen. Dominikanermönch, bald schon der Ketzerei angeklagt, verlässt er den Orden und die Kirche, kommt an vielen Universitäten und Höfen Europas herum, verlässt sie wieder oder wird vertrieben. Denn er akzeptiert nicht nur das neue kopernikanische Weltbild, sondern verwirft alle kosmischen Begrenzungen des Universums und mit ihnen die traditionellen aristotelischen Unterscheidungen, propagiert stattdessen Llulls Unterscheidungskunst. Nach einem siebenjährigen Ketzerprozess wird er schließlich auf dem Campo de' Fiori in Rom auf dem Scheiterhaufen verbrannt. Seine einschlägige Schrift *De gli eroici furori* (*Über die heroischen Leidenschaften*) entsteht 1585, als er von London nach Paris zurückkehrt: die philosophische Interpretation eigener Dichtungen, aus denen die unbegrenzt schöpferische Fantasie, für ihn göttliche Erleuchtung spricht.

Die Leidenschaft der Erkenntnis treibt zum heroischen Opfer für sie: Bruno stellt sie in zehn Dialogen dar, in denen der eine Gesprächspartner Gedichte in emphatischer Sprache vorträgt und der andere dazu Punkt für Punkt nüchterne Fragen aufwirft, die der Dichter ebenso nüchtern wissenschaftlich-philosophisch beantwortet. Ohne vorgegebene Regeln und Formschemata wird die Liebe in ihren niedrigsten sinnlichen bis höchsten geistigen Gestalten besprochen; weil aus ihnen allen das göttliche Licht strahlt, werden sie bewusst nicht mehr getrennt. Im Mittelpunkt des vierten Dialogs steht dann die kurze Nachdichtung des Mythos von Actaeon, der nach Ovid auf der Jagd zufällig Diana, die schöne Göttin der Jagd, nackt beim Bad überrascht. Damit er niemals sagen kann, er habe sie so gesehen, verwandelt sie ihn in einen Hirsch, der jedoch seinen Verstand behält und den nun seine große Hundeschar, die ihn nicht mehr erkennt, angesporнt von seinen eigenen Freunden, die ebenso wenig seine veränderte Stimme wiedererkennen, zerfleischt. Der Jäger der Erkenntnis – die Metapher haben schon Platon und Cusanus gebraucht – wird selbst zur Beute: Der Intellekt, getrieben vom Willen, formt nach Bruno das Wahrgenommene auf seine Weise um und wird von seinen eigenen Gedanken gejagt und zerbissen. Actaeon stirbt heroisch auf der Jagd nach dem Unendlichen, das sich vom endlichen Verstand nicht erfassen und nur in Bildern und Gleichnissen erahnen lässt. Der Gottheit ins Gesicht sehen zu wollen tötet, der Verstand wird zum Opfer seiner selbst (*sacrificio dell' intelletto*) – das lässt sich am ehesten in einer selbstbezüglichen Form philosophischen Schreibens, der philosophischen Interpretation einer eigenen Dichtung, plausibel machen.[55]

28 Regel-Diskurs: René Descartes (I)

Mit René Descartes (1596–1650) kommt der Stil strenger Beweisbarkeit auch in die moderne Philosophie, doch auf neuen Grundlagen und in anderer Form. Die Wissenschaften und die Philosophie werden nach entschiedenen *Regeln der Methode* (*regulae*) auf ein unerschütterliches Fundament (*fundamentum inconcussum*) aufgebaut, das nun der Denkende selbst (*cogito*) sein soll. Galileo Galilei (1564–1642), der Naturgesetze experimentell eruiert und mathematisch formuliert, Johannes Kepler (1571–1630), der die Planetenbahnen exakt berechnet, William Harvey (1578–1657), der zum ersten Mal den Blutkreislauf beschreibt, und René Descartes selbst, der unter anderem die Analytische Geometrie entwirft, schaffen einen neuen, von der Religion unabhängigen Typus von wissenschaftlicher Gewissheit (*certitudo*), nach dessen Bedingungen der Möglichkeit neu philosophisch zu fragen ist. Sie arbeiten mit versuchsweise angenommenen Hypothesen, die unter methodisch isolierten Bedingungen aufgrund von jedermann zugänglichen Beobachtungen bestätigt werden (oder nicht) und durch ihre mathematische Formulierung exakte Prognosen erlauben. Bacons Konzept der wissenschaftlichen Forschung bleibt dahinter zurück; Aristoteles' metaphysische Grundlegungen werden weitgehend hinfällig. Descartes wagt seinen neuen Anfang wie Augustinus zu Beginn des Mittelalters mit differenzierten Formen philosophischen Schreibens. Darunter sind gängige Formen wie der Traktat in Gestalt seines frühen *Traité de la lumière et des autres principaux objets des sens* oder *Du Monde* (*Traktat über das Licht und andere hauptsächliche Sinnesgegenstände* oder *Über die Welt*) und seines letzten Werkes *Traité des Passions de l'âme* (*Traktat über die Gemütsbewegungen*). Doch er schafft sich auch neue Formen: den Regelkatalog, den Regel-Diskurs, die metaphysische Meditation und die Prinzipien-Explikation. Er differenziert zwischen Schriften in lateinischer Sprache für das gelehrte und in französischer Sprache für das große Publikum. Auch er will über die Gelehrtenkreise hinaus wirken. Inhaltlich überschneiden sich die Themen stark. Es geht also um die Formen.

Descartes ist wie Montaigne von Adel; auch ihm verschafft ein Vermögen, aus dem er zeitlebens seinen Lebensunterhalt bestreiten kann, die nötige Unabhängigkeit. Er hat eine ausgezeichnete Schulbildung am renommierten Jesuitenkolleg La Flèche in der Touraine genossen, zunächst ein beschwingtes Leben in der Pariser Gesellschaft geführt, auf Wunsch seines Vaters die Rechte studiert und als Offizier am beginnenden Dreißigjährigen Krieg teilgenommen – auf katholischer Seite: Er bleibt ebenfalls der katholischen Konfession treu, ohne sich sonderlich mit ihr auseinanderzusetzen. Dann macht er ausgedehnte Reisen durch Europa und zieht sich schließlich in die für ihre Toleranz gerühmten Niederlande zurück, um, nachdem er die Welt kennengelernt hat, nun »in sich selbst zu studieren« (*étudier aussi en moi-même*) und, so ausgerüstet, die neue Wissenschaft philosophisch zu fundieren. Gewarnt durch die Hinrichtung Brunos und den Inquisitionsprozess gegen Galilei (1633), verbirgt er sich sorgfältig an wechselnden Orten und hält seinen *Traité du Monde* zurück, in dem er Kopernikus und Galilei gefolgt ist. Den *Discours de la méthode* veröffentlicht er, wiewohl er ihn autobiografisch anlegt, 1637 anonym. Nach dem Erscheinen der *Meditationes de prima philosophia* 1641 entgeht aber auch er nicht der Lehrverurteilung durch die Universität von Utrecht, obwohl er im Untertitel plakativ neue Beweise des Daseins Gottes und der Unsterblichkeit der Seele angekündigt und die Schrift der in diesen Fragen maßgeblichen Theologischen Fakultät in Paris gewidmet hat. Dennoch werden auch auf ihn höchste Kreise aufmerksam: Die junge protestantische Prinzessin Elisabeth von der Pfalz, die ebenfalls in Holland im Exil lebt, tritt in einen engen Austausch mit ihm, der katholische König von Frankreich gewährt ihm eine Pension, und die skandalträchtige protestantische Königin Christine von Schweden ruft ihn zum persönlichen Unterricht. Als er nach langem Widerstreben ihrem Ruf folgt, holt er sich im nordischen Klima eine Lungenentzündung und stirbt.

Seinen philosophischen Neuanfang führt Descartes im alten Stil auf göttliche Illumination zurück, die er genau datiert, auf Träume in der Nacht vom 10./11. November 1619 im Militärlager bei Ulm an der Donau:[56] Er wird auf der Straße von einem Wirbelwind oder einem Schwindel erfasst, fürchtet ständig zu fallen, will sich in ein Collegium retten, dessen Angehörige er fest auf dem Boden stehen sieht; er glaubt sich vom Teufel verfolgt, wird dann in seinem Zimmer von Donner und Feuerfunken heimgesucht, die er sich erfolglos durch die zur Verfügung stehende Wissenschaft zu erklären sucht. Schließlich stößt er in einem Gedichtband auf die Orientierungsfrage schlechthin: »Welchem Lebensweg werde ich folgen (*Quod vitae sectabor iter*)?« In dieser Frage scheint ihm, ausgelöst von seinem »erhitzten Gehirn«, der

»Geist der Wahrheit« erschienen, den er nur Gott verdanken könne. Descartes sieht sich erleuchtet, eine neue, bewundernswerte Wissenschaft (*science admirable*) mithilfe einer neuen Methode (*méthode*) zu begründen, und verspricht dafür der Gottesmutter eine Wallfahrt. Anhand seiner weitgestreuten Forschungen zum Licht, zu dessen Brechung im Auge, zu den Bildern, die sich auf der Netzhaut bilden, und zur Verfertigung von Linsen (*La Dioptrique*), zu Himmelserscheinungen wie Winden, Wolken, Stürmen und Regenbogen (*Les Météores*) und zur analytischen Geometrie, durch die sich geometrische Probleme in algebraische transformieren und so weit vielfältiger behandeln lassen (*La Géométrie*), entwickelt er einen übersichtlichen Katalog von Regeln für eine effektive wissenschaftliche Forschung oder der »Leitung des Geistes« (*Regulae ad directionem ingenii*). Er bricht ihn nach der 18. Regel ab, nachdem die Regeln immer ausführlicher und damit unübersichtlicher geworden sind. Dann vereinfacht er sie entschlossen auf vier elementare Regeln – im französisch verfassten *Discours de la méthode pour bien conduire sa raison et chercher la vérité dans les sciences* (*Diskurs über die Methode zur Anleitung des Verstandes und zur Erforschung der Wahrheit in den Wissenschaften*).

Der Diskurs, dessen Herkunft und Etymologie umstritten ist, will nach dem Wortsinn im Hin- und Hergehen in Gedanken abschreiten (*discurrere*), was auf den ersten Blick verwirrend erscheint. Daraus entsteht die Bedeutung eines methodisch geführten Gesprächs. Machiavelli und Galilei haben den Titel bereits prominent benutzt, Machiavelli für einen Traktat, in dem er Livius kommentiert, Galilei für einen Dialog, in dem er die unterschiedlichen »Weltsysteme« (*sistemi del mondo*) auseinandersetzt. Der Diskurs hat wie der Essay keine spezifische Form, sondern lässt große Freiheit zur eigenen Gestaltung. Descartes nutzt ihn als Anleitung (*avis*), in der Wissenschaft Erfolge zu erzielen.

Zeugnisse dafür sind seine eigenen wissenschaftlichen Arbeiten, die er ebenfalls *Discours* nennt und zu denen der Regel-Diskurs das Vorwort (*préface*) ist. Descartes erzählt, wie das in Vorworten üblich ist, seine Geschichte (*histoire*). Denn die Methode kann selbst nicht methodisch, sondern, so Descartes, nur durch eine Geschichte (*histoire*), wenn nicht eine Fabel (*fable*) eingeführt werden. Er will hier ausdrücklich nicht lehren (*enseigner*) wie in einem Traktat, sondern zeigen (*faire voir*), wie das Experiment mit seiner Methode verlaufen ist, so dass andere es leicht nachvollziehen können. Jeder ist frei, ihm zu folgen (*suivre*) oder nicht; er kann selbst entscheiden. Descartes will mit seinem Publikum ins Gespräch kommen, um es anzuregen, in seiner Weise erfolgreich weiterzuforschen. Sein *Discours* lädt zu einem Gespräch ein, und diese Bedeutung hat ›Diskurs‹ dann vor allem bekommen.

Da der *Discours* aus Gründen der Vorsicht vor Verfolgungen anonym erscheint, tritt Descartes als anonymes Ich auf. Er zitiert keine Autoritäten, sondern verlässt sich allein auf den gesunden Menschenverstand (*bon sens*) mit dem ironischen Argument, dass ja alle meinten, genug Verstand zu haben – nicht weil es so ist, sondern weil da aus Gründen der Eitelkeit keiner widersprechen wird; Montaigne hat das schon in seinem Essay über den Dünkel gesagt (II 17). Für Descartes kommt es auf die Gleichheit des Verstandes gar nicht an, sondern nur darauf, das, was man an Verstand hat, gut zu gebrauchen (*l'appliquer bien*) und das auf sehr einfache und jedem zugängliche Weise: indem er den schlichten Regeln folgt, die Descartes vorschlägt. Auf diese Weise kann man in sein, Descartes', Ich eintreten. Denn ›ich‹ sagt man allein von sich selbst; aber diesen Selbstbezug vollziehen alle in gleicher Weise; darin kann ein Ich auch für alle andern sprechen und so zu einem allgemeinen werden. Das Allgemeine, das sich im Ansatz beim Selbstbezug des Ich ergibt, ist dann keine Frage des Seins mehr, wie man im Universalienstreit annahm, sondern des Befolgens gemeinsamer Regeln dieses Selbstbezugs. In diesem Sinn wird das Ich zu einem Schlüsselbegriff der neuzeitlichen Philosophie, und Descartes' Regel-Diskurs gibt ihm seine maßgebliche Form.

Inhaltlich können die Regeln dann kontingent sein. Descartes erzählt, er habe viel Glück (*beaucoup d'heur*) gehabt, um auf seine Methode zu kommen. Er habe sie gewählt (*choisi*), weil ihr Erfolg bei seinen wissenschaftlichen Arbeiten ihn überzeugt habe. So empfiehlt er sie nun als Modell (*modèle*) für weitere Arbeiten. Sie schaffen nicht schon Wahrheit, aber Übersicht. Mit den leicht zu überblickenden vier Regeln empfiehlt er, 1. nur zu akzeptieren, was völlig evident ist (Evidenzregel), 2. alle komplexen und nicht ohne Weiteres lösbaren Probleme so lange in einfache und leicht lösbare zu zerlegen, bis jeder Lösungsschritt völlig evident ist (Teilungsregel), 3. die Lösungsschritte so zu ordnen, dass eine Gesamtlösung sichtbar wird (Ordnungsregel), und 4. dabei keinen Schritt auszulassen (Vollständigkeitsregel). Die Regeln sind plausibel, aber ausdrücklich aus Erfahrung gewonnen, nicht aus einem Prinzip systematisch abgeleitet.

Bei der Frage, womit man in der Philosophie dann anzufangen und worauf man sie zu gründen habe, empfiehlt es sich also, auf eine völlig evidente Tatsache zurückzugehen. Da man aber, wie Descartes bei seiner (erstklassigen) Ausbildung gesehen hat, an allem herkömmlichen Wissen mit guten Gründen zweifeln kann, bleibt völlig evident nur, dass jenes Ich nicht daran zweifeln kann, dass es zweifelt. Wenn zweifeln aber heißt: denken, dass etwas auch anders sein kann, als man es wahrnimmt oder denkt, muss die gesuchte Tatsache die sein, dass ich bin, sofern ich denke (*Je pense, donc je suis*). Der Selbstbezug des Denkens ist das *fundamentum inconcussum*, die bloße Existenz des zweifelnden Ichs der Anfang der Philosophie. Von ihr muss man ausgehen, aus ihr ist nun Form und Inhalt der Philosophie neu zu entwickeln.

Im Anschluss formuliert Descartes auch Regeln für die Lebensführung, ohne die beiden Regel-Sätze klar miteinander zu verknüpfen. Die Regeln für die Lebensführung erklärt er ausdrücklich für provisorisch (*morale par provision*): Wo man die wahrsten Ansichten (*les plus vraies opinions*) nicht herausfinden könne, folge man den wahrscheinlichsten (*suivre les plus probables*), und wo man ihre Wahrscheinlichkeit nicht unterscheiden könne, entscheide man sich für eine von ihnen und behandle sie dann nicht mehr als zweifelhaft (*douteuses*). Die Grundregel ist auch hier, sich für bestimmte Regeln zu entscheiden und dann an ihnen festzuhalten. Mit dem Methoden-Diskurs als Form philosophischen Schreibens stellt Descartes von der Ordnung der Dinge selbst (*ordre des choses*), die man lange genug vergeblich zu erfassen suchte, auf eine Ordnung der Gründe (*ordre des raisons*) um, für die man sich – immer provisorisch – von sich aus entscheidet. Folgen in der Wissenschaft aber alle oder doch viele methodisch gemeinsamen Regeln, so müssen sie auch zu übereinstimmenden Ergebnissen und letztlich zu einer universalen Wissenschaft (*science universelle*) kommen. Diese Wissenschaft ist dann nach den Regeln richtig, aus denen sie gewonnen ist, und die Frage nach der Wahrheit als Übereinstimmung von Sätzen mit Sachverhalten kann dahingestellt bleiben. Mit der Form des geregelten Diskurses ändert sich der Inhalt der Wissenschaft überhaupt.

29 Metaphysische Meditation: René Descartes (II)

Mit der Form der *Meditationes* zielt Descartes über die Wissenschaft und die alltägliche Lebensführung hinaus auf die Metaphysik, eine Grundlegung der Philosophie in einer Ersten Philosophie, wie Aristoteles sie nannte (*prima philosophia*). Sie kann nun auf das durch den methodischen Zweifel entdeckte unerschütterliche Fundament, das *ego cogito*, *ego existo*, aufgebaut werden. In der Metaphysik aber geht es wieder um das Sein: sowohl des *ego* als auch Gottes. Dazu verändert Descartes die schriftstellerische Form und wechselt, wegen der Schwierigkeit der Beweise, zur Sprache der Gelehrten und der Kirche. Die Übersichtlichkeit steht jetzt nicht mehr im Vordergrund; dafür schickt Descartes eine Zusammenschau (*synopsis*) voraus über den Gedankengang der folgenden sechs *Meditationes de prima philosophia, in qua Dei existentia et animae immortalitas demonstrantur* (*Meditationen über die Erste Philosophie, in der die Existenz Gottes und die Unsterblichkeit der Seele bewiesen werden*), wie der Gesamttitel lautet.

Er unterscheidet Meditationen von den geläufigen Disputationen. Die Meditation ist eine religiöse Form wie bei Augustinus das Bekenntnis und bei Anselm das Gebet, ein Sich-in-sich-Versenken vor Gott, um ihn, losgelöst von der Welt und ihren Umtrieben, im Inneren zu hören. IGNATIUS VON LOYOLA (1491–1556), der Begründer des Jesuitenordens, hatte sie als regelmäßiges Exerzitium eingeführt, und sie wurden auch in La Flèche geübt.[57] Descartes ruft jedoch nicht Gott an, sondern will sich einmal im Leben (*semel in vita*) aus der Welt zurückziehen, um, so wie Gott die Welt in sechs Tagen geschaffen hat, nun in sechs Meditationen an sechs Tagen auszuloten, wie Menschen ein Wissen von dieser Welt möglich ist. Er tritt nicht mehr als Sünder vor Gott, sondern macht aus dem religiösen Reinigungsprozess einen philosophischen: Durch einen noch verschärften methodischen Zweifel löst er das Ich von allem, was an ihm der Welt angehört, um dann an die Arbeit des Wiederaufbaus der Welt zu gehen – Schritt für Schritt auf der Grundlage des *ego cogito, ego existo* und nach dem Evidenzkriterium von dessen Gewissheit. Die nächsten Schritte müssen hier der Beweis der eigenen Existenz und, darauf aufbauend, der Beweis des Daseins Gottes sein.

Hier fällt Descartes die metaphysische Tradition in den Rücken. Er hält zunächst fest, dass er auch dann ist, wenn er sich im Denken täuscht, und selbst dann, wie er nun hinzufügt, wenn ein böswilliger Gott ihn unablässig täuschen würde (*ego etiam sum, si me fallit*). Solange (*quamdiu*) er, präzisiert er jetzt (Med. II 3), denken werde, er sei etwas, sei er nicht nichts, aber eben nur »solange«, auf Zeit. In der metaphysischen Meditation fehlt das berühmte *ergo* zwischen *cogito* und *existo*; es handelt sich hier nicht um einen Schluss (Med. II 6). Stattdessen schließt Descartes ein anderes »also« (*igitur*) an, und zwar ein aristotelisch-metaphysisches: Wenn die erste Gewissheit darin besteht, dass ich bin, solange ich denke, so oft das von mir ausgesprochen wird (*quoties a me profertur*, Med. II 3), dann setzt diese zeitliche Aussage über ein zeitliches Denken und Sprechen etwas voraus, das denkt und spricht, und das kann (nach Aristoteles) nur eine Substanz sein, die denkt und spricht, in Descartes' Begriffen eine *res cogitans*. Er kommt gar nicht auf den Gedanken, hier zu zweifeln; er nennt auch Aristoteles nicht ausdrücklich. Er baut seine neue Metaphysik nicht auf dem Selbstbezug des Denkens, sondern unwillkürlich auf dem traditionellen Substanz-Denken auf, das ihm noch völlig evident und selbstverständlich ist. In der Form der Seins-Meditation wird aus dem Regel-Diskurs eine Metaphysik.

Die Substanz-Metaphysik führt Descartes zu dem berüchtigten Dualismus von denkender und ausgedehnter Substanz – das Denken als bloßer Vollzug kann nicht ausgedehnt wie ein Körper sein, und darum muss das Körperliche eine getrennte Substanz, eine *res extensa* sein – und damit zum bis heute noch traktierten, aber sichtlich unlösbaren Leib-Seele-Problem (ohne Metaphysik ist es gar keines). Zugleich aber kann Descartes auf diesem Weg das Dasein Gottes – als einer unendlichen denkenden Substanz (*res cogitans infinita*) im Gegensatz zur endlichen menschlichen denkenden Substanz – beweisen und ebenso die Unsterblichkeit der Seele, die ja nun von allem Körperlichen getrennt ist. Gott aber könne so nur mehr als guter gedacht werden, und seine unendliche Güte garantiert dann, dass wir uns auch in unserer sinnlichen Erkenntnis des Körperlichen nicht immer irren und also erfolgreich die von ihm geschaffene Natur erforschen können. So wird Gott noch einmal zum eigentlichen Fundament – der Metaphysik.

Das alles stößt schon bei Descartes' Zeitgenossen, mit denen er über einen Pater Kontakt hält, auf erhebliche Einwände. Er lässt diese Einwände ebenfalls drucken, zusammen mit seinen Erwiderungen. So entsteht in der Philosophie nach den stilisierten oder erfundenen Dialogen die Form eines echten, nun aber von Anfang an schriftlichen Dialogs. Der Dialog bleibt jedoch begrenzt: Descartes hält die Einwände zumeist schon für hinreichend beantwortet und hält an seinen Argumenten fest. Die Disputation wird scholastisch, der Universalienstreit lebt wieder auf, die Debatte führt nicht wirklich weiter.

30 Prinzipien-Explikation: René Descartes (III)

Mit Descartes' Metaphysik des Denkens als substanziellem Sein geht die neuzeitliche Philosophie vom Sein zum Bewusstsein über, das sich ebenfalls als notorisch unlösbares Problem erweist. Mit seinen *Principia philosophiae*, die Descartes wiederum Elisabeth von der Pfalz widmet, formiert er seine Metaphysik noch einmal um. »Prinzipien« stehen im Plural: Es sind die philosophischen und wissenschaftlichen Lehren Descartes' insgesamt gemeint, deren er sich in seinem Forscherleben versichert hat und die er nun in vier Teilen ausbreitet, aufbauend auf den Prinzipien der menschlichen Erkenntnis, doch ohne sie wirklich aus ihnen abzuleiten. Erzählt im *Discours* ein anonymes Ich die Geschichte der Wahl seiner Methode, die in der wissenschaftlichen Forschung zu neuer universeller Wahrheit führt, und besinnt sich in seinen *Meditationes* das Ich des namentlich genannten Autors auf das metaphysische Fundament des Seins dieses methodischen Denkens, so trägt Descartes in den *Principia* seine Metaphysik als allgemeingültige Lehre vor. Die *Principia philosophiae* sind wieder eine Lehrschrift bekannter Art. Aber damit wandelt sich die erste Gewissheit.

Sie soll nun ihren anfangs kontingenten Charakter vollends verlieren. Descartes spricht jetzt als Wir, in dem er selbst und sein Publikum durch eine gemeinsame Vernunft verbunden sind, und was zunächst das Ergebnis einer persönlichen Geschichte war, wird nun zur Folgerung aus einem logischen Schluss. Descartes unterbricht wohl die Rede im Wir, wo er auf seinen berühmten Satz zu sprechen kommt, schickt nun aber der individuellen Feststellung *ego cogito, ego sum* den allgemeinen Satz »Es ist ein Widerspruch zu glauben, dass das, was denkt, zu dem Zeitpunkt, zu dem es denkt, nicht existiert« (*repugnat enim, ut putemus id quod cogitat, eo ipso tempore quo cogitat, non existere*) als Obersatz voraus. So folgt über den Untersatz »Ich denke« logisch der Schlusssatz *ego cogito, ergo sum* (Princ. I 7) – hier erscheint das »also«.[58] Es hat sein Recht erst im Rahmen eines logischen Schlusses innerhalb einer Lehrschrift. Doch die individuelle Gewissheit »ich existiere, solange ich denke« ist dann nicht mehr die erste Gewissheit, wie Descartes weiter vorgibt, sondern der allgemeine Obersatz. Descartes ist sich dessen auch bewusst, denn er reagiert auf den entsprechenden Einwand, der schon im Dialog über die *Meditationes* aufkam, mit der Einräumung, natürlich müsse man, um seinen Satz zu formulieren, schon wissen, was Denken (*cogitatio*), Sein (*existentia*) und Gewissheit (*certitudo*) bedeuteten; aber das könne man als an sich hinreichend bekannt voraussetzen (*per se satis nota*) und Definitionen machten die Dinge oft nur unklarer (Princ. I 10). Die Formulierung *per se notum* tauchte regelmäßig auch in den mittelalterlichen Disputationen auf. Der Nimbus der unbedingten ersten Gewissheit ist mit ihrer regelrechten Lehrbarkeit, die ja erst auf ihr aufbauen soll, zerstört. Die Form verkehrt den Inhalt.

31 Moralkritische Spitze (Maxime, Aphorismus, Aperçu): La Rochefoucauld

Wenn bei Descartes, nach seinem Anfang mit der Erzählung von seiner Methode, zuletzt der Wille zur Lehre und zur Lehrschrift wieder durchschlägt, so ist bei François VI, Duc de la Rochefoucauld (1613–1680) kaum eine Methode und kaum eine Lehre zu erkennen. Und dennoch hat er mit seiner literarischen Form eine ähnlich starke philosophische Innovation vollbracht – auf dem Feld der Moral. Seine Form philosophischer Schriftstellerei ist schwer zu benennen, obwohl sie sehr übersichtlich ist: Sie ist, anstelle der großen und strengen eine kleine und lockere Form und ästhetisch besonders attraktiv. La Rochefoucauld drechselt mit hoher rhetorischer Kunst minimale Texte aus wenigen Zeilen, oft bestehen sie nur aus einem kurzen Satz. Sie wechseln unterhaltsam die Töne. Sie gehen unauffällig von einem Thema zum andern über – jedoch im Rahmen eines sie alle verbindenden Themas: Sie entlarven jegliche moralische Attitüde.

La Rochefoucauld selbst überschreibt sein Werk, das er wie Montaigne seine *Essais* in schrittweise angereicherten Ausgaben erscheinen lässt, *Réflexions ou Sentences et Maximes Morales* (wörtlich *Reflexionen oder Sentenzen und moralische Maximen*). Doch all diese Begriffe sind heute anders besetzt, auch im Französischen. Man nennt seine pointierte kurze Form darum gerne auch Aphorismus, doch ist dieser Begriff literaturwissenschaftlich kaum festzulegen.[59] Am ehesten könnte man von *moralkritischen Spitzen* sprechen: La Rochefoucaulds (mit wenigen Ausnahmen) Kurz- und Kürzest-Texte beruhen auf scharfer Beobachtung seiner selbst und anderer (»Man ist nie so glücklich oder so unglücklich, wie man sich einbildet.« Nr. 49), sind mit Vorliebe auf paradoxe Selbstbezüge zugespitzt (»Es beweist große Klugheit, seine Klugheit zu verbergen.« Nr. 245), kehren die gewohnten Unterscheidungen von Gut und Böse überraschend um (»Das Böse, das wir tun, zieht uns nicht so viel Verfolgungen und Hass zu wie unsere Vorzüge.« Nr. 29) und wirken wie Florettstöße auf alle, die sich gerne ihre Moral zugutehalten (»Wir alle sind stark genug, das Unglück anderer zu ertragen.« Nr. 19). Sie brechen unerbittlich Hohes auf Niedriges herunter (»Die Milde der Fürsten ist oft nichts als Politik, um die Zuneigung des Volkes zu gewinnen.« Nr. 15) und lösen mit ihren spitzen Verwundungen Reflexionen aus, die innehalten lassen: Sie fordern zu einer reflektierten Ethik heraus, ohne sie selbst zu formulieren. Sie sind nicht auf Pädagogik ausgerichtet; sie predigen nicht, sie leben vom Selbstzweifel. Moral wird Punkt für Punkt auf außermoralische Gründe zurückgeführt.

Nietzsche, der La Rochefoucauld hier sehr nahestand, sah in seiner scharfsinnigen »psychologischen Beobachtung«, seinem »Nachdenken über Menschliches, Allzumenschliches« und seiner »Sentenzen-Schleiferei« noch eine Form christlicher Selbstdemütigung und pessimistischer »Verkleinerung« des Menschen.[60] Biografisch scheint dafür zu sprechen, dass La Rochefoucauld, von altem und hohem Adel, sich an abenteuerlichen Intrigen und Aufständen gegen die Kardinäle Richelieu und Mazarin beteiligte in einer Zeit, in der die Monarchen in Frankreich immer mehr zu absoluten Herrschern und die Adligen zu Höflingen wurden, dabei sein Vermögen verlor und sich demütigte, um wieder an den Hof zu kommen und so den Rest seiner Güter zu retten. Er mag sich mit seinen moralkritischen Spitzen subtil an der Adelsgesellschaft gerächt haben, doch er klagt nicht an und er polemisiert nicht, er beobachtet nur: Er schaut sich aus der gelassenen Distanz, die er zum Hof gewonnen hat, die Höflinge an und sieht, durchaus selbstkritisch (»Der Hass auf die Günstlinge ist nichts anderes als Liebe zur Gunst.« Nr. 55), bemühte Schaustellung von Tugenden im Wettbewerb um die Gunst der Machthabenden – die Tugenden schnurren in Eigennutz zusammen. Das macht sie für ihn nicht schon schlecht, nimmt ihnen aber den Glauben an ihre Güte. La Rochefoucauld maßt sich nicht an, der glänzenden Adelsgesellschaft Moral zu lehren, sondern zeigt, wie man auf neue Weise in ihr glänzen kann:[61] seine Pointen bereiten intellektuelles Vergnügen, sie müssen nicht wahr, aber interessant sein, man kann mit ihnen bei verwöhnten und gelangweilten Leuten Aufmerksamkeit erregen; seine Aperçus mögen auswendig gelernt und in den Salons gerne zitiert worden sein.

Sie zielen jedoch über die Adelsgesellschaft hinaus. Seit La Rochefoucauld müssen sich nun nicht nur Metaphysiker, sondern auch Moralprediger jeder Couleur in Acht nehmen: Überall lauern nun Entlarvungen um den Preis einer guten Pointe, La Rochefoucaulds Spitzen stoßen die moderne ernüchterte Moralwissenschaft an. Sie halten sich in den Grenzen des damaligen höfischen Geschmacks und rühren doch dauernd an sie, verletzen die herrschende Moral, ohne sie zu vernichten; sie machen die Grenzen mit der Zeit porös, durchsichtig für neue Perspektiven. Das tun sie am wirkungsvollsten und glaubhaftesten, wenn der Autor nicht als Ankläger und Mahner anderer auftritt, sondern als bloßer Beobachter sich stets auch selbst einbezieht (»Die

Greise geben gern gute Lehren, um sich darüber zu trösten, dass sie nicht mehr imstande sind, schlechte Beispiele zu geben.« Nr. 93). Wer Moral in dieser selbstbezüglichen Weise mit pointierten Aphorismen aufspießt, wird selbst moralisch weniger anfechtbar und fördert eine Ethik, die ebenfalls auf Selbstreflexion setzt. Die moralkritische Pointe ist eine spezifische literarische Innovation der Ethik.

32 Gedanken-Fragment: Blaise Pascal

Blaise Pascal (1623–1662) bedient sich mehrerer schriftstellerischer Formen, der Abhandlung, des Essais und, mit großem Erfolg, des (fiktiven) Briefes. Erst spät findet er, mehr oder weniger ungewollt, zu der Form, die sich für sein Denken am besten eignet, dem fragmentarischen, mehr oder weniger langen Notat; es kann bis zum Aphorismus zugespitzt sein, aber auch mehrere Seiten umfassen und lässt sich dennoch in unterschiedliche Zusammenhänge einordnen. Inhaltlich schließt Pascal sowohl an Montaigne als auch Descartes an und stellt zugleich das Denken beider von Grund auf infrage. Er kehrt nach einem Bekehrungserlebnis zur Religion zurück und treibt zugleich die Philosophie weit über ihre bisherigen Grenzen hinaus. Er versteht sie nach heutigen Begriffen als Orientierungskunst. Prinzipielle Grundlegungen im Sinn Descartes' halten nicht stand; Menschen sind zumeist auch nicht imstande, wie Montaigne mit ihrem Leben ohne eine übersichtliche Ordnung zufrieden zu sein. So müssen sie lernen, in Entscheidungssituationen beweglich mit Prinzipien umzugehen. Und ein Philosoph muss entsprechend schreiben.

Pascal vereinigt in seiner Person die größte Spannweite des mathematisch-wissenschaftlichen, religiösen und philosophischen Denkens. Er gehört ebenfalls einer hochangesehenen Familie im

Dienst der Krone an, erhält eine Erziehung nach dem humanistischen Programm Montaignes (keine Mathematik!) und wird dennoch, sehr früh, als genialer Mathematiker und Experimentalphysiker berühmt. Er entwickelt auch eine Mathematik der Wahrscheinlichkeit oder des »Zufalls« (*géométrie du hasard*), glänzt als streitbarer Schriftsteller; Descartes sucht ihn persönlich auf. Auch Pascal stürzt sich einige Jahre ins Pariser Leben, wo sich die freigeistigen Libertins über die Religion lustig machen, wird aber lebenslang von Lähmungserscheinungen und schweren Schmerzen gequält. Schließlich zieht er sich als »Einsiedler« (*solitaire*) in ein Kloster zurück, um sich dort strengen Bußübungen zu unterwerfen. Die Abhandlung des flämischen Bischofs Cornelius Jansen (1585–1638) über Augustinus, die eine Reformationsbewegung innerhalb der katholischen Kirche auslöst und an der sich auch Pascals religiöses Bewusstsein entzündet, gerät bald auf den Index. In einem *Memorial*, datiert auf die Nacht vom 23./24. November 1654, erlebt Pascal mit überwältigender Freude eine zweite Bekehrung zu Gott, »dem Gott Abrahams, nicht der Philosophen und der Gelehrten«. Gottesbeweise verwirft er; Religion kann man nicht lehren, sondern nur wieder achtens- und liebenswert (*vénérable*, *aimable*) machen. In Frankreich verfolgt Ludwig XIV. jedoch eine strenge Religionspolitik unter dem Einfluss der Jesuiten, die Pascal in seinen literarisch brillanten *Lettres provinciales*, in Dialogform abgefassten, bewusst spitzfindigen und skurrilen Briefen über die laufenden theologischen Streitigkeiten an einen etwas naiven Jesuitenpater in der Provinz, seinerseits beißendem Spott preisgibt.

Seinen knapp tausend *Pensées* (*Gedanken*), die er zur Apologie der christlichen Religion gegen die Libertins notiert, sucht Pascal wohl einen geordneten Zusammenhang zu geben, hinterlässt sie aber bei seinem frühen Tod lediglich zu Bündeln zusammengeheftet oder als lose Blätter. Er erkennt die Nicht-Ordnung als die angemessene, »wahre Ordnung«: »Ich werde hier meine Gedanken (*mes pensées*) ohne Ordnung (*sans ordre*) aufschreiben, und nicht etwa in einer Verworrenheit, die unbeabsichtigt wäre (*une confusion sans dessein*): Das ist die wahre Ordnung (*le véritable ordre*), und sie wird stets meinen Gegenstand durch die Unordnung selbst kennzeichnen (*le désordre même*).« (532/373)[62] An Montaignes Schreibweise (*manière d'écrire*) will er sich halten, »weil sie ganz aus Gedanken (*pensées*) zusammengesetzt ist, die auf der Grundlage der gewöhnlichen Gespräche des Lebens entstanden sind« (745/18a). Pascal will neu und vor aller Wissenschaft und Philosophie ansetzen. Das allzu Persönliche, Weltmännische und zuweilen Unzüchtige bei Montaigne stößt ihn jedoch ab (780/62, 680/63).

Auch hier spiegelt die Form den Inhalt. Montaigne hat nach Pascal darin recht, dass es kein *fundamentum inconcussum* gibt, wie es Descartes in der Selbstgewissheit des denkenden Ich gefunden zu haben glaubt. Denn Descartes' Zweifel sind nur erdacht: Der Mensch kann nicht wirklich daran zweifeln, dass es ihn gibt. Und sein Ich besteht auch nicht in seinem selbstbezüglichen Denken, sondern darin, dass es sich zum Mittelpunkt von allem macht, dadurch den anderen lästig (*incommode*) wird, sie unterjochen (*asservir*) will, in sich ungerecht ist (*injuste en soi*) und darum sogar für sich selbst hassenswert (*haïssable*). Der unvermeidlich ichbezogene Mensch ist ein Monstrum (*monstre*), ein Chaos (*chaos*), etwas Widersprüchliches (*sujet de contradiction*), eine Kloake der Ungewissheit und des Irrtums (*cloaque d'incertitude et d'erreur*). Und doch richtet er über alle Dinge (*juge de toutes choses*). Er ist ein Fragment, das sich alles unterwerfen, über alles verfügen will. So ist er Ruhm und Abschaum des Weltalls (*gloire et rebut de l'Univers*) zugleich, ein Paradox für sich selbst (*paradoxe à vous-même*) (131/434).

Wissenschaftlich betrachtet, ist der Mensch verloren im Universum, eine unfassbare Mitte zwischen zwei Unendlichkeiten, der unendlichen Größe des Universums auf der einen Seite und der unendlichen Kleinheit der Elementarteile auf der andern, und in beiden Richtungen blickt er in einen Abgrund (*abîme*).

Die Welt ist ihrerseits eine unendliche Kugel (*sphère infinie*), deren Zentrum überall und deren Peripherie nirgendwo ist, der Mensch darin verirrt (*égaré*), ein Nichts (*un néant*) im Vergleich mit dem Unendlichen (*l'infini*), ein All (*un tout*) im Vergleich mit dem Nichts, ein Mittelding zwischen nichts und allem (*un milieu entre rien et tout*), unendlich weit davon entfernt, die Extreme zu erfassen. So treibt der erkennende Mensch auf einer weiten Mitte (*un milieu vaste*). Wir haben weder ein sicheres Wissen, noch sind wir völlig unwissend, sondern unsicher und schwankend (*incertains et flottants*) werden wir von einem Ende zum andern gestoßen (*poussés d'un bout vers l'autre*); jeder Anhaltspunkt (*terme, appui*), an den wir uns zu halten (*attacher*) und den wir festzumachen (*affermir*) dachten, schwankt und entzieht sich uns (*il branle et nous quitte*), entkommt unseren Zugriffen (*prises*), wenn wir ihn verfolgen, flieht in ewiger Flucht (*fuite éternelle*): Nichts bleibt für uns stehen (*Rien ne s'arrête pour nous*) (199/72). Der Mensch ist ohne Halt in seiner Orientierung.

Philosophisch kann man selbst am Prinzip des zu vermeidenden Widerspruchs zweifeln (»Verschiedenen sicheren Dingen wird widersprochen – verschiedene falsche werden ohne Widerspruch hingenommen«, 177/384). Auch die Regeln der Mathematik, die niemand damals besser beherrschte als Pascal, sind letztlich nur Routinen, die sich unter Zufällen entwickelt haben und zu denen es Alternativen geben könnte. Die Vernunft passt sich allem an (*la raison étant flexible à tout*), richtet sich mit allem ein, folgt den jeweiligen Bedürfnissen (820/561). Der Mensch ist ein denkendes Schilfrohr (*roseau pensant*). So kann es nicht darum gehen, Sicherheit (*assurance*) und Festigkeit (*fermeté*) zu suchen (199/72). Pascal stellt entschieden von Gewissheit auf Ungewissheit um: Man muss »für das Ungewisse arbeiten, über das Meer fahren, über eine Planke laufen« (*travailler pour l'incertain; aller sur la mer; passer sur une planche*, 101/324).[63] Und der Mensch ist darauf eingestellt: In seinem ganzen Elend (*tout le malheur*) sucht er wohl nach Ruhe (*repos*), die ihm jedoch bald wieder unerträglich wird, so dass er in die Ruhelosigkeit zurückfällt (136/139). Der Mensch ist ungeheuer bewegungsbedürftig und auch beweglich in seiner Orientierung. Er kann und muss sich gar nicht auf eine bestimmte Ordnung festlegen.

So ist auch sein Denken ohne zwingenden Zusammenhang – und darum am angemessensten in Fragmenten darstellbar. Wenn nun dennoch die ganze Würde (*dignité*) des Menschen in seinem Denken (*pensée*) liegt (200/347), muss er sich neu auf es besinnen. Wie kommt das Denken zu seinen Prinzipien, wie kommt es, wenn schon nicht zu einer dauerhaft haltbaren Ordnung, so doch zu Ordnungen in der Unordnung, an die es sich immerhin auf Zeit halten kann? So wie unseren Sinnen ein Punkt von einer gewissen Größe an unteilbar erscheint, ohne es zu sein, machen wir uns, ist Pascals Antwort, Prinzipien (*principes*), die unserer Vernunft als letzte erscheinen (199/72). Auch unser Denken ist durch bestimmte Horizonte begrenzt. Was dort beginnt, nennt Pascal ein Gefühl (*sentiment*) und setzt als dessen Organ das Herz (*coeur*) an. Er entwirft als Basis der menschlichen Orientierung eine Logik des Herzens (*logique du coeur*). Nach dieser Logik entscheiden die Menschen, welche Prinzipien und Gewissheiten sie jeweils ins Spiel bringen. Die Prinzipien, so Pascals methodologischer Zentralsatz, lassen sich fühlen, und aus ihnen kann man dann Lehrsätze ableiten (*Les principes se sentent, les propositions se concluent*). So kann man das Ganze auf unterschiedliche Weisen jeweils mit Gewissheit (*certitude*) ausstatten (110/282). Wir nennen solche gefühlten Prinzipien heute Plausibilitäten. Von ihnen gehen alle Beweisführungen unvermeidlich aus.

Die logische Formulierung von Prinzipien ist Sache der Vernunft (*raison*), doch die Fähigkeit der Verfügung über die Prinzipien geht darüber hinaus, Pascal nennt sie Geist (*esprit*). Sie zeigt sich in drei Stufen: zunächst als Geist der Genauigkeit oder der Richtigkeit (*esprit de justesse*), solange es darum geht, bekannten Prinzipien zu folgen; dann als Geist der Geometrie (*esprit de géométrie*), wenn unter einer Vielheit infrage kommender Prinzipien das geeignete gewählt werden muss, wozu bereits einige Weite des Geistes (*amplitude d'esprit*) gehört, und schließlich als Geist der Feinheit (*esprit de finesse*), wenn Prinzipien erst gefunden werden müssen (511/2–512/1). Mit dem *esprit de finesse* können wir uns auch in unbekannten und ungewissen Situationen zurechtfinden, und die Situation des Menschen ist nach Pascal von Grund auf ungewiss. Letztlich kommt es auf diese Kunst an, zwischen Prinzipien vielfältiger Art unterscheiden und über ihren Gebrauch in der jeweiligen Situation entscheiden zu können. Sie lässt sich selbst nicht wieder auf ein Prinzip zurückführen und auch nicht in einer zusammenhängenden Ordnung darstellen. Denn sie ist, wie Pascal in vielen Notaten erörtert, von vielen Bedingungen abhängig: einer geeigneten Umgebung (schon eine Fliege kann einen Gedankenzusammenhang zerstören), dem angemessenen Tempo in den Beobachtungen und Gedanken, der richtigen Distanz zum Gegenstand der Erkenntnis und der geeigneten Perspektive auf ihn, Alternativen zu der Wahrheit, die man gefunden zu haben glaubt, der Einbildungskraft, die stets auch mit bloßen Einbildungen (*imaginations*) aufwartet. Hinzu kommen Begehrlichkeiten, die ganze Philosophien formen können, kulturelle Stile, denen man ungewollt folgt, ohne klar sagen zu können, worin sie bestehen, der gesunde Menschenverstand, auf den man sich letztlich doch nicht verlassen kann. Das Ideal wäre ein universaler Geist, der über alle und alles urteilen kann (587/34), ohne sich in eine bestimmte Profession einengen zu lassen (647/35), und der nicht von Lob und Tadel abhängig ist (754/501).

Pascal kann sich, wie vor ihm Augustinus, philosophisch so weit vorwagen, weil er im Glauben an Gott die Garantie des wahren Glücks (*vraie félicité*) des Menschen sieht. Auch von Gott gibt es immer nur ein Zeichen (*marque*) oder eine ganz leere Spur (*trace toute vide*), und das könnte von Gott so gewollt sein, damit man sich selbst für ihn entscheiden muss (149/430). Die Vernunft, so wie Pascal sie beschreibt, ist nicht imstande, die Entscheidung für oder gegen den Glauben zu treffen; sie kann nur zu dieser Entscheidung hinführen, indem sie mit ihren Zweifeln aus den gängigen Denkgewohnheiten löst; die stärkere Kraft (*force*) ist die, jeweils unterscheiden und entscheiden zu können, woran man zweifeln muss und worauf man vertrauen kann (170/268). Anstelle von Gottesbeweisen macht Pascal darum auch die Frage des Glaubens zum Gegenstand einer Entscheidung, seiner berühmten Wette, deren berechenbare Wahrscheinlichkeiten sich wie bei einem Würfelspiel nach seiner Mathematik des Zufalls kalkulieren lassen: Im Ergebnis ist es danach sinnvoller und vielversprechender, sich der Religion zu unterwerfen, als sich ihr zu verweigern, weil man hier, trotz aller Ungewissheit (*incertitude*), nur gewinnen könne, nämlich die ewige Seligkeit (*béatitude*), ohne mehr dabei zu verlieren als das Leben in Verwirrung und Elend (418/233). An der ewigen Seligkeit aber muss nach Pascal jeder interessiert sein – das ist, nachdem er allen anderen Halt im Leben infrage gestellt hat, *sein* letzter Halt. Aber aus diesem Halt kann man, anders als aus Descartes' Gewissheiten, nichts ableiten. Auch er ist fragmentarisch.

33 Systematische Abhandlung (*more geometrico*): Baruch de Spinoza

Baruch de Spinoza (1632–1677) zieht mit der Darlegung der Ethik in der Form des *mos geometricus*, der ›mathematischen Methode‹ oder des deduktiven Beweisverfahrens, die wie ein Gegenmodell zu Pascals philosophischem Denken in Fragmenten wirkt, direkte Konsequenzen aus Descartes' Ansatz – mit ebenfalls erstaunlichen inhaltlichen Umkehrungen und Umwertungen. Ohne auf Pascal einzugehen, denkt auch Spinoza in der Gewissheit Gottes, will auch er auf die Liebe und die Seligkeit (*beatitudo*) hinaus, aber auf anderem Weg. Der Weg ist schwer, Montaignes Lockerheit ist nun weit entfernt. Spinoza schließt seine *Ethica more geometrico demonstrata* mit dem Satz: »Alles Ausgezeichnete ist so schwer wie selten.« Das gilt auch für die Form seines philosophischen Schreibens.[64]

Spinoza definiert den *mos geometricus* nicht näher und hat ihn auch nicht selbst erfunden. Descartes war von einem seiner Briefpartner in Einwänden gegen die *Meditationes* gebeten worden, sie zum besseren Überblick *more geometrico* darzustellen, nämlich in Anlehnung an Euklids Elemente der Geometrie, was ihm als Mathematiker ja nicht schwerfallen könne; zugleich versuchte Thomas Hobbes (1588–1679) in seinen *Elementa Philosophiae*, das philosophische Wissen von der Logik, Mathematik und Physik her aufzubauen. Descartes gab denn auch eine Probe,[65] bekräftigte jedoch für sich selbst die Form der *meditatio*: In der Philosophie seien anders als in der Geometrie die ersten Begriffe schwer zu bestimmen, wofür die Meditation geeigneter sei. Wie um das Gegenteil zu beweisen, bringt Spinoza Descartes' *Principia philosophiae* für einen Schüler in die euklidische Form, beginnend mit den schon von Descartes formulierten und durchnummerierten Definitionen, Axiomen und Lehrsätzen, richtet sie neu ein und fährt dann selbständig fort, aber auch er nur ein Stück weit. Zugleich entwickelt er in einer *Kurzen Abhandlung von Gott, dem Menschen und seinem Glück* Grundzüge seiner eigenen Philosophie, ohne seine Lehrsätze und Beweise schon in eine strenge Form zu bringen (so schaltet er auch Dialoge ein): Den Versuch einer Darstellung *more geometrico* behält er wiederum einem Anhang vor. Noch macht er die Form nicht produktiv für den Inhalt. Das geschieht erst in der Weiterentwicklung der *Kurzen Abhandlung* zur *Ethica.*

Spinoza schreibt in einer extrem angespannten Lebenssituation. Er stammt von portugiesischen Conversos, auch Marranos, ›Säue‹, genannt, ab, zwangsgetauften Juden, die man je nachdem verdächtigte, dem Judentum oder dem Christentum nicht treu zu sein.[66] Das scheint ihn bestimmt zu haben, den Gottesgedanken jenseits der Religionen und ihrer priesterlichen Überredungsstrategien zu begreifen. Im Amsterdamer Judenviertel aufgewachsen, wird er als sehr beherrscht, sanft und edel beschrieben und schon als junger Mann für seine Gelehrsamkeit hoch geschätzt. In den religiös toleranten Niederlanden kann er sein Denken lange Zeit frei entwickeln. Eben wegen seines Freisinns wird er aber von der jüdischen Gemeinde, in der sein eigener Vater und weitere Verwandte wichtige Rollen spielen, zunehmend argwöhnisch beobachtet und schließlich durch den großen Bann (*Cherem*) ausgeschlossen, der ihm jeden Kontakt zu anderen Juden, auch zu seiner eigenen Familie, verbietet. Spinoza akzeptiert den Bann und lebt an wechselnden Orten dürftig vom Linsenschleifen, zeitweilig unterstützt von christlichen Verehrern, wird jedoch, auch wenn er Christus in seiner *Ethica* hohe moralische Achtung zollt, nicht Christ. Mit seinem anonym erscheinenden *Theologisch-Politischen Traktat*, in dem er die biblischen Geschichten als unglaubhaft und die Theokratie am Beispiel des alten Israel als unstatthaft angreift und um der Freiheit des Denkens willen für die Trennung von Staat und Kirche plädiert, entfacht er einen Sturm von Angriffen. Als seine politischen Gönner ermordet werden, lehnt er, nun seinerseits hoch gefährdet, für die Freiheit seines Denkens auch einen Ruf an die Universität Heidelberg ab, ebenso das Angebot, dem französischen König Ludwig XIV. ein Buch zu widmen und dafür eine Pension zu erhalten. Zuletzt arbeitet er, dem Judentum auf seine Weise treu, neben seiner *Ethica* an einer hebräischen Grammatik und einer Übersetzung der hebräischen Bibel. Er stirbt, erst 45 Jahre alt, wie seine Mutter an der Schwindsucht, an der er seit langem gelitten hat.

Mit der Form des *mos geometricus* will Spinoza der philosophischen Gewissheit Gottes höchstmögliche Klarheit, Beweisbarkeit und Übersicht verschaffen, in einem *System*. Er gebraucht den Begriff selbst noch nicht, schafft aber das Modell dafür. Ein System ist im griechischen Wortsinn eine ›Zusammenstellung‹, im wissenschaftlich anspruchsvollsten Fall eine vollständige Ordnung, deren Teile weder ersetzt noch versetzt werden können; die Stoa hatte auch Schlüsse aus Ober-, Unter- und Schlusssätzen Systeme genannt, Kopernikus und Galilei sprachen von Weltsystemen. In der Form des Systems soll die Philosophie für jedermann gleich einsichtig werden, und so ist sie, noch mehr als der Traktat und die Summe, die Form der Lehrbarkeit schlechthin. Es bleibt charakteristisch für sie, dass wie in der Mathematik die Ordnung der Begriffe der Ordnung der Dinge entspricht (z.B. der Begriff eines Kreises – und nur er – einem wirklichen Kreis). Statt wie Descartes in seinem *Diskurs über die Methode zur Anleitung des Verstandes und der Erforschung der Wahrheit in den Wissenschaften* Regeln für wissenschaftliche Problemlösungen schlägt Spinoza in seinem *Traktat über die Verbesserung des Verstandes und den Weg, auf dem er am besten zur wahren Erkenntnis der Dinge geleitet wird* die Bildung adäquater Begriffe vor, in denen

Vorstellung (*idea*) und Vorgestelltes (*ideatum*) notwendig übereinstimmen und damit selbst ihre Wahrheit garantieren; adäquate Begriffe sind letztlich die, in denen sich die Dinge unter dem Gesichtspunkt der Ewigkeit (*sub specie aeternitatis*) oder Gottes darstellen. Dazu müssen die gebrauchten Begriffe vollkommen durchsichtig und übersichtlich miteinander verknüpft werden und das System alle ansonsten getrennten Bereiche der Philosophie einschließen.

Spinozas *Ethica* umfasst so nach heutigen Begriffen die Ontologie (Buch I: *De Deo*, Über Gott), die Epistemologie (Buch II: *De natura et origine mentis*, Über das Wesen und den Ursprung des menschlichen Geistes), die Anthropologie und Psychologie (Buch III: *De origine et natura affectuum*, Über den Ursprung und das Wesen der Gemütsbewegungen oder Affekte, und Buch IV: *De servitute humana seu de affectuum viribus*, Über die menschliche Knechtschaft oder über die Kräfte der Affekte) und die Ethik im engeren Sinn (Buch V: *De potentia intellectus seu de libertate humana*, Über die Macht des Verstandes oder die menschliche Freiheit). So folgt diese Ethik aus dem Begriff Gottes, und Gott ist dann keine Person mehr wie in der hebräischen Bibel, er vollbringt keine Wunder, handelt nicht willkürlich, sondern er zeigt sich in der *more geometrico* darstellbaren Ordnung der von ihm geschaffenen Natur. *More geometrico* verstanden, ist er kein Gott mehr, an den man glauben muss, und keiner, zu dem man beten kann. Die Zweifelsfreiheit findet sich nun nicht mehr wie bei Descartes in einer einzigen letzten Gewissheit, dem *ego cogito, ego existo*, sondern in der Einsicht in die notwendige Kohärenz aller Dinge, und diese Einsicht zeigt sich praktisch: in der Freiheit, die sie verschafft, und dem Glück, das sie gibt.

Da Philosophie jedoch nicht Mathematik ist, ist der *mos geometricus* in ihr nicht streng durchführbar. So ist die Unterscheidung der Satzarten des Systems – Definitionen (z.B. der Ursache seiner selbst, der Substanz und Gottes), Axiome (z.B. dass aus einer bestimmten Ursache eine bestimmte Wirkung folgt), Lemmata (Hilfssätze zu Axiomen, die bewiesen werden können und aus denen sich Weiteres beweisen lässt), Propositionen (die aus Definitionen, Axiomen und Lemmata gefolgerten Lehrsätze), Postulate (unbewiesene, unbeweisbare oder keiner Beweise bedürftige Sätze), Beweise und Folgesätze (Corrollarien) – nicht immer klar, was Spinoza auch in einer Anmerkung einräumt. Der Sinn der Definitionen, ihrer Auswahl und ihrer Anordnung wird oft erst durch die Propositionen einsichtig, die aus ihnen abgeleitet werden – das gehört zur axiomatischen Methode. Jedes der V Bücher der *Ethica* kann weitere Definitionen, Axiome, Postulate und Lemmata einführen. Bisweilen erscheinen sogar für Spinozas ganzes System grundlegende Sätze wie der Satz des zureichenden Grundes jedes Existierenden und jedes Wissens oder der Satz »Existieren-Können ist Macht« (*posse existere potentia est*) in nachrangigen Anmerkungen.[67] Für Undefiniertes und Unbeweisbares benutzt Spinoza, implizit oder explizit, gelegentlich auch die schon in der Scholastik benutzte und von Descartes wieder aufgenommene Figur des *per se notum*, des an sich Bekannten. Worauf es ihm ankommt, ist die logische Notwendigkeit als solche, die sich, schon nach Aristoteles, in Schlüssen zeigt. Darum kommt alles auf die Beweise an. Sie wirken oft redundant und entsprechend ermüdend, wie Spinoza ebenfalls selbst einräumt. Er hält dennoch an ihnen fest. Aber er macht auch Ausnahmen: Die Definitionen der Affekte, die sich der Sache nach nicht in den Beweisgang einfügen lassen, ergänzt er am Ende des III. Buches in einem Anhang, und am Ende des IV. Buches reformuliert er den Beweisgang zur besseren Übersicht in Gestalt eines Traktats aus 32 Paragrafen.

Auch das *more geometrico* entwickelte System kommt nicht ohne externe Voraussetzungen aus. Denn auch ein System hat einen Autor, und als solcher spricht Spinoza wie Montaigne, Descartes und Pascal als ›ich‹, zunächst dort, wo er seine eigenen Definitionen einführt (*Per x intelligo id, quod ...*). Sofern das Ich die Definitionen bestimmt, die allem Weiteren zugrunde liegen, steht es damit zugleich außerhalb und innerhalb des Systems, wird also zu einem Paradoxon. Zudem ist es zufällig: Andere können anders definieren. Spinoza kann das Paradox jedoch entparadoxieren – durch die *Ethica* selbst, nach der das Gute eben darin besteht, dass das Ich im System aufgeht. Das geschieht auf ethischem Weg; eben deshalb legt Spinoza die Metaphysik als Ethik an. Auch die dem System vorausgeschickten Definitionen und Axiome bewähren sich dadurch, dass sich aus ihnen ein schlüssiger Zusammenhang des Ganzen ergibt. In beiden Fällen wird aus Kontingentem Notwendiges.

Dennoch fügt Spinoza dem System Paratexte wie Vorworte (*praefationes*), Anhänge (*appendices*) und Anmerkungen (*scholia*) hinzu, die das *more geometrico* Dargelegte erst plausibel machen. Sie können sehr ausführlich sein; im Umfang überwiegen sie den ›ordentlichen‹ Teil des Textes der *Ethica*. Der Anhang zum I. Buch erläutert den *mos geometricus* durch das, was er ausschließt, nämlich jede Art von Wünschbarkeit. Danach wollen die Menschen, die ohne Kenntnis der logischen und kausalen Zusammenhänge geboren werden, schlicht das für sie Wünschbare und halten sich eben darin für frei. Da aber jeder in seiner Situation etwas anderes für wünschenswert und zweckmäßig hält, entsteht Streit, und da man die Ursachen der Wünsche der andern ebensowenig durchschaut wie die eigenen, kommt der Streit nicht in beiderseits akzeptablen Argumenten, sondern in Affekten zum Ausdruck. Das reicht bis in die Moralen und Religionen hinein, in denen auch den Göttern Wünsche und Zwecke unterstellt werden. Indem die logisch-mathematische Form dieses Wunschdenken ausschließt, determiniert sie den Inhalt zunächst negativ.

Beginnend mit der ersten Definition, der Definition der *causa sui*, der Ursache ihrer selbst, determiniert sie ihn auch positiv: »Unter einer Ursache ihrer selbst verstehe ich das, dessen Wesen sein Dasein einschließt, oder das, dessen Natur nur als daseiend begriffen werden kann (*Per causam sui intelligo id, cujus essentia involvit existentiam; sive id, cujus natura non potest concipi, nisi existens*).« Die Definition hat es buchstäblich in sich. Der definierende Teil des Satzes ist erkennbar der anselmsche Gottesbeweis (s. Abschn. 16), den auch Descartes wieder aufgenommen hat; für Spinoza ist er von höchster Gewissheit (*summa certitudo*).[68] Er definiert durch ihn die Kausalität, doch so, dass er sie zugleich aufhebt, also paradox: Gott ist die Ursache, der Schöpfer von allem, einschließlich seiner selbst, und so hat er selbst gerade keine Ursache (außer sich). Dass er Ursache seiner selbst ist, kann aber nicht wie die geläufige Ursache-Wirkungs-Beziehung zeitlich gedacht werden; denn dann ginge ihr etwas anderes voraus, dessen Wirkung sie wäre, und so wäre die Schöpfung nicht die Schöpfung. Mit der Definition durch das rein begriffliche anselmsche Argument wird die Schöpfung entzeitlicht: Aus dem zeitlichen Verhältnis von (vorausgehender) Ursache und (nachfolgender) Wirkung wird das rein logische und gleichzeitige Verhältnis von Grund und Folge. Mit ihrer ersten Definition wird die *Ethica* auf den *mos geometricus* ein- und mit ihm unter die Perspektive der Ewigkeit (*sub specie aeternitatis*) gestellt.

Die Paradoxie aber pflanzt sich fort: Wird das Wesen Gottes seinerseits nach dem *mos geometricus* erschlossen, so zeigt es sich in der mit ihm gleichzeitigen Schöpfung, der Natur. Gott *ist* insofern die Natur (*deus sive natura*) und von ihr nicht zu unterscheiden; er ist dann zugleich alles (Pantheismus) und nichts außerdem (Atheismus). Die *more geometrico* erschließbare Gesetzlichkeit der Gott-Natur erschöpft sich dann aber nicht einfach in allgemeinen Formeln, wie die Physiker sie darlegen, sondern ist letztlich ebenso unbegreiflich wie Gott. Denn innerhalb der Natur ist insofern alles *causa sui*, als jedes zugleich Ursache und Wirkung von allem andern ist; sie ist mit einer Unterscheidung Giordano Brunos stets *natura naturans* und *natura naturata*. So lässt sie sich nicht einfach in sukzessiven und leicht zu verfolgenden Ursache-Wirkungs-Ketten, sondern nur in unendlich komplexen Vernetzungen von Ursache-Wirkungs-Beziehungen darstellen; im 20. Jahrhundert hat man Spinoza als einen Begründer des ökologischen Denkens entdeckt.

Den folgenden Definitionen und den aus ihnen hervorgehenden Propositionen, mit denen Spinoza die *Ethica* eröffnet und mit denen er die äußersten Konsequenzen aus Descartes' Ansatz zieht, müssen wir hier nicht weiter nachgehen: zunächst, dass die unendliche göttliche Substanz, die alle endlichen Dinge geschaffen hat und im Sein erhält, die einzige sein muss – denn zum (aristotelisch-cartesischen) Begriff der Substanz gehört, dass sie nicht des Daseins eines anderen bedarf, um zu sein, und nicht des Begriffs eines andern, um begriffen zu werden. Dann, dass die beiden endlichen und von Gott geschaffenen Substanzen, von denen Descartes ausgegangen war, die denkende und die räumliche, also nicht wirklich Substanzen, sondern nur Attribute der göttlichen Substanz sein können – es sind wir, die endlichen Wesen, die sie unterscheiden. Schließlich, dass wir selbst Modi, individuelle Seinsweisen der einen unendlichen, nach jenen Attributen unterschiedenen Substanz sind – wir gehören ihr selbst an, sind begrenzte Teile des Ganzen, die das Ganze darum auch immer nur begrenzt durchschauen können. Das Leib-Seele-Problem löst sich dadurch auf – Menschen zerfallen nicht in zwei Substanzen, sondern die individuellen Modi beobachten sich selbst und einander zugleich unter körperlichen und geistigen Perspektiven.

Spinoza setzt auf diese Weise – eben mit dem *mos geometricus* – gerade die Individuen frei. Auch er braucht keine allen gemeinsame und gleiche Vernunft zu postulieren, sondern kann, nüchterner und realistischer, die Modi als Macht (*potentia*) denken – sofern sie Teile der Schöpfung Gottes sind, der unumschränkte Macht ist. Die Macht der Modi kommt darin zum Ausdruck, dass sie in ihrem Sein zu beharren, also sich selbst zu erhalten suchen – anders hätten sie gar keinen Bestand (*conatus in suo esse perseverandi*). Spinoza setzt so den Selbstbezug nicht mehr wie Descartes beim Denken, sondern bei der menschlichen Existenz im Ganzen an. Weil die Modi die göttliche Natur aber nur begrenzt durchschauen, reagieren sie affektiv, mit Abstoßung oder Anziehung aufeinander und bilden auch ihre Vorstellungen von Gut und Böse danach; mit Hobbes geht Spinoza, wiederum in schonungsloser Nüchternheit, davon aus, dass Menschen etwas nicht begehren, weil sie es für gut halten, sondern es für gut halten, weil sie es begehren.[69]

Eben hier tritt die ethische Seite des *mos geometricus* hervor, und man kann darin Spinozas eigenen *conatus*, sein eigenes Machtstreben sehen: Je mehr die *more geometrico* gewonnene Einsicht in die notwendigen Zusammenhänge der Natur und damit auch in die Ursprünge der jeweilige Affekte wächst, desto weniger werden die Affekte das Denken beschränken, desto freier werden die sich miteinander auseinandersetzenden Individuen für Kooperationen miteinander werden, die ihre Macht bestärken, desto vernünftiger in diesem Sinn werden sie sein. Menschen sind das Schädlichste und Nützlichste füreinander, je nachdem, was sie jeweils für gut oder böse halten. Die rationale Einsicht in die Ursachen und Wirkungen der beiderseitigen Affekte ist darum die ethisch bedeutsamste, und die Freiheit besteht eben darin, dass man sich vernünftige Spielräume inmitten des affektiven Geschehens schaffen kann. So wird auch die Freiheit paradox: als Einsicht in die (göttliche) Notwendigkeit. Diese Einsicht aber löst ihrerseits einen Affekt aus: den Affekt der Freude eben am Durchdenken des notwendigen Wirkungszusammenhangs der Gott-Natur. Folgt man nur dem *mos geometricus*, braucht man also keine Affektfreiheit des Denkens und keine Selbstlosigkeit des Handelns als Normen zu postulieren. Wenn Menschen im Strudel von Begierde (*cupiditas*), Streben (*conatus*), Drang (*impetus*), Trieb (*appetitus*) und allen möglichen Willensakten (*volitiones*) in pascalschen Schwankungen der Seele (*animi fluctuationes*) hin- und hergerissen werden und nicht wissen, wohin sie sich wenden sollen,[70] dann gibt der vom *mos geometricus* angeleitete Verstand faktisch Festigkeit, Ruhe und Halt.

Das reicht ethisch aus: Durch die rationale Beruhigung und Umpolung der Affekte wird aus dem hobbesschen *homo homini lupus* (der Mensch ist dem Menschen ein Wolf) ein *homo homini deus* (der Mensch ist dem Menschen Gott).[71] So öffnet die Form des *mos geometricus* zuletzt für den Inhalt der Liebe, die uneingeschränkte Aufgeschlossenheit aller Modi der Gott-Natur füreinander. In letzter systematischer Konsequenz ist das eine vernünftige Liebe Gottes zu sich selbst (*amor Dei intellectualis*). Auch im Selbstbezug der Liebe, auf die das System hinausführt, kann man eine Paradoxie sehen. Spinoza entparadoxiert sie als schlichtes Glück (*beatitudo*), das Glück der befreienden Einsicht in die notwendigen Zusammenhänge der Gott-Natur.

34 Enzyklopädie: Jean-Baptiste le Rond d'Alembert & Denis Diderot

Auch beim Universal-Lexikon geht es um das Ganze des menschlichen Wissens. Aber es folgt einer völlig anderen Konzeption des Wissens als das System: Maßstäbe sind hier weniger Gewissheit, Beweisbarkeit und ewige Gültigkeit als schnelle Auffindbarkeit, hinreichende Vollständigkeit und gute Überschaubarkeit. JEAN LE ROND D'ALEMBERT (1717–1783) und DENIS DIDEROT (1713–1784), die Herausgeber der *Encyclopédie* mit dem Untertitel *Dictionnaire raisonné des sciences, des arts et des métiers, par une société de gens de lettres* (*Enzyklopädie oder kritisch reflektiertes Wörterbuch der Wissenschaften, Künste und Handwerke, verfasst von einer Gesellschaft von Gelehrten*) verbinden mit ihr jedoch ebenfalls einen hohen philosophischen Anspruch; die *Encyclopédie* gilt als das Werk der französischen Aufklärung schlechthin. Statt eines *more geometrico* dargelegten Systems bietet sie eine in philosophischem Geist (*esprit philosophique*) durchdachte Zusammenstellung des zu ihrer Zeit erworbenen Wissens (*connoissance humaine*) – nach der äußerlichen Ordnung des Alphabets. Sie ist nicht nur Gelehrten, sondern der Bevölkerung im Ganzen gewidmet und bezieht außer den Künsten auch die Handwerke ein. Weil niemand allein über alles menschliche Wissen verfügen kann, ist sie nicht von einem einzelnen Autor, sondern von einer interdiszplinären Autorengruppe verfasst, die die Herausgeber lediglich moderieren; unter den etwa 150 Mitarbeitern finden sich so illustre Namen wie Montesquieu, Rousseau, Voltaire, Condillac, Condorcet, Helvétius, d'Holbach, Quesnet, Turgot und Buffon; sie harmonieren nicht immer, springen auch wieder ab. Die *Encyclopédie* lässt Spielräume für eigene Meinungen und eigene Stile; sie verpflichtet die Mitarbeiter nicht auf vorgefasste gemeinsame Prinzipien – außer der kritischen Grundhaltung, alles vorbehaltlos zu prüfen und schonungslos infrage zu stellen. Hinter der Autorengruppe steht keine verantwortliche Institution, keine Akademie, Universität oder Behörde der Regierung, sondern der Markt, in Gestalt von risikobereiten und profithungrigen Verlegern, die sich am Publikumsinteresse orientieren und gelegentlich auch in die Texte eingreifen, um Zensurmaßnahmen zu vermeiden. Aber auch die *Encyclopédie* folgt einer ethischen Absicht: dem Publikum das beste Wissen der Gegenwart für eine praktische Umsetzung zur Verfügung zu stellen und dadurch den Fortschritt der Gesellschaft zu fördern. Dabei will sie ausgewogen sein: VOLTAIRE (1694–1778), der zahlreiche Artikel beisteuert und weitere anregt, publiziert, weil ihm die *Encyclopédie* zu moderat erscheint, daneben einen persönlicher und polemischer gefassten *Dictionnaire philosophique portatif*, ein Taschenbuch als sein Kompendium eines zeitgenössischen aufklärerischen Denkens. Die Form des *Dictionnaire* mit seiner alphabetischen Ordnung behält er bei.[72]

D'Alembert und Diderot fangen nicht von vorn an. Sie erhalten von einer französischen Verlegergruppe den Auftrag, die zweibändige englische *Cyclopaedia or Universal Dictionary of Arts and Sciences* von EPHRAIM CHAMBERS (1680–1740) zu übersetzen und zu erweitern. PIERRE BAYLE (1647–1706) hat einen *Dictionnaire historique et critique* vorgelegt, der mit scharf kritischer philosophischer Reflexion historischer Zusammenhänge glänzt, jedoch seinen Text durch wuchernde Paratexte aus Fußnoten, Zitaten und gelehrten Auseinandersetzungen unübersichtlich werden lässt. In Deutschland bringt der Buchhändler und Verleger JOHANN HEINRICH ZEDLER (1706–1751) ein *Grosses vollständiges Universal-Lexicon Aller Wissenschafften und Künste* heraus, das vieles aus früheren Lexika übernimmt und aus dem auch die *Encyclopédie* wieder einiges übernimmt. Wissenschaftliches Vorbild für Diderot und D'Alembert ist Francis Bacon mit seinem ersten Versuch einer Universalenzyklopädie unter dem Titel *De dignitate et augmentis scientiarum* (*Über die Würde und die Weiterentwicklung der Wissenschaften*), die er seinem *Novum Organon* vorausgeschickt hat. Den lateinischen Begriff ›encyclopaedia‹ hat wahrscheinlich der Humanist und Bibliothekar am französischen Hof GUILLAUME BUDÉ (1468–1540) aus dem Griechischen aufgenommen. Die Kombination der Wörter *enkyklios*, ›in einen Kreis einschließend‹, und *paideía*, ›Erziehung, Bildung‹, umfasst wie das deutsche Wort ›Bildung‹ Prozess und Gegenstand einer umfassenden Erziehung, im Fall der *Encyclopédie* nicht nur des Einzelnen, sondern der Gesellschaft im Ganzen.[73]

Innerhalb von drei Jahrzehnten, 1751–1780, erscheinen 17 Textbände und 11 Bildbände und, da währenddessen das dargelegte Wissen bereits wieder veraltet, das Werk am Markt aber erfolgreich ist, noch 5 Ergänzungsbände und 2 Registerbände. Viele der philosophischen Beiträger treffen sich in Cafés, Salons, Theatern, Redaktionen und Freimaurerlogen, manche werden Freunde, und alle versuchen, Einfluss in den damaligen Medien zu gewinnen, in den Zeitungen, auf den Bühnen und auf dem Buchmarkt. Sie denken eigenständig, zum Teil auch kontrovers, orientieren sich jedoch aneinander und sind verbunden in der Abwehr des angestammten Einflusses der Kirche. Voltaire nennt sie freie Denker (*franc-penseurs*); mit ihnen entsteht so etwas wie eine Intellektuellenszene, die die Gunst höchster Kreise der französischen Gesellschaft und ausländischer Monarchen wie Friedrich II. von Preußen und Katharina II. von Russland genießt. Mithilfe des französischen Chefzensors können Publikationsverbote und Einkerkerungen immer wieder abgewendet werden.

Die beiden Herausgeber ergänzen einander auf glückliche Weise. D'Alembert, unehelicher Sohn eines Kardinals und einer Marquise, herausragender Mathematiker und Physiker, schreibt die Artikel aus diesem Bereich und verfasst auch den *Discours Préliminaire de l'Encyclopédie*, in dem er besonnen und geradlinig die Grundhaltung der Autorengruppe darlegt. Hochanerkannt, wird er Generalsekretär der *Académie française* auf Lebenszeit, legt jedoch, als die Angriffe auf die *Encyclopédie* überhandnehmen, seine Herausgeberschaft nieder. Diderot führt ein buntes

Leben, das zum Verdruss des Vaters, eines Messerschmiedemeisters, in keine klare Richtung geht. Er lebt nie in gefestigten Verhältnissen, wird zeitweise von der Zensur ins Gefängnis gebracht, folgt vielseitigen Interessen und gewinnt dabei zahlreiche Kontakte und Freundschaften, die ihm bei der Rekrutierung der Autoren für die *Encyclopédie* helfen, hat viele Liebschaften, die seiner freimütigen literarischen Produktion zugutekommen. Er pflegt ein schweifendes, experimentelles, auch selbstironisches und gerne auch bewusst paradoxes Denken, hütet sich vor absoluten Ansprüchen, bleibt wohlwollend gegenüber Andersdenkenden, hat die Kraft, Dinge unentschieden zu lassen. Mit seinen breiten Interessen gewinnt er den Ruf, das Wissen seiner Zeit zu überschauen und es der Allgemeinheit nutzbar machen zu können. In der *Encyclopédie* findet er die große Aufgabe und den Halt seines Lebens. Hier arbeitet er planmäßig und konzentriert.

Die *Form der alphabetischen Ordnung* der Artikel geht für bloße Wörterbücher bis in die Antike zurück. Bei ihnen läge auch eine Ordnung nach Wortfamilien, bei Reallexika nach Sachzusammenhängen nahe. Die zwar leicht erlernbare, aber willkürliche Reihe der Buchstaben des Alphabets wird ganz äußerlich an sie herangetragen. Die unendlich verzweigten konkreten Zusammenhänge der Welt müssen dazu in ›Artikel‹, wörtlich ›kleine Glieder‹, zerlegt werden. Sie werden dadurch – auch darin steckt eine Paradoxie – zugleich unübersichtlich und übersichtlich: unübersichtlich, weil die Zusammenhänge in den zerstreuten Artikeln nicht mehr erkennbar sind, übersichtlich, weil die Artikel leicht auffindbar sind. Die schnelle Auffindbarkeit von Wissen konkurriert mit seiner systematischen Ordnung. Die Gliederung in Artikel schafft aber zugleich Spielraum, jeden Gegenstand auf seine Weise darzustellen, durch den jeweils besten Kenner, nach der jeweils geeigneten Methode und auf dem seiner Bedeutsamkeit jeweils entsprechenden Raum. In einem *Dictionnaire* kann jedes Wissen die ihm angemessene eigene Ordnung erhalten. So wird gegenüber der (deduktiven) Beweisordnung auf der einen Seite und der (induktiven) Erzählung oder Aufzählung ein neuer Wissenstypus geschaffen.

Die Sachzusammenhänge werden *Schlag- oder Stichworten* zugeordnet, mit denen die Artikel überschrieben werden. Schlag- oder Stichworte bestehen weniger in logischen Verallgemeinerungen als in pointierten Abkürzungen von Feldern des Wissens. Das Lemma, wörtlich das Herausgegriffene, soll die Orientierung Suchenden treffen wie ein Schlag oder Stich. Das deutsche ›Schlag- oder Stichwort‹ hatte ursprünglich verletzenden Sinn, es muss in einem ›gestochenen‹ Wort bestehen.[74] Diderot nennt es auch *mot de réclame*; es dient zugleich Verkaufszwecken. Bei Bühnenauftritten markiert es die Stelle, wo man einzusetzen hat, in Wissensdiskursen bestimmt es ein ›Thema‹, das schlicht darin besteht, dass ihm Beiträge zugeordnet werden können. Es wären, wie Diderot betont, immer auch andere Zuordnungen möglich. Als Titel über einem Artikel zeigt ein Schlagwort an, was hier zu finden sein könnte, jedoch, weil die unterschiedlichen Autoren unterschiedlichen Interessen folgen, keineswegs immer zu finden ist. Die Artikel der *Encyclopédie* überraschen oft mit dem, was sie wie in welchem Umfang bringen. Die *Encyclopédie* zeigt das erworbene Wissen in seiner selektiven, individuell verteilten und entscheidbaren Gestalt.

Diderot beschreibt in einem sehr persönlich gehaltenen Artikel der *Encyclopédie* über die *Encyclopédie* selbst ausführlich die Methoden der Aufgliederung und Verschlagwortung des Wissens und die Probleme, die sich ihm als Herausgeber stellen; er tut das mitten in der Arbeit (im V. Band), macht dabei tüchtig Reklame für sein Werk, weist aber auch selbstkritisch auf Mängel hin. Er nennt fünf ›Ordnungen‹ (*ordres*), die er jedoch nicht scharf voneinander unterscheidet, weil es dafür keine klaren Kriterien gibt. Mit ihnen beschreibt er, wie das übersichtliche Gesamtwissen einer Gesellschaft tatsächlich zustande kommt, welchen Inhalt die Form der *Encyclopédie* zulässt.

– Erstens seien Einteilungen unter zahllosen Gesichtspunkten möglich, und das diene der *Mannigfaltigkeit* des Lexikons. Einen absoluten Anfang und ein absolutes Ende gebe es in der Beschreibung der Welt nicht; eine lineare Beweisordnung könne das Publikum ohnehin von einem bestimmten Punkt an nicht mehr verfolgen. Begriffe von einer gewissen Allgemeinheit (*une notion très-générale*) dienten stattdessen dazu, in ihrem Umkreis eine klare und übersichtliche Ordnung (*ordre clair & facile*) zu schaffen.

– Zweitens könne es keinen einheitlichen Maßstab oder ein einziges Modell für alle Artikel geben, wenn viele Autoren ihre Standpunkte, Ideen und Formen der Beredsamkeit einbringen. Einheitlichkeit müsste ihnen aufgezwungen werden, und das sei kontraproduktiv, gerade wo es um Neues gehe. Die *Encyclopédie* ziehe die *Lebendigkeit* der Einförmigkeit vor. Dennoch orientieren sich die Autoren in vielem aneinander, so dass die Artikel vergleichbar bleiben.

– Drittens müssten die gängigen ersten Prinzipien (*premiers principes*), Allgemeinbegriffe (*notions générales*) und Axiome (*axiomes*) des jeweiligen Fachgebiets berücksichtigt werden. Man könne die *Encyclopédie* als eine Weltreise und ihre Ordnung als eine Weltkarte (*mappemonde*) ansehen, die große Regionen abgrenze, und die Artikel als Karten für die jeweiligen Provinzen. So entsteht *Übersicht* über die vielgestaltige Welt des Wissens.

– Viertens sei es an den Autoren, in der Darstellung ihrer Themen selbst *Kohärenz* zu schaffen, auch wo etwas schwer vereinbar oder widersprüchlich scheine, und dafür verschiedene Gesichtspunkte und Arten von Beziehungen, auch Einfälle zu nutzen. Diderot plädiert für Freiheit und Vielfalt in der Anordnung des Stoffs (*la liberté & la variété de cette distribution*), weil sie am ergiebigsten ist und auch weil sie gefällt. Das in der *Encyclopédie* gebotene Wissen gleiche hierin einer Stadt, in der je nach Grundstück unterschiedlich, aber alles in Abstimmung miteinander gebaut und die darum nie langweilig sei. Minimalforderungen wie Definitionen, Angaben der spezifischen Eigenschaften, Zwecke und Ursprünge der Gegenstände müssten wohl erfüllt sein; im Blick auf die vielfältigen Funktionen der Gegenstände könnten sie aber unter verschiedene Artikel fallen.

– Fünftens seien deshalb viele Methoden zulässig, weil die angemessene Darstellung sich letztlich aus dem Durchdenken des Gegenstands selbst ergebe. Dabei sei es hilfreich für das nicht fachkundige Publikum, wenn man schrittweise vom Einzelnen und Konkreten zum Allgemeinsten, den Prinzipien oder der »Metaphysik« des Gegenstandes vorangehe; von hier aus könne sich dann alles Übrige erhellen, soweit der Gegenstand das hergibt. An eine allen Gegenständen gemeinsame Metaphysik ist nicht gedacht. Denn das menschliche Wissen hat weithin kontingente Ursprünge, entsteht aufgrund von Alltagsnotwendigkeiten. Darum sind auch Verordnungen, Inventarverzeichnisse, Zollregister, Gemeindestatuten, Bibliothekskataloge usw. heranzuziehen, Bücher jeder Art, die der Buchdruck nun massenhaft hervorbringt, seien es gute oder schlechte, die als enzyklopädisches Material (*matériaux d'une Encyclopédie*) neu auszuwerten sind. Was die Artikel zum Handwerk betrifft, so arbeitet Diderot mit Werkstattbesichtigungen und Umfragen vor Ort. So hält die *Encyclopédie* stets die *Wandelbarkeit des Wissens* vor Augen. Auch die Ethik ließe sich nach Diderot so darstellen: als Sammlung vorbildlicher Handlungen in Geschichte und Gegenwart.

Die *Encyclopédie* ergänzt die schriftliche durch die bildliche Darstellungsform. Sie macht die Zusammenhänge anschaulich klar. Vor allem bei handwerklichen Apparaturen reichen Beschreibungen und Definitionen oft nicht aus; anhand von *Abbildungen* kann man sie leicht nachbauen und bedienen. Das Wissen braucht auch Bilder. Soweit die Abbildungen ihrerseits beschriftet werden müssen, entsteht das Problem des rechten Maßes von Wegweisern (*guides*): »Wir wollten nicht einem Menschen gleichen, der bei jedem Schritt auf einer Landstraße Wegweiser aufstellen lässt, weil er fürchtet, die Reisenden könnten von ihr abweichen. Es genügt doch, wenn Wegweiser überall dort stehen, wo die Wanderer in die Gefahr kommen könnten, sich zu verirren.« (*Prospekt* der *Encyclopédie*) Das rechte Maß des Wissens ist die Orientierung, die es in Form und Inhalt geben kann.

Den sachlichen Zusammenhang der Artikel versuchen die Herausgeber, statt ihn aus Prinzipien zu begründen, in einem schematischen Stammbaum (*arbre généalogique*) bildlich darzustellen, wie ihn auch schon Francis Bacon entworfen hatte. D'Alembert & Diderot lassen das Wissen aus den Fähigkeiten menschlichen Verstehens (*entendement*) hervorwachsen, und zwar aus dem Gedächtnis (*mémoire*) die Geschichte einschließlich der sich weitgehend durch bloße Überlieferung entwickelnden Handwerke, aus der Vernunft (*raison*) die Wissenschaften und aus der Einbildungskraft (*imagination*) die Künste. Der Ort im weitverzweigten Geäst des Wissens wird bei jedem Stichwort vermerkt. So wird deutlich, dass die Arten des Wissens sich mehr funktional und historisch als logisch differenzieren. Personenartikel gibt es in der rein sachlichen Ordnung der *Encyclopédie* nicht, weil die Berufung auf Autoritäten nicht gelten soll. D'Alembert & Diderot gestehen jedoch freimütig ein, dass auch andere Einteilungen möglich wären.

Umso bedeutsamer wird die *Verkettung* (*enchaînement*) der zusammengestellten Artikel *durch Verweise* (*renvoie*). Sie stellt die eigentliche enzyklopädische Ordnung (*l'ordre encyclopédique*) dar. Die Methode der Verkettung leitet nach Diderot das Denken (*la façon commune de penser*) überhaupt: Man übersieht nicht das Wissen im Ganzen, sondern kommt lediglich vom einen Anhaltspunkt zum nächsten und kann dabei immer neue Richtungen einschlagen. Auch »in wissenschaftlichen Abhandlungen«, schreibt er in seinem Artikel zur *Encyclopédie* selbst, »steuert die Verkettung der Ideen oder Phänomene das Vorgehen; in dem Maß, in dem man vorankommt, entwickelt sich der Stoff (*la matière*), verallgemeinert (*généralisant*) oder differenziert sich (*particularisant*), je nachdem welche Methode man vorzieht.« Verweise werden so selbst produktiv, und sie müssen wiederum kreativ entwickelt werden. Dazu sind bei den Autoren, besonders aber beim Herausgeber neben Redlichkeit (*honnêteté*) und Mut (*courage*) Kombinationsgabe (*esprit de combinaison*), sicheres Gespür (*instinct*), wenn nicht Genie (*génie*) nötig. Mit der Verdichtung der Beziehungen (*rapports*, *liaisons*) wächst die Plausibilität (*la force de la démonstration*) des Wissens. Zugleich werden so Lücken und Disproportionen erkannt, können Behauptungen des einen Artikels durch andere auch wieder infrage gestellt werden. Diderot hofft auf eine Vervollkommnung des Verweissystems bis zu dem Grad, dass ähnlich präzise Übergänge möglich werden wie in der Mathematik. Dazu seien jedoch viele Auflagen und Generationen von Bearbeitern nötig. Die *Encyclopédie* könne nur ein auf lange Zeit angelegter Versuch sein, die angemessene Form für ihre Aufgabe zu finden.

Diderots Artikel zur Philosophie bleibt dennoch ganz konventionell. Er hält sich dort eng an die Definition und die Einteilungen des deutschen Aufklärers CHRISTIAN WOLFF (1679–1754), der die traditionelle Einteilung der Philosophie ausbaute, wendet sich aber, hier unter Berufung auf FONTENELLE (1657–1757), gegen den Glauben an die Autorität der Alten. Die Neukonzeption des Wissens durch die enzyklopädische Ordnung spiegelt der Artikel nicht wider. Diderots Artikel zum Philosophen gibt dagegen eine andere Perspektive: Dort zeichnet er ein Idealbild seiner selbst als eines vielseitigen Kenners, der auch das gesellige Leben liebt.

35 Methodische Selbstbegrenzung der Philosophie (Kritik): IMMANUEL KANT

Der folgende Abschnitt zu IMMANUEL KANTS (1724–1804) schriftstellerischer Form der Kritik lässt sich in vier Thesen zusammenfassen: 1. Kant schafft sich die Kritik als spezifische schriftstellerische Form für ihren spezifischen Inhalt. 2. Die Unterscheidung von Form und Inhalt formiert die Argumentation der drei Kritiken. 3. Der selbstbezügliche Gebrauch der Unterscheidung von Form und Inhalt erzeugt produktive Paradoxien. 4. Kant führt, ohne es zu beabsichtigen, an eine Theorie der literarischen Formen philosophischer Schriften heran.

Zu Kants sehr regelmäßigem Leben, das er ausschließlich in seiner Heimatstadt Königsberg und ihrer Umgebung verbrachte, ist weiter nichts zu sagen, als dass es weitaus geselliger war, als es die ersten Biografien aus seinem Todesjahr vermuten lassen.[75] Erst nach langer Zeit errang Kant eine für ihn geeignete Professor für Logik und Metaphysik, von der er auskömmlich leben konnte. In seiner sogenannten vorkritischen Periode hat er sich außer Themen der Metaphysik vor allem Fragestellungen der von ISAAC NEWTON (1642–1726) geprägten Naturphilosophie gewidmet. Seine Absicht, auch die Religion kritisch in die »Grenzen der bloßen Vernunft« einzuschränken, trug ihm zuletzt königliche Auflagen ein.

1. Mit seiner *Kritik der reinen Vernunft* antwortet Kant, nach zehnjähriger Arbeit an ihr, auf eine spezifische Situation der Phi-

losophie, um deren Bestand er fürchtet: Der für ihn plausible Empirismus DAVID HUMES (1711–1766), nach dem alles Wissen durch Erfahrung bedingt ist, kann nicht erklären, dass die von Newton formulierten Naturgesetze unbedingt gelten. Auf der anderen Seite schwingt sich die Metaphysik als Wissenschaft von unbedingtem Wissen, wie sie CHRISTIAN WOLFF ausgearbeitet hat, zu spekulativen Dogmen über die Wahrheit des Seins, die Unsterblichkeit der Seele, die Unendlichkeit der Welt und das Dasein Gottes auf, zu denen ebensogut das Gegenteil bewiesen werden kann. Da ein Gesetz nicht sinnlich oder »a posteriori« in der Natur wahrgenommen werden kann, sondern *als* Gesetz »a priori« aus bloßer Vernunft gewonnen werden muss, die Vernunft dazu aber nur begrenzt fähig zu sein scheint, weil sie dabei inhaltliche Widersprüche hervorbringt, muss sie sich, so Kant, in einer »Revolution« der »Denkart« (B XVIII) selbst neu denken, nämlich als *Form* unbedingter Erkenntnis, deren *Inhalt* dann die sinnliche Wahrnehmung ist. Die Revolution liegt darin, die Unbedingtheit des Gesetzes in der Form zu suchen, die die Vernunft formuliert, ohne damit den Anspruch zu erheben, die Natur »an sich« werde dadurch erkannt. Die Vernunft begrenzt selbst die Reichweite ihrer unbedingten Erkenntnis »kritisch« auf die »Bedingungen der Erfahrung« der Natur und »schreibt« so selbst der Natur ihre Form »vor«. Die Natur wird damit zur »Erscheinung« des menschlichen »Erkenntnisvermögens«. Nach Kants kurzem Abriss einer »Geschichte der reinen Vernunft« am Ende der *Kritik der reinen Vernunft* ist dieser »*kritische* Weg« in der Vereinbarkeit von Empirismus und Rationalismus »allein noch offen« (A 856/B 884). Kant geht ihn konsequent, indem er die Kritik zur Form seiner philosophischen Hauptwerke macht.[76]

Die *Kritik der reinen Vernunft* scheint zunächst eine gewöhnliche Lehrschrift oder ein Traktat zu sein. In der 2. Auflage fügt

Kant zusätzlich zur thematischen Gliederung für die Einführung der »Elementarbegriffe« eine »Paragraphenabteilung« ein (B 169). Kant nennt die *Kritik der reinen Vernunft* jedoch einen »Traktat von der Methode, nicht ein System der Wissenschaft selbst« (B xxii). Methode ist ein »Verfahren nach Grundsätzen« (A 855/B 883), »Kritik« ein Verfahren, den »Dogmatismus«, die ungeprüfte Behauptung reiner Vernunfterkenntnisse, zu überwinden (B xxxv). Die *Kritik der reinen Vernunft* ist wie schon Descartes' *Discours* eine Schrift über den Vernunftgebrauch überhaupt. Auch nach Kant kann die Prüfung nur die Vernunft selbst übernehmen. Sie muss sich also selbst der Kritik unterwerfen, die kritische Grenzziehung muss selbstbezüglich sein. ›Grenzziehung‹ ist der ursprüngliche Sinn des Wortes ›Kritik‹.

Die selbstbezügliche Grenzziehung muss, so Kant, ihrerseits »dogmatisch« insoweit sein, als sie »aus sicheren Prinzipien a priori beweisend«, also ohne Rückgriff auf kontingente Erfahrung, vorgehen muss, und sie muss das »systematisch« im Sinn von »schulgerecht (nicht populär)« tun (B xxxv f.). Kant verfasst, als er sieht, dass er damit selbst bei seinen Kollegen nicht durchdringt, zwar zusätzlich eine populäre Verdeutlichung der *Kritik der reinen Vernunft* unter dem Namen von *Prolegomena*, die, diesem Namen entsprechend, aber nur eine weitere »Vorrede« zu ihr sein kann. In der praktischen Philosophie geht er dann umgekehrt vor, legt zuerst eine populäre Schrift nach dem »Weltbegriff« der Philosophie vor, hier die *Grundlegung zur Metaphysik der Sitten*, und lässt dann die nach dem »Schulbegriff« streng beweisende *Kritik der praktischen Vernunft* folgen. Die Popularisierungen führen auf die spezifische Form der Kritik hin, sie ersetzen sie nicht.

Die Kritik verlangt nach Kant eine bestimmte »Architektonik«, zunächst für sich selbst, dann für ein »künftiges System der Metaphysik« (B xxxvi). Sie ist insofern die »Kunst«, aus einem

»bloßen Aggregat« des Wissens, wie es zum Beispiel die *Encyclopédie* erarbeitet hat, ein »System« zu machen: Sie gibt ihm die »Form eines Ganzen« (A 832/B 860). Kant fasst die *Kritik der reinen Vernunft*, die *Kritik der praktischen Vernunft* und die *Kritik der Urteilskraft* in dieselbe Form, die sie gemeinsam von seinen übrigen philosophischen Werken und denen aller anderen abhebt. Dabei folgt er dem Vorbild traditioneller Logiken: der Abfolge von »Elementarlehre«, die er nun in eine »Analytik« und eine »Dialektik« aufteilt, und eine »Methodenlehre«, die Ziel und Ergebnis ist. Bei allen inhaltlichen Unterschieden – geht es in der ersten Kritik um das Erkennen, so in der zweiten um das Handeln und in der dritten um das Beurteilen –, die gewisse Abwandlungen der Form erzwingen, enthalten alle als Kernstück eine »Deduktion«, einen logischen Beweis der Geltung von Aussagen a priori für ihren jeweiligen Sachbereich.

Dabei formieren die apriorischen Formen den jeweiligen Sachbereich selbst, geben ihm seine Verfassung, »konstituieren« ihn. Die Analytik behandelt die haltbaren Aussagen, die sich aus der Form ergeben, die Dialektik die unhaltbaren, die von ihr ausgeschlossen werden. Auf ein Gesamtsystem verzichtet Kant. Er erwägt wohl in der ersten Einleitung zur *Kritik der Urteilskraft*, alle drei Kritiken zu *einem* System zusammenzuführen, verwirft den Gedanken dann jedoch. Denn dazu müsste er sie aus einem gemeinsamen Prinzip hervorgehen lassen. Dem steht aber die »Mannigfaltigkeit« der »Vermögen des menschlichen Gemüts« entgegen, der Vernunft, des Verstandes und der Urteilskraft als »oberer«, der Sinnlichkeit, des Empfindens und der Einbildungskraft als »unterer Erkenntnisvermögen«, die miteinander und mit dem praktischen Begehren und dem ästhetischen Gefühl der Lust und Unlust in einem »freien Spiel« sind. So bleibt Kant bei der *in sich* systematischen Form der Kritik, und erst Hegel entwickelt das System der Formen.

2. Descartes hat sich, um sich metaphysische Gewissheit zu verschaffen, weiterhin an Aristoteles' erste Leitunterscheidung von Substanz und Akzidens gehalten; der englische Empirismus hat diese inzwischen als fragwürdig erwiesen; Kant spricht ihr nur noch eine beschränkte Funktion zu. Er bleibt dennoch Aristoteles' zweiter metaphysischer Leitunterscheidung, der von Form und Materie, verpflichtet, nach der die Form bleibt, der Inhalt wechselt. Kant überträgt die Unterscheidung von der (antiken) Seins- auf die (moderne) Erkenntnislehre. Die Begriffe des Verstandes fungieren danach als Form und die Daten der sinnlichen Wahrnehmung als Inhalt, Stoff oder Materie. Die letzteren sind »subjektiv« oder »privatgültig«, dabei bleibt es, die ersteren aber sollen die Daten nun dadurch objektiv oder allgemeingültig machen, dass sie sie in die dafür geeignete Form bringen. Kant scheint das unmittelbar plausibel. Das ist es jedoch nur, solange man die Form-Inhalt-Korrelation selbst unkritisch voraussetzt. Denn die Erkenntnis von etwas lässt sich nicht wirklich in die Wahrnehmungen und die Begriffe, die man von ihnen hat, unterscheiden. Man hat die Wahrnehmungen nicht als Inhalte vor sich, um sie dann einer Form einzupassen, sondern nimmt etwas immer schon in einem Schema, einem Muster wahr, das die Wahrnehmung im Gehirn unwillkürlich anregt. Und genau darauf will Kant auch hinaus (»Gedanken ohne Inhalt sind leer, Anschauungen ohne Begriffe sind blind«, A 51/B 75); »Schema« ist sein vermittelnder Begriff zwischen beiden.[77] Die Form-Inhalt-Korrelation beschreibt nicht einen Sachverhalt der Erkenntnis, sondern ist Kants Mittel, um die unbedingte Erkenntnis von unbedingten Gesetzen der Natur denkbar zu machen.

Er führt die Form über den Begriff der Synthesis (A 77/B 108), wörtlich der Zusammenfassung zur Einheit, also als *Formung* ein. So werden aus den Korrelaten der Unterscheidung »zwei sehr ungleichartige Elemente, nämlich eine *Materie* zur Erkenntnis aus den Sinnen und eine gewisse *Form*, sie zu ordnen« (A 86/B 118).[78] Als eine solche Form oder Synthesis begreift Kant nun auch das »Ich denke« und bestimmt es als den »höchsten Punkt, an dem man allen Verstandesgebrauch, selbst die ganze Logik, und, nach ihr, die Transzendental-Philosophie heften muß« (B 134 Anm.). Auch der Begriff des Subjekts ist aristotelischen Ursprungs, hat in der Moderne jedoch den Nebensinn des nur Individuellen, Persönlichen, Privaten bekommen. Kant geht es nicht mehr wie Descartes darum, dass das »Ich denke« *ist*, sondern dass es *formt*. Er denkt es, sofern es das Individuelle in Allgemeines, das privat Gültige in Allgemeingültiges, das Subjektive in Objektives umformen soll, als »transzendentales« Subjekt.

Er macht diese Objektivierung an der Logik und die Logik an der Form des Urteils als Urteil über etwas fest. Wahrheit ist für ihn – auch hier nach aristotelischen Vorgaben – nur in solchen Formen zu finden. Kant zieht aus dem modernen, auch vom Empirismus geteilten Ansatz beim Bewusstsein die Konsequenz, dass wir immer nur »Vorstellungen« vom Sein der Dinge haben und diese Vorstellungen wohl untereinander, aber nicht mit jenem Sein vergleichen können. So kann es kein Kriterium der Wahrheit »der Materie« nach (A 59/B 83), sondern nur in der Form geben, weiterführende, »synthetische« Urteile aber nicht in der bloßen Analyse von Begriffen, sondern in ihrer Verknüpfung mit der Erfahrung und nun also mit Formen der Erfahrung. Die Beantwortung der Frage nach der Möglichkeit objektiven Wissens, die Kant auf die Formel bringt »Wie sind synthetische Urteile a priori möglich?«, ist Gegenstand der »transzendentalen Analytik« des »Vermögens« der reinen theoretischen Vernunft, objektive Erkenntnis hervorzubringen: Danach sind die »Bedingungen der *Möglichkeit der Erfahrung* überhaupt«, sofern sie alle Erfahrung formen, »zugleich Bedingungen der *Möglichkeit* der *Gegenstände* der *Erfahrung*« (A 158/B 197).

Die »transzendentale Deduktion« der Geltung synthetischer Urteile a priori für die Erfahrung der Natur bewerkstelligt Kant dann so, dass er nicht nur auf der einen Seite der Form-Inhalt-Korrelation, sondern auf beiden Seiten notwendige oder apriorische, von der kontingenten oder aposteriorischen Erfahrung unabhängige Formen ansetzt, »reine Formen des Verstandes« auf der einen, »reine Formen der Anschauung« auf der anderen Seite. Das ist der springende Punkt seiner »Transzendentalphilosophie«. Sie setzt den »transzendentalen Idealismus von Raum und Zeit« voraus: Alles Sinnliche, so Kants Argument, wird *in* Raum und Zeit, Raum und Zeit selbst aber nicht sinnlich wahrgenommen. Also lassen auch sie sich als Formen verstehen und als solche auch nebeneinander stellen, mögen sich Raum und Zeit ansonsten auch noch so sehr unterscheiden. Dennoch sind Raum und Zeit keine allgemeinen Begriffe, die von etwas abstrahieren, sondern ein Allgemeines anderer Art: Sie werden eingeteilt oder eingeschränkt – in Räumliches und Zeitliches.

Sie sind also andersartige Formen als die des Verstandes, die in »logischen Funktionen zu Urteilen« bestehen und darum aus den Bestimmungsmöglichkeiten des Urteils selbst zu erheben sind. Wenn es sich um Aussagen über etwas handelt, wird – nach Aristoteles – einem Subjekt ein Prädikat zugesprochen, und Subjekt, Prädikat, die Beziehung von Subjekt und Prädikat und der Modus dieser Beziehung (als möglich oder unmöglich, wirklich oder nicht, notwendig oder zufällig) lassen jeweils drei Formen zu, so dass man auf zwölf »Kategorien«, »Gedankenformen« (B 288) oder »reine Formen des Verstandesgebrauchs« (A 248/B305) kommt. Unter den Formen der Beziehung von Subjekt und Prädikat aber steht neben der Substanz-Akzidens- und der Wechselwirkungs-Relation die Ursache-Wirkungs- oder Kausalitäts-Relation, auf die es Kant vor allem ankommt. Sein Schluss oder seine Analogie ist dann: So wie in der empirischen Erkenntnis empirische Begriffe empirische Wahrnehmungen formen, so formen »transzendental«, in der Überschreitung alles Kontingenten der Erfahrung hin zu den Bedingungen der Möglichkeit der Erfahrungserkenntnis überhaupt, die apriorischen Formen des Verstandes die apriorischen Formen der Anschauung. Form *und* Inhalt sind hier apriori. So kann man, ohne vom Sein der Natur an sich etwas wissen zu müssen, in einer reinen oder transzendentalen Naturwissenschaft mit unbedingter Gewissheit die Geltung des Naturgesetzes von Ursache und Wirkung in der Erscheinung der Natur für uns behaupten.

3. Indem Kant in seiner transzendentalen Deduktion die reinen Formen der Anschauung zu Inhalten der reinen Formen des Verstandes macht, gebraucht er die Form-Inhalt-Korrelation selbstbezüglich. Und dabei werden Raum und Zeit paradox: Sie sind dann Formen und Inhalte zugleich. Auch Kants »transzendentale Deduktion« arbeitet mit einer Paradoxie. Man kann auch sie entparadoxieren, indem man den andersartigen Sinn von ›Form‹ durch Hinsichten unterscheidet. Raum und Zeit sind danach Formen in Bezug auf die sinnlichen Wahrnehmungen, Inhalte in Bezug auf die Formen des Verstandes. Kant geht so in seinem oft übersehenen Kapitel über die Missverständlichkeit oder »Amphibolie der reinen Reflexionsbegriffe« (A 260-292/B 316-349) vor. Im Übergang von der transzendentalen Analytik zur transzendentalen Dialektik reflektiert er neben den Korrelationen »Einerleiheit und Verschiedenheit«, »Einstimmung und Widerstreit« und »das Innere und das Äußere« die Korrelation von »*Materie* und *Form*« als solche: Sie werde »aller anderen Reflexion zum Grunde gelegt«, sei »mit jedem Gebrauch des Verstandes unzertrennlich verbunden« (A 266/B 322). Reflexion ist für Kant die Abwägung des rechten Gebrauchs von Begriffen in unterschiedlichen Kontexten. Er schreibt es der Urteilskraft zu, entweder, als »bestimmende«, das Besondere einem Allgemeinen

zuzuordnen, unter es zu subsumieren, oder, soweit das Allgemeine nicht auf der Hand liegt, erst ein geeignetes Allgemeines zu suchen. Dann ist sie »reflektierende Urteilskraft«. Im Blick auf diese zweifache Reflexion löst Kant die Form-Inhalt-Korrelation von der Metapher des Einschließens des Inhalts in die Form und setzt sie auf die Korrelation der »Bestimmung« und des »Bestimmbaren« zurück (A 261/B 317).

Doch hier tut sich eine neue Paradoxie auf. Werden die Vernunft oder die »oberen Erkenntnisvermögen« als die bestimmenden angesetzt, die das Bestimmbare zu objektiven Gegenständen formieren und nach Kant dadurch Wirklichkeit konstituieren, kann man fragen, ob die Vernunft selbst wirklich ist. Denn wenn nach den Kriterien der *Kritik der reinen Vernunft* nur wirklich oder objektiv gewiss ist, was den Sinnen gegeben sein kann und durch die Begriffe des Verstandes als etwas bestimmt wird, lässt sich das von der Vernunft selbst gerade nicht sagen. Kant fragt denn auch nicht, »wie ist das *Vermögen zu denken* selbst möglich?« (A xvii), gibt es die Vernunft selbst?, sondern spricht nur vom »Gebrauch« der Vernunft. In ihrem Gebrauch zeigt sich die Vernunft im Erkennen aber anders als im Handeln und folglich in der *Kritik der reinen Vernunft* anders als in der *Kritik der praktischen Vernunft*. Nach dieser formiert die Vernunft persönliche Handlungsregeln oder »Maximen«, die sich empirisch durch Gewohnheit entwickeln (wir würden heute von ›Routinen‹ sprechen), nach dem »kategorischen Imperativ«, diese Maximen daraufhin zu überprüfen, ob sie der Form eines allgemein gültigen Gesetzes genügen würden. Auch hier greift also die Form-Inhalt-Korrelation, aber auf andere Weise. Der Inhalt ist hier zwar bestimmbar, aber nicht sinnlich, denn das Moralische sieht man den Maximen nicht an. Das formierende »Sittengesetz« tritt als »Sollen« auf. Um sich aber als Sollen verwirklichen zu können, muss die Vernunft wirklich sein. Um dieser

Paradoxie zu entgehen, nimmt Kant darum ein »Faktum« besonderer Art an, ein Gegebenes, das nur innerlich hörbar ist: Das Faktum, dass das Sollen *befiehlt* »Handle so, dass du ...«. Was da befiehlt, deutet Kant nun nicht mehr als »Stimme« Gottes, sondern der Vernunft in ihrem praktischen Gebrauch.

Das macht wiederum die Rede von »der« Vernunft prekär. In der theoretischen Philosophie muss man, um die unbedingte Gültigkeit der Naturgesetzlichkeit zu begründen, von einer allen gemeinsamen und gleichen Vernunft ausgehen. Im moralischen Handeln dagegen kann und darf man sich nicht auf eine allen gemeinsame und gleiche Vernunft verlassen. Kant unterscheidet denn auch die »eigene« von »fremder Vernunft«, insbesondere in seinem Aufsatz *Was ist Aufklärung?*. Denn Aufklärung bestehe gerade darin, sich der eigenen und nicht fremder Vernunft zu bedienen.[79] In der »allgemeinen Menschenvernunft« habe »ein jeder seine Stimme« (A 752/B 780). Diese Paradoxie löst Kant über den Begriff des transzendentalen Subjekts. Dieses gibt es so wenig wie eine allgemeine Vernunft, man kann es nirgendwo vorfinden. Stattdessen *soll* sich das individuelle Subjekt, das jeweilige Bewusstsein, sich selbst ent-subjektivieren, um objektiv zu urteilen und moralisch zu handeln, und die Kritiken geben ihm die methodische Anleitung dazu. Aber es ist immer nur begrenzt dazu fähig. So kommt das Sollen vor dem Wissen: Das individuelle Subjekt soll sich über seine individuelle Subjektivität erheben, und was es soll, so Kant, muss es auch können. Die Kritik hat insgesamt die Form des Sollens.

Wo Kant Antinomien oder Paradoxien ausdrücklich benennt, vor allem in der Dialektik der reinen Vernunft, will er sie produktiv machen – indem er ihnen eine weiterführende Funktion für die Vernunft zuschreibt. Für ihn ist noch nicht denkbar, dass die Vernunft von Natur aus irreführt. So lassen sich die metaphysischen Ideen zur Seele, zur Welt und zu Gott als »regulative

Ideen« betrachten, die die Vernunft über die stets begrenzten empirischen Naturerkenntnisse hinausführen und dadurch die Forschung vorantreiben. Auch hier wirkt die Vernunft formgebend. Die Form-Inhalt-Korrelation wird dadurch aber noch weiter zurückgesetzt: Kant geht hier zum Begriff der »Funktion« über, mit ihm wird die Metapher des Umschließens von etwas vollends aufgegeben. Auch korrelative Begriffe wie Form und Inhalt sind Funktionen füreinander; Funktionen benennen lediglich Abhängigkeiten und stellen auf diese Weise Ordnung her.[80]

4. Nach der *Kritik der Urteilskraft* kommen die bestimmenden oder »spontanen« und die bestimmbaren oder »rezeptiven« Erkenntnisvermögen als bloße Funktionen in ein »freies Spiel« miteinander. Es erweckt in der Kunst den Anschein des Schönen, in der empirischen Naturforschung den Anschein des Zweckmäßigen, zusammen den Anschein des erfreulich Gelungenen. Weder hier noch dort gibt es definitive Gewissheit, nur das Spiel von Formen und Inhalten. Hier könnte eine Theorie der literarischen Formen philosophischer Schriften ansetzen.

36 Esoterischer Cento: Johann Georg Hamann

Kants klare und reflektierte Unterscheidungen gewinnen eine solche Autorität, dass sie vielen bis heute als wahr gelten. Doch auch sie sind von Anfang an umstritten. Die dringlichsten Fragen kommen aus Kants unmittelbarer Nähe, von Johann Georg Hamann (1730–1788), und wiederum in einer neuen Form philosophischer Schriftstellerei. Hamann kann die Aufklärung mit anderen Augen sehen.

Er und Kant sind eng verbunden. Auch Hamann, wenig jünger, Arztsohn, ist in Königsberg geboren und aufgewachsen. Er genießt eine vielfältige, vor allem sprachliche Bildung, ist außerordentlich belesen, macht jedoch keinen Abschluss, hält es auf keiner beruflichen Stelle aus, die man ihm verschafft, eine Ehe kommt trotz mehrerer Anläufe nicht zustande. Er ist hypochondrisch und häufig depressiv, immer in ökonomischen Schwierigkeiten, doch begabt für freundschaftlichen Austausch, findet stets Menschen, die sich für ihn interessieren und ihm helfen, darunter Kant, und hohe Achtung unter den großen Geistern seiner Zeit bis hin zu Goethe. Während eines London-Aufenthalts, zu dem ihn das Kaufmannshaus eines Freundes entsendet, überkommt nach neuerlichen Unglücken auch ihn ein religiöses Bekehrungserlebnis, das ihm einen philosophischen Schub gibt, bei den aufgeklärten Freunden in Königsberg aber auf Unverständnis stößt. Hamann antwortet mit einer Schrift über Sokrates, den denkwürdigsten Aufklärer der Antike. Er schreibt über einen andern, der bestens bekannt scheint, ganz anders als gewohnt, und spiegelt sein eigenes Dasein anspielungsreich in ihm. Er redet kaum von Sokrates' Philosophie und stattdessen von seiner schillernden Persönlichkeit, seiner vorgeblichen Unwissenheit, seinen herausfordernden Beziehungen zur athenischen Gesellschaft, seinen Auseinandersetzungen mit den Sophisten, seiner Ironie – und seinen Anspielungsreichtum. Hinter Sokrates' bewusst in Kauf genommenem Tod als »Wahrheitszeuge« taucht die Figur Christi auf. Hamann schreibt nichts vor, lobt und tadelt nicht; er sucht Sokrates' notorische Skurrilitäten, auch seine Liebe zu den schönen Jünglingen, aus den Umständen zu erklären. Er zeigt ihn nicht in autonomer Ausübung einer reinen Vernunft, sondern eingebunden in seine Lebensumstände, die sein Denken und Handeln erst verständlich machen. Die Botschaft ist: Die Vernunft, selbst die des Sokrates, ist nicht unbedingt, sondern durch und durch bedingt.

Aber Hamann behauptet das nicht einfach, sondern lässt es durch die Form seiner *Sokratischen Denkwürdigkeiten* spüren.

Ihre Form ist für Aufklärer sichtlich unvernünftig, schon die beiden Untertitel kündigen das an: *Für die lange Weile des Publicums zusammengetragen von einem Liebhaber der langen Weile. Mit einer doppelten Zuschrift an Niemand und an Zween.* Wer sich hier worüber langweilt und ob Langeweile überhaupt etwas Unerfreuliches ist, lässt der anonyme, auch sich selbst nicht nennende Autor offen, ebenso wer der angesprochene Niemand ist und die Zwei. Aber noch auf dem Titelbild, das einen falschen Erscheinungsort angibt, fügt er lateinische Satirenverse hinzu, aus denen die Untertitel sichtlich zitiert sind. Und die Zwei werden sich sofort erkennen: Es sind Kant und der Kaufmann Berens. Damit ist das Muster entworfen: Der ganze Text strotzt von Zitaten, die manchmal nachgewiesen sind, meist aber nicht, und noch mehr von Anspielungen, die man erkennt oder nicht, je nachdem, wie belesen man ist und wie gut man den Verfasser kennt.

Auf einen solchen Text passt am ehesten der Begriff oder die Metapher des *Cento*, des Flickenteppichs, und auch Hamanns weiteres, ebenso zögerlich wie sorgfältig ausgearbeitetes Werk scheint wie zufällig zusammengewürfelt; es besteht weitgehend aus Gelegenheitsschriften, mit denen er gleichwohl neue Bewegungen in Philosophie und Literatur anstößt.[81] Für den Cento gab es Vorbilder in Antike und Mittelalter, Homer-Centonen, Vergil-Centonen, Bibel-Centonen und vieles andere.[82] Im Cento werden Zitate aus ihrem Kontext gerissen und, häufig parodistisch, in einen neuen versetzt, in dem sie einen ganz anderen Sinn bekommen. Hamann macht auch daraus eine Botschaft: Sinn ist stets kontextabhängig. »Die Wörter haben ihren Werth, wie die Zahlen von der Stelle, wo sie stehen und ihre Begriffe sind in ihren Bestimmungen und Verhältnissen, gleich den Münzen nach Ort und Zeit wandelbar.« Jeder versteht den Sinn darum so, wie er den Kontext versteht, der Kenner anders als der Laie, und auch Hamann selbst verstand später nicht mehr alle Zusammenhänge seiner frühen Schrift. Ein Cento ist für wenige, die an *diesem* Erkennen Freude haben, er ist *esoterisch*, für ausgewählte Leser. Die andern langweilen sich nur – oder werden auf ihr begrenztes Verständnis aufmerksam. In einem Fall wie dem des Sokrates werden sie dann aufhorchen und sich näher erkundigen. Hamann nennt in seinem vertrackten Vorwort »An das Publicum« den »Niemand«, das ist eben das anonyme Publikum, das sich anmaßt, Schriften anderer zu richten wie ein Gott, »den Kundbaren«.[83]

Auch die beiden Freunde werden in ihrem Verständnis »partheyisch« sein. Sie können von ihrem Standpunkt aus nicht anders; auch sie, die betonten Aufklärer, können zumindest in seinem Fall nicht vorurteilslos urteilen. Das abstrakte Denken ist in Beziehung auf konkrete Persönlichkeiten wie Sokrates (und Hamann) schon ein Vorurteil; man kann sie nur typisieren, und jeder wird das auf seine Weise tun. Die Zwei werden sich in die Anspielungen, die zu immer weiteren Anspielungen führen, wohl ein Stück weit hineinziehen lassen, viele erkennen, sich irgendwann aber auch nicht mehr auskennen. Doch so geht es mit Sprache überhaupt, von der alles Philosophieren getragen ist, die sich aber in Kants leitender Unterscheidung von Verstand und Sinnlichkeit nicht gut unterbringen lässt. Die Sprache hat in ihrer Entwicklung einen Beziehungsreichtum entwickelt, der unendlich anspielungsreich und längst unergründlich ist. Der Beziehungsreichtum des Denkens, Sprechens und Schreibens, wie Hamann ihn vorführt, lässt sich so wenig vollständig analysieren, wie »unsere Vernunft« nicht ausreicht, die Rätsel von Natur und Geschichte zu enträtseln: »Einen Körper und eine Begebenheit bis auf ihre ersten Elemente zergliedern, heißt, Gottes unsichtbares Wesen, seine ewige Kraft und Gottheit ertappen wollen.« Die Philosophie, so Hamann, hat darum »eine andere Gestalt nothwendig«, sie müsste sich »nach den Schattierungen der Zeiten, Köpfe, Geschlechter und Völker« bilden. So könne sie »dem Leben näher kommen«, »nicht wie ein Gelehrter oder Weltweiser selbst, sondern als ein müßiger Zuschauer«, der den Wettbewerb der persönlich immer auch ehrgeizigen, leidenschaftlichen, um die Gunst des Publikums bemühten Philosophen um die Wahrheit beobachtet. Hamann zeigt diese andere Gestalt schon einmal mit der Form seiner Schrift.

37 Sich aus sich selbst entwickelndes System: Georg Wilhelm Friedrich Hegel

Georg Wilhelm Friedrich Hegel (1770–1831), der die deutsche und weithin auch die europäische Philosophie auf Jahrzehnte hinaus geprägt hat, will Kant systematisch zu Ende denken. Auch mit Hamanns Leben und unsystematischem Schreiben hat er sich intensiv auseinandergesetzt. Er schätzt Kant hoch für viele seiner Unterscheidungen, greift ihn aber ebenfalls, jedoch von der andern Seite, scharf für die Form seines Philosophierens an, der dann auch ihr Inhalt entspreche. Er macht die Form des philosophischen Schreibens damit zum expliziten Thema der Philosophie. Hegels Anspruch ist, Form und Inhalt der Philosophie in Übereinstimmung zu bringen. Nur so könne die Philosophie endlich wahr sein.

Hegel führt ein nicht ganz so nüchternes Professorenleben wie Kant. Er entstammt einer schwäbischen Beamtenfamilie, studiert evangelische Theologie am Tübinger Stift, begeistert sich wie viele für Rousseau und die Französische Revolution, arbeitet als Hauslehrer an verschiedenen Orten, kommt durch Vermittlung des frühreifen Schelling nach Jena, kooperiert, mit einem kleinen ererbten Vermögen ausgestattet, dort einige Jahre eng mit ihm, entfremdet sich dann aber von ihm. Er erlebt Napoleon, muss vor den französischen Truppen aber die Flucht ergreifen, wird, um eine Familie ernähren zu können, in Bamberg Redakteur einer Zeitung, dann in Nürnberg Rektor eines Gymnasiums und schließlich Professor für Philosophie zuerst in Heidelberg, dann in Berlin, wo er zu hohen Ehren kommt und vielen als »preußischer Staatsphilosoph« gilt. Er stirbt früh, nach der Vollendung eines gewaltigen Gesamtwerks, an der Cholera.

Kant habe, so Hegel, das, was ist, anhand der Formen des Erkennens erkennen wollen, diese aber nur empirisch, teils psychologisch, teils historisch aufgesammelt. Die Bindung der Erkenntnis an die Erfahrung und die Begrenzung des Wissens auf Erscheinungen sei unhaltbar; denn weiß man nichts vom Ding an sich, so kann man auch vom Gegensatz von Erscheinung und Ding an sich nichts wissen. Der Inhalt und die Wahrheit der Philosophie liege darin, die Formen des Erkennens systematisch, d.h. in ihrem Zusammenhang untereinander zu erkennen: »Die wahre Gestalt, in welcher die Wahrheit existiert, kann«, wie Hegel in der Vorrede seines ersten Hauptwerks, der *Phänomenologie des Geistes*, deutlich macht, »allein das wissenschaftliche System derselben sein.« In ihm wird »*Liebe* zum *Wissen*« endlich »*wirkliches Wissen*«. Kants Kritik muss in Spinozas Denken der einen, Natur und Gott umfassenden Substanz eingebettet werden.

In einem System, das wahr sein soll, darf nichts zufällig sein, und es darf nicht von außen begründet werden. Es muss, auch wenn es natürlich historische, psychologische und biografische Ursprünge hat, so angelegt sein, dass es sich mit Notwendigkeit aus sich selbst, in vollkommener Autonomie, entfaltet. Die dem individuellen Subjekt zugeschriebenen Vermögen oder Formen des Erkennens wie Anschauung, Bewusstsein und Selbstbewusstsein, Verstand und Vernunft müssen sich *im System* als notwendig erweisen. Aus der Selbstbegrenzung der Kritik wird dann eine sich selbst begründende neue und nun erst wahre »Metaphysik«. Hegel nennt das über Kants Begriffe des Verstandes und der Vernunft hinausgehende, zum System fähige philosophische Denken »Geist«: Hegels System ist die Form, in der sich der Geist selbst begreift.

Das heißt nicht, wie Hegel oft missverstanden wurde, dass damit *alles* Geist sei. Geist ist die höchste Form des *Erkennens*, in der es sich selbst systematisch erkennt und darum unterscheiden und beurteilen kann, was wahrhaft wirklich ist. So ist der Geist auch »Macht«, doch die Macht des *Begriffs*. Darum ist zuerst zu begreifen, was der Begriff ist. Begriffe beziehen sich als Zeichen auf etwas außer sich, das nicht Begriff ist, die empirische, durch Erfahrung zugängliche und als solche zufällige Welt, können aber auch willkürlich Ausgedachtes enthalten. Bestimmt werden sie, schon in jeder Definition, aber nicht durch diese Welt, sondern durch andere Begriffe, also, wenn auch zumeist nur ansatzweise, in ihrem systematischen Zusammenhang untereinander. Durch jede Bestimmung aber bekommen sie neue Bedeutung, sie »bewegen«, »entwickeln« sich. Die Entwicklung des Systems der philosophischen Begriffe ist darum eine »Bewegung des Begriffs« in einer logischen Notwendigkeit, die durch die Bestimmung des Begriffs selbst erzeugt wird. *In dieser Bewegung fallen Form und Inhalt der Philosophie ineinander.* Sie ist darum die Wahrheit der Philosophie, »das Wahre in der Form des Wahren«.

Die Bestimmung, durch die Begriffe in Bewegung kommen, nennt Hegel »bestimmte Negation«. Bestimmt wird etwas durch Unterscheiden, das heißt durch Abscheiden von nicht Zugehörigem, durch Negation. Die Frage nach der Einheit der Unterscheidung führt aber zu einem neuen positiven Begriff. So ist z.B. »Sein«, mit dem Hegel in seinem zweiten Hauptwerk, der *Wissenschaft der Logik*, den Anfang macht, nur dadurch bestimmt, dass es durch nichts näher bestimmt ist – der Begriff bedeutet nichts, er kann, anders als Parmenides behauptete, selbst vom »Nichts« ausgesagt werden. So geht »Sein« im Versuch seiner Bestimmung in »Nichts« über. Seine positive »Wahrheit« ist dann eben dieses Übergehen in Nichts, und damit ist es, systematisch unterschieden, ein »Werden«, das sich dann auf analoge Weise unter Rückgriff auf die bereits erfolgten bestimmten Negationen weiter bestimmt. Die in bestimmten Negationen auseinander hervorgehenden Unterscheidungen von Unterscheidungen machen eine »dialektische Bewegung« aus: Hegel wendet den Begriff der Dialektik, die nach Kant das Denken irreführt, ins Positive und erschließt der Philosophie in der produktiven Arbeit mit scheinbaren Widersprüchen oder Paradoxien neue Wege zur Wahrheit. *Die bei Aristoteles und Kant noch starre Form wird beweglich oder lebendig.*

Wenn einmal das philosophische Interesse erwacht ist und gefragt wird, was eigentlich wirklich und wahr oder das Sein ist, wie es bei Parmenides geschah, treibt die Bewegung der Bestimmung des Begriffs des Seins sich selbst voran, sie verselbständigt sich gegenüber dem individuellen Subjekt. Indem das Individuum die »Arbeit« und die »Anstrengung« des Geistes auf sich nimmt, entsubjektiviert es sich im Sinn Kants, es arbeitet alles unmittelbar, subjektiv Gewisse in seinem Erkennen ab. Dies ist, weil nun auch die Erkenntnisformen und alle mit ihnen verbundenen Gewissheiten dazugehören, ein »Weg der Verzweiflung«, ein »sich vollbringender Skeptizismus«. Aber es ist auch ein Weg der Befreiung, der Befreiung von Beschränkungen des Philosophierens. Das Resultat ist die *Freiheit des Geistes als Freiheit der Beweglichkeit unter den Formen des Begreifens, die der Inhalt dieses Begreifens sind.* Diese Freiheit ist das einzig wirklich erfassbare und wahre Sein: Die Freiheit, die Formen des Erkennens in Begriffen vollständig zu übersehen, systematisch zu begreifen und darum das, was ist, in der jeweils geeigneten Form bestimmen zu können.

In dieser Freiheit des Geistes kann das System zur schriftstellerischen Form werden, die sich nach bestimmten Inhalten selbst differenziert. Hegel hat es in seinem Werk in vier Gestalten entfaltet. (1) Den werkgeschichtlich, aber auch sachlich ersten Zugang zum System des Geistes, die *Phänomenologie des Geistes*, lässt er als »Ersten Teil« des »Systems der Wissenschaft« erscheinen. Die *Phänomenologie* geht vom individuellen Bewusstsein aus, das philosophisch nach Gewissheit und Wahrheit sucht. In der dialektischen Bewegung des Begreifens erweisen sich ihm seine scheinbar selbstverständlichen Gewissheiten Schritt für Schritt als bloßer Schein, und im Gang der Erkenntnis dieser Scheinbarkeiten, das heißt der ›Phänomenologie‹, stellt sich die Freiheit des Geistes im Umgang mit den nun allesamt vorläufigen Gewissheiten heraus. Am Anfang steht hier die für jedermann selbstverständliche »sinnliche Gewissheit«, dass das unmittelbar Wahrgenommene auch das wahrhaft Wirkliche ist. Sucht das erkennende Subjekt sie aber festzuhalten, zeigt sich, dass dieses Wirkliche unablässig verfliegt und dass es Verstand und sein Gedächtnis sind, die im Verfliegen der Wahrnehmungen Gegenstände festhalten, so dass das Verfliegen selbst überhaupt erst wahrgenommen wird. So sind der Verstand und seine Begriffe von Gegenständen das wahrhaft Wirkliche – was sich dann wieder nicht halten lässt, weil zum Unterscheiden und Festhalten von Gegenständen das Bewusstsein sich selbst von ihnen unterscheiden und als Selbstbewusstsein begreifen muss, usw. *Das Wirkliche, der Inhalt, sieht, je mehr es auf diese Weise begriffen wird, schrittweise anders aus, und ebenso die Form des Begreifens.* Die subjektiven Gewissheiten werden, anders gesagt, schrittweise buchstäblich ent-täuscht, bis im Fortgang des Begreifens alle Enttäuschungen aufgearbeitet sind und das scheinbare Wissen sich zum »absoluten Wissen« befreit hat, dem nun systematisch durchdachten Wissen von den Beschränkungen des Erkennens im Festhalten-Wollen von Gewissheiten.

(2) Das System der von scheinbaren Gewissheiten befreiten Formen des Wissens entfaltet Hegel dann in der *Wissenschaft der Logik*. Die Logik umfasst die reinen Formen des Denkens, nun aber nicht mehr in Gestalt äußerlich zusammengestellter Regeln zu Urteilen und Schlüssen, wie Kant sie bei Aristoteles vorfand, um aus ihnen die Kategorien seiner Transzendentalphilosophie zu erheben. Stattdessen muss die Logik solche Kategorien selbst systematisch und das heißt nun dialektisch entwickeln. Da in ihren Formen das Sein begriffen wird, ist die Wissenschaft der Logik inhaltlich auch schon Metaphysik. In ihr werden nicht formale Regeln auf ein Sein angewandt, das ihm äußerlich ist, sondern sie konstituiert als Form des Denkens das Sein selbst in seinen begrifflichen Differenzierungen. Denken und Sein, Subjekt und Objekt sind nicht mehr getrennt. Die dialektische Bewegung führt hier von den Begriffen des Seins und des Nichts über die Begriffe des Begreifens des Seins, die Kant noch Reflexionsbegriffe nannte – darunter Qualität und Quantität, Zahl und Maß, Schein und Wesen, Identität und Unterschied, Erscheinung und Wirklichkeit, Subjektivität und Objektivität und auch Form und Inhalt selbst –, zum Begriff der »absoluten Idee«, in dem sie alle systematisch reflektiert sind. Die Idee transzendiert die Wirklichkeit nicht im platonischen Sinn, sondern macht sie als in sich differenzierte Einheit sichtbar. Die Form *ist* der Inhalt. Zeigt sich im »absoluten Wissen« die Freiheit des Denkens des individuellen Subjekts, so in der »absoluten Idee« die Freiheit des Denkens selbst in seiner Macht, das Sein in seinen Formen zu begreifen und zu ordnen.

(3) In seiner *Enzyklopädie der philosophischen Wissenschaften im Grundrisse* präsentiert Hegel dann das gesamte »System der Wissenschaft«. Es beginnt mit der *Wissenschaft der Logik* in einer

nun gekürzten Fassung und geht über die *Philosophie der Natur* weiter zur *Philosophie des Geistes* unter Einschluss von Anthropologie, Rechts-, Moral- und Staatsphilosophie, Kunst und Religion. Die Philosophie des Geistes mündet in den Abschnitt *Philosophie*. Die Philosophie als Liebe zum Wissen, die das System anfänglich angestoßen hat, rechtfertigt sich am Ende aus dem System. Den (schwierigen und entsprechend umstrittenen) Übergang von der Logik zu der ihr scheinbar gegenüberstehenden oder entgegengesetzten Natur bewerkstelligt Hegel ebenfalls durch eine bestimmte Negation: Die »absolute Idee« als vollständige und übersichtliche Einheit der Denkbestimmungen des Seins hat dieselbe Form wie die Anschauung der Natur; Vollständigkeit und Übersichtlichkeit ist in der Natur unmittelbar *gegeben*. Auf diese Weise lässt sich die Logik *als* Natur weiterdenken, nämlich so, dass die Formen des Denkens *in* der Natur anschaulich werden, wiederum Schritt für Schritt komplexer werdend als »Mechanik«, »Physik« und »Organik«. Und aus der Organik geht dann begrifflich *und* natürlich der Mensch und sein Geist und aus diesem der »absolute Geist« hervor. Im »absoluten Geist« wird die »absolute Idee« also konkret: *Die Form des Denkens hat systematisch ihren Inhalt hervorgebracht.*

(4) Die vierte Gestalt des Systems konnte Hegel nicht mehr in einem Buch darstellen, er hat sie in *Vorlesungen über die Geschichte der Philosophie* hinterlassen, die Schüler nachschrieben. In ihnen holt er die Tatsache ein, dass die Philosophie sich fraglos historisch entwickelt hat. Er integriert die Geschichte der Philosophie so in das System, dass er in den historischen Philosophien Stufen der Ausbildung der von ihm als wahr erwiesenen Philosophie erkennt – als Fortschritte zu ihr in wiederum dialektischen Bewegungen. Damit ist auch die historische Zufälligkeit der Philosophie, ihre Zeitlichkeit in das zeitlose System aufgehoben.

Wie die *Wissenschaft der Logik*, so bekommt auch die *Phänomenologie des Geistes* in der *Enzyklopädie* ihren klar bestimmten systematischen Ort, nämlich innerhalb der Anthropologie in der *Philosophie des Geistes*. Der Geschichte der Philosophie widmet Hegel hier dagegen keinen eigenen Abschnitt. Stattdessen bringt er am Ende pointiert ein längeres Zitat aus Aristoteles' *Metaphysik*. Historisches und sonst wie Erläuterndes fügt er im Übrigen in »Anmerkungen« an, die typografisch deutlich von den §§ des Haupttextes abgehoben sind. Das in seiner Strenge oft schwer verständliche System wird so *im* System und doch abgesetzt von ihm mit dem Nicht-Systematischen vernetzt. So knüpft Hegel an die Zufälligkeit des Zeitlichen an. Er ist sich durchaus dessen bewusst, dass jede Philosophie und so auch seine eigene stets die Philosophie ihrer Zeit ist; in der Vorrede zu seinem letzten großen Werk, den *Grundlinien der Philosophie des Rechts*, nennt er sie ausdrücklich »ihre Zeit, in Gedanken erfasst«. Doch nun, hatte er schon in der Vorrede zur *Phänomenologie des Geistes* geschrieben, sei »die Erhebung der Philosophie zur Wissenschaft an der Zeit«. Hegel ist nicht so naiv zu glauben, dass mit seiner Philosophie, die die Zeit in sich zu integrieren und ihre Zufälligkeit aufzuheben versteht, die Philosophie und die Zeit aufhören würden. Er ist sich jedoch sicher, dass man *über seine Konzeption der Wahrheit der Philosophie in ihrer Übereinstimmung von Form und Inhalt nicht hinauskommen* könne – und man kam auch nicht darüber hinaus. Nach Jahrzehnten intensiver Wirksamkeit ist die Zeit gleichwohl über Hegels Philosophie hinweggegangen. Sie wurde von verschiedenen Seiten für einseitig, verkehrt oder tot erklärt – und meist einfach nicht mehr verstanden.[84] Man hat seither zunehmend anders gedacht und dafür wieder neue Formen des philosophischen Schreibens gefunden.

38 Vorlesung: Friedrich Daniel Ernst Schleiermacher

Das geht in vielem auch auf Friedrich Daniel Ernst Schleiermacher (1768–1834) zurück, der, wie Hamann, aus Kants Philosophie ganz andere Folgerungen zieht als Hegel und sich dafür auch eine andere Form des Philosophierens schafft, die mündliche *Vorlesung*, die erst nachträglich verschriftlicht wird. Sie schließt unter den Bedingungen des modernen Idealismus wieder an Sokrates, Platon und Aristoteles an.

Schleiermacher ist außerordentlich vielseitig. Er entstammt einem Predigergeschlecht, genießt eine pietistische Erziehung, distanziert sich aber von ihr. Er studiert neben Theologie auch Philosophie und wird, nach einigen Jahren als Hauslehrer in einem gräflichen Schloss, Prediger an der Charité in Berlin. Er verkehrt mit den Berliner Romantikern, insbesondere Friedrich Schlegel (1772–1829), mit dem er auch eine Weile zusammenwohnt, und erwirbt sich den Ruf eines »Virtuosen der Freundschaft«. Er wird Professor für Theologie und Philosophie zunächst in Halle, dann in Berlin, heiratet fürsorglich die Witwe eines Freundes. Er wirkt als begnadeter Prediger, der seine Zeit neu für die christliche Religion zu gewinnen versteht, als Theologe, der die Dogmatik von Grund auf reformiert, als Übersetzer Platons, der den Sinn von dessen Dialogen neu erschließt, als Philosoph und Pädagoge mit zahlreichen Schülern, die in der Folge viele Lehrstühle besetzen, zusammen mit den bedeutendsten Köpfen seiner Zeit als Begründer der Berliner Reform-Universität und als Kämpfer für die Einheit der protestantischen Kirchen in Preußen. Anders als in der Theologie arbeitet er in der Philosophie nur wenige Schriften aus, sondern verfertigt wie einst Aristoteles dürre Vorlesungsmanuskripte, die er im Turnus seiner viel besuchten Lehrveranstaltungen an der Universität fortschreibt, um sie dort wie Sokrates mündlich auszuführen. Er hält Vorlesungen nicht mehr wie noch Kant und Hegel nach bereits erschienenen Büchern, sondern legt ebenso wie Fichte im Sinn der neuen Bildungsideen Wert auf die Lebendigkeit des Vortrags, die das Publikum für die Sache begeistert und beim Vortragenden neue Einfälle auslöst.[85] Hörer schreiben die Vorlesungen nach, und aus ihren Nachschriften und Schleiermachers hinterlassenen Aufzeichnungen, die er in einzelnen Abschnitten zunehmend ausschreibt, um zuletzt eine zusammenhängende Einleitung zu verfassen, werden später Leseausgaben angefertigt.[86] An beidem kann man verfolgen, wie Schleiermacher gerade die Unterscheidungen seines philosophisch grundlegenden Entwurfs, der *Dialektik*, sich schrittweise erarbeitet und auf neue Anregungen hin revidiert. Er vermeidet, sie vorschnell festzulegen, und belässt sie im Gespräch. Es entsteht die *Form eines sich mit der Zeit schrittweise erneuernden Denkens*.

Eben dies, das mit der Zeit sich erneuernde Denken, ist auch der Inhalt von Schleiermachers Philosophie. Wir können hier die Veränderungen nicht nachverfolgen und müssen uns auf einen groben Umriss des fortgeschrittenen philosophischen Konzepts des »*Wissens im Werden*« beschränken.[87] Schleiermacher folgt weder Kants noch Hegels Begriff der Dialektik, die beide ein den Individuen und ihren Situationen enthobenes Denken und damit Schriftlichkeit voraussetzen, sondern Sokrates' Dialektik in seinen inter-individuellen Dialogen, wie Platon sie nachgeschrieben hat. Dialektik ist für ihn »kunstmäßige Gesprächsführung« oder kurz: Gesprächskunst unter Individuen zum allmählichen Erwerb von Wissen unter den jeweiligen Bedingungen, einschließlich der Vielfalt der Sprachen und des Sprachgebrauchs. So kommt »reales Wissen« von jeweils hinreichender, aber nicht unbedingter Gewissheit zustande. Die Individuen gebrauchen ihre jeweiligen, in ihrer Gesellschaft gebräuchlichen, aber meist nicht fest fixierten Unterscheidungen, um dem, was vorliegt und geschieht, eine zustimmungsfähige Form zu geben. Sie tun das unter dem von Schleiermacher theologisch eingeführten, aber auch philosophisch unmittelbar einsichtigen Vorbehalt des »Gefühls schlechthinniger Abhängigkeit«, sei es von Gott, sei es von einer undurchdringlichen, unbegreiflichen und unsystematisierbaren Komplexität des Wirklichen und daher immer nur vorläufig und probeweise. Im Sinn Spinozas, den Schleiermacher gründlich studiert hat, ist das Ganze Bedingung alles Erkennens, ohne je Gegenstand eines adäquaten Erkennens zu sein.

Darum kommt alles auf die *Unterscheidungstechnik* an. Die »Vernunft« ist für Schleiermacher kommunikativ, die Fähigkeit, im Dialog mit anderen wo nötig geeignete Begriffe zu bilden. Ihr steht die »Natur« im weitesten Sinn als das zu Begreifende gegenüber. Sie stehen nicht im Gegensatz zueinander, sondern durchdringen einander »lebendig« im Erwerb von Wissen; sie negieren einander nicht, sondern wirken zusammen wie magnetische *Pole*, die nicht ohne einander bestehen können. Danach ist jeder isolierte Begriff einseitig und ergänzungsbedürftig durch andere. Begriffe sind »Durchgangspunkte» füreinander, sie eröffnen im Sinn der aristotelischen Ethik bewegliche Spielräume, in denen man unter den jeweiligen Bedingungen das jeweils Treffende finden muss. Schleiermacher übernimmt für das »Oszillieren« zwischen den Polen von Unterscheidungen von Mendelssohn und Kant den Begriff »sich orientieren«: Man mag in seiner Orientierung ein schlechthinniges Wissen im Blick haben. Man *hat* es jedoch nie, sondern nur den »Glauben« daran.

Bei seinen vorläufigen Vorschlägen für Unterscheidungen, um die Spielräume im Erwerb von realem Wissen konkreter zu konfigurieren, arbeitet Schleiermacher mit der *Kreuzung von Unterscheidungen.* Seine Startunterscheidungen sind »Identität« oder »Gemeinschaftlichkeit« und »Individualität« oder »Eigentümlichkeit« einerseits und »Organisieren«, Bewerkstelligen, und »Symbolisieren«, begrifflich Benennen, andererseits. Beide Unterscheidungen sind pragmatisch und kontingent gedacht; mit ihnen sind stets zugleich das (gemeinschaftliche) Allgemeine und das (je eigentümliche) Individuelle und, quer dazu, die (organische, alles bedingende) Natur und die (sie bestimmende) Vernunft im Spiel, von Fall zu Fall in wechselnder Gewichtung.

Schleiermacher will bei seiner »Konstruktion« der Begriffe nicht wieder von vorn anfangen, sondern die erworbenen Begriffe nach seinen »Schemata« neu ordnen und dadurch weiterbilden. So bringt er das (kantische) »Transzendentale« in ständigen Austausch mit dem »Technischen« der Begriffs-, Urteils- und gegebenenfalls Systembildung, eben ihrer »Konstruktion« und »Kombination«. Mit dieser Unterscheidung stellt er inhaltliches Wissen dem »formalen« oder methodischen Wissen über den Erwerb des Wissens oder kurz: dem Werden des Wissens gegenüber. Das Formale schließt die Pole von Induktion und Deduktion ein, die in der Philosophie nie rein vertreten sind. Sie erfordern wiederum auf der einen Seite »Heuristik«, Findekunst, auf der andern »Architektonik«, Baukunst. Hier ist immer Raum für »Streit«, also Wettbewerb, theoretisch in der »Physik«, praktisch in der »Ethik«. Die Gesprächskunst, die Dialektik, aber macht den Streit besonnen: Sie hilft den Individuen, sich aneinander zu orientieren, und die Kunst des Umgangs mit »fremdem Denken« ist der Anfang der Ethik. Deren Hauptwirkung ist dann, im Spiel der Gegensätze »seine eigenthümliche Denkweise weniger geltend machen« zu wollen. Jede Philosophie ist, auch wenn sie letztgültige Wissenschaft oder eine Wissenschaft des »Absoluten« sein will, ein »Kunstwerk«, das auch anders ausfallen könnte und das mit seiner eigenen Form seinen eigenen Inhalt findet. Schleiermachers Philosophie macht die Vielfalt solcher Kunstwerke denkbar und ist selbst in Inhalt und Form ein *work in progress*.

IV. 19. und 20. Jahrhundert

Hegel verschafft der Philosophie mit der Form des aus sich selbst entwickelnden Systems den umfassendsten, tiefsten und zeitfestesten Zugriff auf die Welt – und das inmitten spektakulärer politischer Umbrüche in Europa und Amerika: Unabhängigkeitserklärung der Vereinigten Staaten, bürgerliche Revolution in Frankreich, nationale Eroberungs- und Befreiungskriege (›Völkerschlachten‹), monarchische Restauration. Das Versprechen, dass die Welt, wenn sie nur auf den Geist hört, in ihre wahre und dauernde Ordnung findet, erfüllt sich nicht, das Bewusstsein der Zeitgebundenheit auch alles philosophischen Denkens setzt sich durch. Der Halt an Religion und Philosophie zerbricht am blendenden wissenschaftlichen und technischen Fortschritt, die Rechtfertigung bestehender gesellschaftlicher Ordnungen an den erschreckenden Entwicklungen der kapitalistischen Wirtschaft, der Glaube an die Eigenständigkeit des Allgemeinen überhaupt an Darwins Evolutionstheorie. Neue Versuche der Orientierung und mit ihnen neue Unterscheidungen und Unterscheidungstechniken werden nötig, die Philosophie wird, wie Nietzsche sie dann nennt, zur »Experimental-Philosophie«. Man sucht Gewissheiten in unterschiedlichen Richtungen und bescheidet sich schließlich mit Ungewissheiten. Bahnbrechend sind meist Außenseiter, die auch neue Formen philosophischer Schriften erproben. Sie werden oft lange nicht gehört, an Universitäten werden meist frühere Entwürfe ausgebaut und kombiniert, in Gestalt immer neuer ›Systeme‹, die einander wechselseitig unglaubwürdig machen.

39 Vortrag: Ralph Waldo Emerson

Wie in den Anfängen der griechischen Philosophie herrscht zu Beginn des 19. Jahrhunderts in den neuen Vereinigten Staaten von Amerika auf neuem Boden ein neuer Geist des Aufbruchs. Man hat einen ganzen Kontinent in Besitz genommen, exzellente Hochschulen begründet, erfolgreich seine politische Unabhängigkeit erklärt, sich demokratisch aus den ständischen Erstarrungen der europäischen Gesellschaften gelöst, eine umfassende Freiheit der Religionsausübung geschaffen und große Persönlichkeiten in der Staatsführung hervorgebracht. Man erweitert durch Eroberung oder Kauf schrittweise seinen Lebensraum, verfügt über gute Ackerböden und reiche Bodenschätze und erlebt eine wachsende wirtschaftliche Prosperität. Wagemutige Einwanderer, ein lange ungehinderter Kapitalismus, Industrialisierung und Ausbau der Infrastruktur in großem Stil lösen die bis dahin dynamischste und erfolgreichste Entwicklung eines Staates in der Welt aus. Überall hat man es mit ständig sich verschiebenden Grenzen zu tun. Europa schaut sehnsüchtig zu (»Amerika, du hast es besser«), zieht erst langsam nach; man kommt nur schwer aus der Kleinstaaterei heraus; gelingen Vereinigungen wie in Italien und Deutschland, verschärft sich der Nationalismus. Auch wenn in den USA sich Parteienherrschaft, Korruption und Sittenverrohung breit machen, starke soziale Gegensätze entstehen und schwere Wirtschaftskrisen eintreten, ist man fähig, moralische Werte über ökonomische Interessen zu stellen: Man erkämpft in einem schweren Bürgerkrieg die Befreiung der Sklaven.

Ralph Waldo Emerson (1803–1882) gibt alldem philosophischen Ausdruck. Wie Schleiermacher entstammt er einer christlichen Predigerfamilie und distanziert sich ebenfalls von spezifischen Konfessionen, ist europaerfahren und geschult durch die dortige, insbesondere die deutsche Philosophie. Er aber lebt nun als freier Redner, Schriftsteller und Dichter. Er bricht bewusst mit den traditionellen, an den Universitäten verhandelten Themen und zielt auf die persönliche Lebensführung, setzt entschieden die individuelle Persönlichkeit gegen das Allgemeine der Philosophie. Mit seiner, wie man gesagt hat, »intellectual declaration of independence« in seiner Rede *The American Scholar* begründet er eine eigene philosophische Tradition in den Vereinigten Staaten von Amerika. Politisch setzt er sich für die Abschaffung der Sklaverei ein und hält schließlich die Trauerrede für Abraham Lincoln.

Noch weniger als Schleiermacher vertraut Emerson nicht mehr allein der Schrift und dem Buch, sondern reist herum und trägt seine Gedanken persönlich vor. Er fasziniert mit seiner eindrucksvollen Persönlichkeit seine unmittelbar gegenwärtigen Hörer – und kann, was er sagt, dann auch so in Schrift übersetzen, dass es eine vergleichbare Wirkung bekommt. Von beidem, seinen ausgedehnten Vortragsreisen und seinen Schriften, kann er unabhängig leben. Der Form des persönlichen Vortrags, mit der Emerson die Predigt säkularisiert,[88] entspricht auch hier der Inhalt. Emersons dem Dichten nahes Denken wirkt gegenüber dem hegelschen improvisierend, vorläufig, flüssig; es arbeitet mit der Kunst der aphoristischen Abkürzung und essayistischen Entfaltung weit ausgreifender Gedanken. Emerson spricht weniger aus philosophischer Gelehrsamkeit als aus eigener Persönlichkeit und Lebenserfahrung. Seine Begriffe lassen große Spielräume der Deutung und Weiterentwicklung, er versucht bewusst nicht, sie ausführlich zu begründen und systematisch zu verknüpfen. Er will von möglichst vielen, auch und gerade von nicht-akademischem Publikum, gehört werden. Er wählt bewusst alternative Gesichtspunkte und scheut Paradoxien nicht, wenn sie Interesse wecken. Er sucht, wie er in seiner maßgeblichen Rede *The*

American Scholar vor der *Phi Beta Kappa Society* sagt, einer hochrenommierten Gesellschaft, die 1776, im Jahr der Unabhängigkeit, zur Förderung der Philosophie (*Philosophía*) als Führerin (*Kybernétes*) des Lebens (*Bíou*) gegründet wurde, »nearer reference to the time and to this country«. »Instead of the sublime and beautiful« will er sich »the near, the low, the common« widmen, dem unmittelbar gegebenen Einzelnen neue Bedeutung schaffen. Er bindet die Philosophie zugleich stark in die Natur ein: Die Natur, so Emerson, durchströmt die Menschen und veranlasst sie zu sprechen, zu denken und zu handeln. Sie drückt sich selbst aus und ist darin nicht theoretisch fassbar. Emerson drückt das durch vielsagende Begriffe wie Seele (*soul*), Über-Seele (*over-soul*) und Gott aus. In solchen »transcendental beliefs« ist der prinzipiell eigentümliche und darin einsame Standpunkt eines jeden vor aller theoretischen Begrifflichkeit immer schon mit den Standpunkten anderer verbunden.

Nicht Begriffe und ihre systematische Fügung, sondern Persönlichkeiten machen nach Emerson philosophisches Denken glaubhaft. Sie teilen sich, wie die Natur selbst, unmittelbar in Zeichen und Symbolen mit, die keiner weiteren Bestimmung und Erklärung bedürfen. Dennoch kommt es nicht auf sie selbst, sondern auf das an, was sie beobachten. In *Nature* bringt Emerson das auf die Formel »I am nothing; I see all.« Das Denken ist nur noch Funktion (*function*). Das Beobachten und Empfangen ist auch ein Verehren und Gehorchen, es ist offen für einen »stairway of surprise«. Identifizierungen, Klassifizierungen und Systematisierungen sind immer vorläufig. Jeder hat seine eigene Sicht auf Prinzipien (*own sight of principles*), jeder kann die Vielfalt der Bedeutungen für sich fruchtbar machen und unter seinen eigenen Bedingungen in seiner eigenen Gegenwart schöpferisch sein, und er muss es, weil die praktische Arbeit und Notlagen ihn dazu zwingen. Während die Festlegung des Lebens in Begriffen beruhigt, muss man sich bewusst der Beunruhigung (*unsettling*) aussetzen. Der Zwang zum Schöpferischen aus Not lässt mit der Zeit aber ein Vertrauen (*confidence*) der Menschen auf ihre eigenen Fortschritte in ihrer Lebensorientierung und im wechselseitigen Verstehen und Fördern wachsen, in Emersons Begriffen ein Vertrauen auf die Tugend und die Liebe, vor allem aber die Gewissheit, sich auf sich selbst verlassen zu können (*self-reliance*) – jedoch wiederum nicht im Sinn eines definierbaren Ego.

Dieses Selbstvertrauen kann weniger gelehrt als beispielhaft vorgeführt werden, durch *representative men*, darunter vor allem Philosophen und Dichter. Emerson stellt sich »vollständige« und darin »vollkommene« (*complete*) Menschen vor, die mit ihrem Leben die Möglichkeiten des Menschen im Ganzen der Natur zum Ausdruck bringen, und denkt dabei auch an Platon, Montaigne und Goethe, die er möglichst realistisch und das heißt auch mit ihren Defiziten zu sehen versucht. Sie finden Gott, indem sie ihren eigenen Mittelpunkt finden; dabei werden hohe Ideale der Wahrhaftigkeit, Klarheit und Einfachheit zu gelebten Realitäten. Sie zeichnen sich durch »courage« in der Bewältigung täglicher Probleme aus. Der Vortragende selbst ist Beispiel dafür.

Mut ist die Stimmung gegen die Stimmung der Angst. In der ständigen Unsicherheit und Gefährdung des Lebens aber muss man, so Emerson, »Tag für Tag die Angst besiegen«. Das weist nicht nur auf Kierkegaard und die Existenzphilosophie, sondern auf die ganze weitere Entwicklung der nun auf Zeit und Situation eingestellten Philosophie voraus.[89]

40 Manifest: Karl Marx und Friedrich Engels

In Europa baut Karl Marx (1818–1883) methodisch auf Hegels »spekulativer Philosophie« auf, entzieht ihr aber in der Sache den Boden. Mit einer »Kritik der politischen Ökonomie« will er auf die sich abzeichnende Verelendung des Proletariats im weltweit sich ausbreitenden Kapitalismus antworten. Die Not der Arbeiterschaft löst in der Philosophie ein moralisches Engagement aus, praktisch zu werden, und seit 1830 herrscht auch außerhalb Frankreichs eine brodelnde revolutionäre Atmosphäre. Die Philosophie übernimmt in der Tradition der Aufklärung eine Aufgabe der verschwindenden Religion und wird zu einem moralischen Gewissen der Welt. Soweit sie nicht praktisch wird, nicht darauf drängt, ihr Denken in die Tat umzusetzen, erscheint sie nun als bloße Theorie, etwas nur Ausgedachtes; durch praktische Umsetzung will sie sich neue Glaubwürdigkeit verschaffen. Marx macht darin Epoche.

Enkel von Rabbinern, Sohn eines christlich getauften Juristen, studiert er Jura und Philosophie, lernt als Journalist, sich der Medien zu bedienen, engagiert sich politisch in Organisationen der Arbeiterbewegung und widmet sich schließlich immer stärker seiner gesellschaftskritischen Philosophie. Ständig politisch verfolgt und immer wieder aus Staaten ausgewiesen, lebt er selbst unter ärmlichen Bedingungen, in Brüssel, in Paris, zuletzt in London. Sein Freund Friedrich Engels (1820–1895), ein weltgewandter und ökonomisch, darunter auch im Aktienhandel erfolgreicher Sohn eines Textilfabrikanten, unterstützt ihn auch finanziell. Von Krankheit geplagt, kann Marx sein groß angelegtes Hauptwerk *Das Kapital* nicht selbst vollenden. Beide wirken, wenn auch verzögert, vor allem mit ihrem *Manifest der kommunistischen Partei*, erschienen 1848 in London im Umfang von 23 Seiten.

Sie stimmen die Philosophie darauf ein, dass die materiellen Nöte und Bedürfnisse das Leben der Menschen so stark beherrschen, dass sie außer der Politik auch die Moral, die Religion und die Philosophie bedingen. Wo es um die praktische Bewältigung des Lebens geht, verliert das Denken seine vermeintliche Autonomie. Das angeblich reine Denken wird zum »Überbau« einer »Basis«, um die es sich bisher wenig gekümmert hat. Das tatsächliche Denken ist Organ und Funktion der jeweiligen Lebensverhältnisse. Ändern sie sich, kommt es zu Neuorientierungen auch im Denken. Obwohl Marx und Engels nicht dem Proletariat angehören, beziehen sie sich in es ein.

Als Philosophen arbeiten auch sie mit starken Universalisierungen, Totalisierungen und Radikalisierungen. Angesichts der Lage des Proletariats, der Arbeiterschaft, die nichts besitzt als ihre Arbeitskraft, machen sie entschieden die Arbeit zum Kern und Maß der gesellschaftlichen Produktion der Mittel zum Leben. Das bedeutet für sie: In der kapitalistischen Markwirtschaft mit ihrer immer differenzierteren Arbeitsteilung wird die Arbeit und mit ihr der Arbeiter selbst zur Ware; er verliert seine Würde; die zahlenmäßig weit überwiegende, von wenigen Besitzenden ausgebeutete Mehrheit der Menschheit wird sich selbst entfremdet. Diese anti-humanistische Ökonomie muss mit politisch-ökonomischer Gesetzlichkeit zur Revolution der Proletarier führen, die am Ende eine klassenlose kommunistische Gesellschaft rundum emanzipierter Menschen schaffen und mit ihr alle Entfremdungen aufheben wird. Die Zeit für die Revolution scheint Marx und Engels gekommen. Weil nicht zu erwarten ist, dass die herrschende Bourgeoisie, die die Revolution ungewollt selbst herbeiführt, sich auch selbst entmachtet, muss der Umsturz gewaltsam sein, und er muss durch die leidenden Menschen selbst vollbracht werden. Diese bedürfen dazu jedoch leitender Ideen, die sie verbinden und zum Kampf motivieren. Marx und Engels werden vom zunächst deutschen, dann sich internationalisierenden »Bund der Kommunisten« aufgrund ihrer ausführlichen wissenschaftlichen Vorarbeiten beauftragt, solche Ideen in einem *Manifest* zu formulieren.

Ein Manifest, wörtlich das ›handgreiflich Gemachte‹, ist ein Programm und Appell zu gemeinsamem Handeln. Ursprünglich war die literarische Form eine fürstliche Verlautbarung und sie bleibt ein Machtinstrument: Marx und Engels übernehmen den Begriff für ihre Agenda.[90] Ihr Manifest ist ein philosophischer, jedoch als Parteiprogramm formulierter Entwurf einer notwendig eintretenden Zukunft. Die praktischen Schlüsse aus Marx' tiefgründig historisch und ökonomisch fundierten wissenschaftlichen Analysen der gesellschaftlichen Verhältnisse beschreiben klar zeitbezogen die aktuelle Not und schaffen parteilich scharfe politische Fronten. Sie müssen für die große Mehrheit leicht verständlich dargelegt werden. Es geht nicht mehr, so Marx und Engels, um »das Bedürfnis der Wahrheit« einer spekulativen Philosophie, sondern um »wahre Bedürfnisse«, die für verschiedene Parteien verschiedene sind. Eine parteiliche Philosophie aber wird am Markt der Parteimeinungen nur dann eine überlegene Überzeugungskraft entwickeln, wenn sie überparteilich auftreten, d.h. sachliche und damit wahre Notwendigkeiten aufzeigen kann. In dieser paradoxen parteilich-überparteilichen Form denken Marx und Engels auch den Kommunismus selbst: Seine Unvermeidlichkeit soll auch den nicht an ihm Interessierten und selbst seinen Gegnern einleuchten. Den konkurrierenden »kritisch-utopischen Sozialisten« werfen Marx und Engels vor, bloße »Propaganda« zur »praktischen Ausführung ihrer Gesellschaftspläne« zu betreiben – und weisen das selbst von sich.

Sie bedienen sich gleichwohl – wobei Marx inhaltlich federführend ist und Engels, der sich als »zweite Violine« betrachtet, der Form Schliff gibt – in der zunächst anonym veröffentlichten

Schrift[91] klar propagandistischer Mittel: starker Thesen und großer Rhetorik. Nachdem die prasselnden Einwände gegen den Kommunismus gezeigt hätten, dass er inzwischen als Macht erkannt und anerkannt ist, die in Europa bisher noch als »Gespenst« umgeht, soll er nun seine handfeste Schlagkraft beweisen. So muss rhetorisch eine Kampfsituation erzeugt werden. Marx' und Engels' wichtigste Mittel sind Knappheit und Prägnanz nicht mehr nur einzelner Sentenzen, sondern des ganzen Manifests; schlagwortartige Einführung schwergewichtiger und im vorausgehenden wissenschaftlichen Werk auch ausführlich explizierter Begriffe (»Gesellschaft«, »Klassenkampf«); entschlossene Vereinfachung und Verkürzung komplexer Zusammenhänge (»Die Geschichte aller bisherigen Gesellschaft ist die Geschichte von Klassenkämpfen«); eingängige Gleich- (»Bourgeoisie« = »Kapital«) und Entgegensetzung (»Bourgeoisie« vs. »Proletariat«); offen tendenziöse Verallgemeinerung (»Freier und Sklave, Patrizier und Plebejer, Baron und Leibeigener, Zunftbürger und Gesell, kurz, Unterdrücker und Unterdrückte«); dogmatische Folgerung aus historischen Anhaltspunkten (»Die moderne Staatsgewalt ist nur ein Ausschuß, der die gemeinschaftlichen Geschäfte der ganzen Bourgeoisklasse verwaltet«); appellative Umkehrung (»Die Waffen, womit die Bourgeoisie den Feudalismus zu Boden geschlagen hat, richten sich jetzt gegen die Bourgeoisie selbst«); Ermutigung nicht durch moralische Forderungen, sondern durch sicher eintretende geschichtliche Notwendigkeiten (»An die Stelle der alten bürgerlichen Gesellschaft mit ihren Klassen und Klassengegensätzen tritt eine Assoziation, worin die freie Entwicklung eines jeden die Bedingung für die freie Entwicklung aller ist«); Vereinnahmung des avisierten Publikums (»wir«, die Kommunisten) und Distanzierung von den erwarteten Gegnern (»ihr«, die Bourgeosie); Diskreditierung der Konkurrenz in den eigenen Reihen (»schmutzige, entnervende

Literatur«); kompakte Metaphern (Bourgeoisie ihr eigener »Totengräber«); militärische Sprache (»schwere Artillerie«, »Vernichtungskrieg«); Grusel-Töne (»Gespenst«, »heilige Hetzjagd«, »Hexenmeister«); einhämmernde Wiederholung (»Die Bourgeoisie ...«, »Die Bourgeoisie ...«, »Die Bourgeoisie ...«); kontinuierliche Steigerung des Nachdrucks, eingängige Rhythmisierung, pointierte Schlusswendung (»Die Proletarier haben nichts zu verlieren als ihre Ketten. Sie haben eine Welt zu gewinnen«) und schließlich Aufgipfelung in einem Kampfruf (»Proletarier aller Länder, vereinigt euch!«). All das macht das kommunistische Manifest auch zu einem sprachlichen Meisterwerk.

Die Philosophie kann auf diese Weise ungeheuer wirken, und keine Philosophie hat das so bewiesen wie die marxsche. Aber auch diese Wirkung brauchte ihre Zeit. Bei seinem Erscheinen wurde das kommunistische Manifest kaum wahrgenommen, noch nicht einmal von der preußischen Geheimpolizei. Der Druck wurde von einem exilierten Herzog unterstützt, das noch wenig organisierte Proletariat war trotz allem nicht in der Lage, den Impuls aufzunehmen.

41 Gebrochene Autorschaft I: Pseudonyme – Søren Kierkegaard

Der Däne Søren Kierkegaard (1813–1855) nennt sich einen »religiösen Schriftsteller« und irritiert erneut auch alle philosophischen Fixierungen und Dogmatisierungen. Mit ihm wirkt der christliche Glaube noch einmal philosophisch bahnbrechend. Kierkegaard setzt sich ebenfalls mit Hegels System auseinander, doch in ganz anderer Richtung als Marx und Engels: Er stellt die Verbindlichkeit des Allgemeinen als solche infrage. Religiös verbindlich ist nach ihm vor aller Dogmatik und Systematik die

Existenz des Einzelnen, und sie braucht neue Formen, begriffliche und literarische, um gedacht zu werden: Sie liege darin, sich selbst für den Glauben zu entscheiden und die Formen zu verantworten, in die er gefasst wird. Der Schriftsteller darf ihre Inhalte darum nicht dogmatisch vorgeben: Er kann nur »ohne Vollmacht« auf sie aufmerksam machen, sie nur in »indirekter Mitteilung« »andeuten«. Dennoch muss er, um überhaupt gehört und gelesen zu werden, allgemein verständlich sprechen, sich also auf das Allgemeine zugleich einlassen und es abstoßen. Er muss, so Kierkegaard in seiner *Rechenschaft über meine Wirksamkeit als Schriftsteller*, »ganz einsam, schlechthin einsam sein, ja, jeden Beistand fernhalten, damit meine Verantwortung nicht zu leicht werden möge. Auch nur ein Freund und Mitarbeiter, so wird die Verantwortung ein Bruch, geschweige, wenn man eine ganze Mitwelt zuhilfe bekommt.«[92] Um nicht mit anderen und für andere allgemeinverbindlich zu lehren, bricht Kierkegaard mit der selbstverständlich gewordenen Lehrschrift, in der der Autor mit der Autorität der Wahrheit spricht. Er spricht nicht im eigenen Namen und auch nicht anonym, sondern in einer Vielzahl von Pseudonymen. Im Angesicht der nackten Existenz zerfällt die Wahrheit in erdachte Gesichtspunkte auf sie.

Erst zum Abschluss seines pseudonymen Werks berichtet er von den Umständen *seiner* Existenz, die ihn vor sein religiöses und philosophisches Problem gebracht haben – unter ständigem Hinweis darauf, dass es nicht auf ihn selbst, sondern jeden Einzelnen ankommt. Seine Existenz kann nur ein Zeichen für andere sein. Das Zufällige seiner Existenz erhält im Nachhinein einen »ideellen« Sinn und die Reflexion auf sie die Form der Reflexion des Zufälligen. Er habe, schreibt Kierkegaard, weder einen Plan für sein Leben noch für seine Schriftstellerei gehabt, die sein Leben wurde; gerade darin seien beide lehrreich geworden. Er war das jüngste Kind aus der zweiten Ehe seines schon alten Vaters, eines aus ärmlichen Verhältnissen aufgestiegenen erfolgreichen Kaufmanns in Kopenhagen, mit seiner Dienstmagd. Søren leidet schwer an seiner Liebe zu ihm und an der Schwermut, in die ein früher Fluch gegen Gott den Vater gestürzt habe. Der junge Mann sucht sich eine umfassende humanistische Bildung zu erwerben und beginnt, in Opposition zum Vater, aber geduldet von ihm, eine verwöhnte Dandy-Existenz, macht eine brillante Figur in der Kopenhagener Gesellschaft. Seine »ästhetische Existenz«, so sieht er es später, soll seine »ethische« und »religiöse« verdecken: »Die Witze strömten aus meinem Munde, alle lachten, alle bewunderten mich – aber ich ging fort und wollte mich erschießen.« Ihn überkommt eine »beinahe besessene Ausgelassenheit beim Gedanken daran, wie die Täuschung gelingt«, auch gegenüber sich selbst, und zugleich verbringt er, vom Vater »streng in der Betrachtung erzogen, dass die Wahrheit leiden, verhöhnt, verspottet werden muss, jeden Tag eine gewisse Zeit mit Gebet und erbaulicher Betrachtung, für mich selber persönlich ein Büßer«. Dies bleibt die Grundstimmung und der Grundinhalt seiner Schriftstellerei, auf die er sich mit dreißig Jahren verlegt und in der innerhalb eines Jahrzehnts zahlreiche Werke dicht aufeinander folgen. Von der Berliner Universität, an der nun der alte Schelling als Nachfolger Hegels lehrt, ist er gründlich enttäuscht. Das Vorbild seiner ironischen, nicht identifizierbaren Existenz bleibt wie für Hamann Sokrates; Kierkegaard verfasst über ihn seine Dissertation, ebenfalls mit dem Schwergewicht auf der sokratischen Ironie. Seine psychologische Grundspannung kristallisiert sich in seiner distanzierten Liebe zu Regine Olsen, mit der er sich verlobt, um sie dann über Jahre hinzuhalten und sich, ohne ihr seine abgründige Existenz direkt mitzuteilen, schließlich wieder zu entloben, weil er glaubt, der Ehe nicht gerecht werden zu können. Seine indirekte und doch öffentliche Mitteilung an sie durch seine Schriftstellerei trägt ihm mehr Spott als

Respekt ein, was ihn zu immer schärferer Polemik bewegt, unter anderem gegen den hochgeachteten Kopenhagener Bischof Mynster. Im Zug einer Fehde mit einer Satirezeitschrift wird Kierkegaard zur öffentlichen Karikatur. Er stirbt früh, mit 43 Jahren, an einem Schlaganfall.

Der Kern der christlichen Existenz ist für ihn die Angst vor der Sünde. Deren Dogmatisierung im verkirchlichten Christentum stößt ihn ab: Das Begreifen der Sünde, erst recht ihre Einordnung in ein philosophisches System wie das hegelsche, beruhige nur über sie und mache leichtsinnig, weil es einen scheinbaren Halt gebe. Dogma und System schaffen eine falsche *Stimmung*. Begriffe überhaupt, nicht nur der Begriff der Sünde, bekommen einen anderen Sinn, wenn sie in einer anderen Stimmung, z.B. der des Humors oder der Ironie oder der Langeweile oder der Verzweiflung, gebraucht werden. Begriffe, so Kierkegaards revolutionäre philosophische Einsicht, werden immer auch außerbegrifflich verstanden. Mit der Sünde werde es erst ernst im konkreten Handeln des Einzelnen, zu dem die begriffliche Bestimmung nicht hinreicht, sondern das von Stimmungen, dem Situativsten, Flüchtigsten, Unbegreiflichsten, Individuellsten am Denken und Handeln, ausgelöst und geleitet wird. Und auch der Ernst des Begreifens ist, wie das Beispiel des Sokrates zeigt, nur eine Stimmung unter anderen.

Kierkegaard inszeniert unter wechselnden Pseudonymen in wechselnden Formen philosophischen Schreibens wechselnde Stimmungen. Zuweilen gibt er sich unter dem eigenen Namen oder wieder unter einem Pseudonym als bloßer Herausgeber der Pseudonyme aus. Oder er zeichnet nur mit einer Paraphe oder er stellt sich als bloßen Buchbinder (mit Namen Hilarius Bogbinder) dar, der Schriften anderer Leute lediglich zusammenbinde. Pseudonyme kann man frei wählen und mit ihnen Denkexperimente wagen, ohne mit ihnen eine Wahrheit zu beanspruchen, über die man nicht verfügt. So blieb Sokrates *incognito* hinter seiner Dialektik und Christus als »Gott-Mensch«, dem man seine Göttlichkeit nicht ansah, als er auf die Erde kam, was beide mit ihrem Leben bezahlten. Auf Erden wird auf Erkennbarkeit bestanden. Kierkegaards Pseudonyme, darunter Gegen-Pseudonyme wie »Climacus« und »Anti-Climacus«, sollen dagegen eine »psychologisch variierte Individualitätsverschiedenheit« anzeigen; der Autor soll nicht, jedenfalls nicht eindeutig erkennbar, seine Identität nicht festzulegen sein. Herrscht hier die Stimmung der »Zerknirschung«, so dort der »Ausgelassenheit«, hier der »Verzweiflung«, so dort des »Übermuts«, hier des »Leids«, so dort des »Jubels« vor. Kierkegaard lässt seine Pseudonyme als eigene Personen agieren und gelegentlich auch aufeinander reagieren, Subjektivität sich an anderer Subjektivität reflektieren, ohne dass sich daraus Objektivität ergäbe.

Er beschränkt die Pseudonyme jedoch auf seine philosophischen Schriften. Daneben lässt er regelmäßig im eigenen Namen und also in eigener Verantwortung *Erbauliche Reden*, das sind meist nicht gehaltene Predigten, erscheinen, mit denen es ihm ganz ernst ist. Die Pseudonyme aber irritieren den philosophischen Geschmack weiter, indem sie statt in der konsequenten Gedankenfolge von Abhandlungen in unvermuteten Wendungen mit überraschenden Einfällen vorangehen und mit ausgelassener Leidenschaft bisher kaum denkbare Paradoxien ausprobieren. So stören sie Gewissheiten auf, sie »ärgern«, wie Sokrates und Christus geärgert haben: Die Leser können sich nie sicher sein, ob sie die Pseudonyme verstehen, sind auf eigene Einfälle, Vermutungen und Schlüsse angewiesen, um sich die Schriften verständlich zu machen, auf Interpretationen, aus denen sie ständig wieder herausgeworfen werden können.

Entweder-Oder, seine erste große Schrift von 1843, mit der er in der Kopenhagener Gesellschaft auffällt, untertitelt Kierkegaard *Ein Lebensfragment, herausgegeben von Victor Eremita*, dem ›siegreichen Einsamen‹. Ihn lässt er gleich eine große Vielfalt schriftstellerischer Formen präsentieren: (angeblich) hinterlassene Papiere zweier Personen mit ganz unterschiedlichen Lebensformen, eines »A« genannten »Ästhetikers«, der mit wachsender Raffinesse die erotische Sinnlichkeit des Lebens ausschöpft, dies in tagebuchähnlichen Aufzeichnungen, Aphorismen und Essays dokumentiert und sich bis zum *Tagebuch des Verführers* steigert, in dem er feinsinnig an seiner Verlobten Verführungskünste inszeniert, und eines »B« apostrophierten »Ethikers«, der in buchlangen lehrhaften Briefen an A dessen Existenzweise ethisch reflektiert. Das *Entweder-Oder* wird nicht spekulativ vermittelt, stattdessen die persönliche Wahl der Existenzweise betont und damit die eigene Entscheidung, sich einem ethischen Allgemeinen (wie Ehepflichten) zu unterstellen oder nicht.

Die dem Pseudonym *Constantin Constantius* zugeschriebene Schrift *Die Wiederholung* nennt Kierkegaard einen *Versuch in der experimentierenden Psychologie*. Hier geht es um die Frage, wie im bunten Leben des Einzelnen dennoch Konstanz entsteht: indem »das Reale« und »das Ideale« im jeweils anderen wiederholt, Vergangenes im Blick auf die Zukunft erinnert wird und ethische Pflichten sich in wechselnden Handlungssituationen, wenn auch in unterschiedlicher Gestalt durchhalten, all dies wieder am Beispiel eines jungen Dichters, der sich verlobt hat, aber vor der Ehe zurückscheut, dem nun aber über der Lektüre des Buches Hiob klar wird, dass er des Eingreifens Gottes bedarf und, als die Verlobte sich anderweitig verheiratet (was schließlich auch Regine Olsen tat), zur Ausnahme-Existenz wird.

Furcht und Zittern eines *Johannes de Silentio*, eines Offenbarers, der ›aus dem Schweigen‹ kommt, erscheint zusammen mit *Die Wiederholung*. Kierkegaard stuft es im Untertitel als *Dialektische Lyrik* ein. Erzählt wird hier in vier unterschiedlichen, aber jeweils psychologisch plausiblen Versionen von Gottes Geheiß an Abraham, seinen einzigen, von Sara erst sehr spät empfangenen Sohn zu opfern, wozu Abraham schweigend bereit ist. Er kann darüber zu niemandem sprechen, auch zu Sara und Isaak nicht, ohne sich vor ihnen des vorsätzlichen Mordes schuldig zu machen. Johannes de Silentio interpretiert die Geschichte als Paradigma »religiöser Existenz«: als angstvolle Entscheidung zwischen der allgemeinen ethischen Pflicht, nicht zu morden, und der Pflicht, Gott zu gehorchen, auch wo sein Geheiß absurd erscheint. Das Einzelne, will er zeigen, steht hier höher als das Allgemeine.

Die Schriften des folgenden Jahres 1844 eröffnen die *Philosophischen Brocken oder ein Bröckchen Philosophie von Johannes Climacus, herausgegeben von S. Kierkegaard.* Die Bröckchen in wechselnden Formen anstelle systematisch durchgeführter Philosophie (das Bild stammt von Hamann), vorgetragen von einem, dessen Vorname an den Evangelisten und dessen Name an die Himmelsleiter erinnert, auf der in Jakobs Traum am Jabok die Engel, die Boten Gottes, herabsteigen, sind angelegt als philosophisches »Denkprojekt« der christlichen Existenz, nun mit der Pointe, dass sie mit dem Paradox des Einbruchs des Ewigen, nämlich Gottes in der Gestalt Christi, in das Zeitliche fertigwerden muss. Ein solches Paradox irritiert das Denken überhaupt: Es kann alternativ zum Ärgernis oder aber zum Glauben führen.

Der Titel der Schrift *Der Begriff Angst* lässt eine systematische Abhandlung erwarten, der Untertitel *Eine schlichte psychologisch-andeutende Überlegung in Richtung auf das dogmatische Problem der Erbsünde* enttäuscht jedoch die Erwartung. Das Autor-Pseudonym *Vigilius Haufniensis* verweist auf den engen Gesichtskreis eines ›wachsamen Kopenhageners‹, der, *weil* er nicht über ein System verfügt, weiterzudenken vermag. Die Stimmung der Angst macht, psychologisch betrachtet, alle begrifflichen Gewissheiten fraglich, befreit von ihnen zur eigenen Entscheidung über sie.

Sie wirkt »aufdeckend«, macht den Einzelnen hellsichtig für die Anstrengungen, die Entscheidung zu verdecken, erweckt in »sympathetischer Antipathie« aber zugleich Interesse an ihr. So kann im Fall der Sünde die Angst gerade zu ihr verleiten. Damit wird das Problem der Erbsünde philosophisch neu fassbar: Sie ist nach Kierkegaard so denkbar, dass nicht Adam, der erste Mensch, die Schuld an *aller* Sünde trägt, sondern jeder weitere Mensch sie durch *sein* Denken und Handeln in *seiner* Situation neu zu verantworten hat. Durch die psychologisch-dogmatische Konfrontation wird philosophisch deutlich, dass alles Allgemeine der Menschen zeitlich ist und durch jedes Individuum, das in seiner Situation von ihm Gebrauch macht, einen neuen Sinn bekommt.

Die *Stadien auf dem Lebensweg* von 1845 weist Kierkegaard als *Studien von Verschiedenen* aus, die er, wie erwähnt, von einem schlichten Buchbinder herausgeben lässt. Gleichwohl werden nun die ästhetische, ethische und religiöse Existenz zu einer Abfolge von Stadien, man entscheidet sich schrittweise zu ihnen. Der Weg beginnt nach platonischem Vorbild mit einem Gespräch der teils schon früher eingeführten Pseudonyme über die Liebe. Dann verteidigt der aus dem zweiten Teil von *Entweder-Oder* bekannte Gerichtsrat Wilhelm noch einmal die Ehe. Zuletzt wird die Ausnahme von deren ethischen Pflichten und mit ihr die aufgelöste Verlobung von einem wiederum ›verschwiegenen‹ Frater Taciturnus religiös unter Klärung der komplexen Schuldfrage gerechtfertigt.

Auch die umfangreiche *Abschließende unwissenschaftliche Nachschrift zu den philosophischen Brocken* von 1846 ist ein summierendes und dennoch die Vielfalt der Zugänge bewahrendes Werk. Kierkegaard schreibt es wieder dem Pseudonym *Johannes Climacus* zu, der nicht schon entschiedener Christ ist und umso besser die Entscheidung zur christlichen Existenz beobachten kann;

Kierkegaard selbst fungiert weiterhin als Herausgeber. Unter dem rätselhaften Untertitel *Mimisch-pathetische Sammelschrift. Existentielle Einsprache* ist es seine bisher gründlichste philosophische Ausarbeitung zum Thema Existenz vs. bloßes Denken der Existenz. Die wissenschaftliche Kritik der Bibel interessiert ihn dabei so wenig wie ihre spekulative Deutung, umso mehr aber die individuelle Aneignung der Wahrheit des Christentums (und philosophisch jeder Wahrheit überhaupt), die nun am Beispiel Lessings diskutiert wird. Anzeichen dieser Aneignung sind Pathos, Leiden, Humor (als augenblickliche Überwindung des Leidens) und, im Blick auf die Schuld, die persönliche Reue; für das Denken sind es das Dialektische und das Paradox. Das Experimentieren mit den schriftstellerischen Formen tritt nun zurück.

In einer abschließenden Erklärung bekennt sich Kierkegaard feierlich als Autor auch seiner pseudonymen Schriften – und distanziert sich zugleich von den Pseudonymen. Sie sollen als selbständige Autoren zitiert werden; er trage nur die juristische und literarische Verantwortung für sie und sehe sich auch selbst als ihren bloßen Leser. Die eingangs erwähnte Rechenschaft über die Reflexionsbewegung seiner Schriftstellerei legt er unter eigenem Namen ab.

Das führt schließlich auf das philosophische Problem des Selbst, das die Philosophie der Neuzeit von Anfang an beherrscht hat. Kierkegaard stellt es in *Krankheit zum Tode. Eine christliche psychologische Erörterung zur Erbauung und Erweckung.* Sie ist vergleichsweise systematisch aufgebaut und hat darum auch das stärkste Interesse in der Philosophie gefunden. Kierkegaard wählt für sie das Pseudonym *Anti-Climacus*, das nun bereits aus dem Glauben heraus redet; er selbst stellt sich weiter als Herausgeber dar. Anti-Climacus unterscheidet aus seiner Sicht Stufen der Verzweiflung über die eigene Existenz, unter denen die gefährlichste sei, sich der Verzweiflung gar nicht bewusst zu sein, also blind für das Prekäre der Existenz zu leben. Unter diese Blindheit fällt für Anti-Climacus auch die Selbstgewissheit des Einzelnen, die Descartes im *ego cogito, ego existo* gefunden hat. Anti-Climacus hält daran nur den Selbstbezug des Denkens im Zweifel fest, erklärt das Selbst als bloßes Verhältnis zu einem Verhältnis und expliziert es in bloßen Verhältnisbestimmungen wie Seele und Leib, Unendlichkeit und Endlichkeit, Zeitlichkeit und Ewigkeit, Freiheit und Notwendigkeit, in deren Spielräumen sich das Selbst (wie für Schleiermacher) in seiner jeweiligen Situation orientiert. Hinter diesem bloßen Sich-zu-sich-Verhalten steht keine Substanz und kein Subjekt mehr, die nach Aristoteles und Descartes anderem zugrunde liegen, und das Selbst kann sich auch nicht mehr im Sinn Kants und Hegels entsubjektivieren, um objektiv zu werden. Es kann nur noch versuchen, sich in irgendeinem Gleichgewicht halten, um nicht in Angst und Verzweiflung zu verfallen. Diese Angst und Verzweiflung aber sind für Anti-Climacus das Tor zur christlichen Existenz, während jede Selbstgewissheit sich ihr verschließt. Für den Christen Kierkegaard ist es nach der Verzweiflung, anders sein zu wollen, als man ist, die höchste Verzweiflung, gegen Gott, der immer alles ändern kann, starr und trotzig man selbst sein zu wollen.

Sein Gleichgewicht findet man in immer neuer Reflexion auf seine Situation. Dafür, wie es sich findet, gibt es keine allgemein gültige Lehre, man kann es nur an individuellen Beispielen in indirekter Mitteilung zeigen, d.h. in Zeichen verdeutlichen, die andere so oder anders verstehen können. Man kann, so Kierkegaard, nur »Zeugnis« geben an die Mitlebenden. Die oft irritierenden und stets der situativen Reflexion bedürftigen Zeichen sind die Form, in denen der für Kierkegaard wahre Inhalt sich zeigt. Soweit in Fragen der individuellen Existenz eine direkte Mitteilung in eindeutigen und allgemein verbindlichen Begriffen nicht möglich ist, bleibt für den Schriftsteller darum nur, das

Irritierende der Deutungsspielräume gezielt zu nutzen oder, so Kierkegaard, *»hineinzutäuschen in das Wahre«*. Die in Pseudonyme gebrochene Autorschaft ist die Form dafür.

42 Gebrochene Autorschaft II: Masken – Friedrich Nietzsche

Friedrich Nietzsche, geboren 1844, arbeitsfähig bis Anfang 1889, gestorben 1900, hat Kierkegaard erst sehr spät, auf einen Hinweis des Dänen Georg Brandes hin zur Kenntnis genommen und ihn nicht mehr studieren können. Philosophisch geht er, losgelöst vom Christentum, in Form und Inhalt seiner Schriften dennoch in eine verwandte Richtung und wirkt mit ihnen früher und nachhaltiger. Auch bei ihm blieb lange fraglich, ob es sich um bloße »Literatur« oder um große Philosophie handle, auch bei ihm waren beide erst in ihrem Zusammenhang zu entdecken.

Nietzsches Werk ist ähnlich weit gestreut wie das Kierkegaards.[93] Stärker als jener betont er die Inter-Individualität und stellt sie im nur scheinbar martialischen Gedanken des Willens oder der Willen zur Macht heraus. Er entfaltet ihn in wechselnden Formen philosophischer Schriften, die ihm jeweils einen neuen Sinn geben. Form und Inhalt entwickeln sich miteinander.[94]

Nietzsche, Pfarrerssohn, der im Studium von der Theologie zur Klassischen Philologie wechselt, mit 25 Jahren Professor der Klassischen Philologie in Basel wird, dort aber bald zur Philosophie drängt, nach zehn Jahren wegen schwerer gesundheitlicher Probleme seine Professur aufgibt, um nun mit einer knapp auskömmlichen Pension der Baseler an wechselnden, ihm klimatisch erträglichen Orten der Schweiz und Südeuropas zu leben, steigt in die Philosophie mit einer Abhandlung ein, in der er das klassische Griechentum von Grund auf neu deutet, und lässt vier zeitkritische Essays, die *Unzeitgemäßen Betrachtungen*, folgen. Als er sich von seinem väterlichen Freund, dem Schopenhauerianer und entschiedenen Antisemiten Richard Wagner, gelöst hat, findet er zusammen mit seinem jüdischen Freund Paul Rée zu der schriftstellerischen Form, die sein Werk am stärksten prägt, dem Aphorismen-Buch.

Seine Aphorismen sind mit höchster stilistischer Meisterschaft formuliert und vielfach auch musikalisch komponiert; dabei können Form und Inhalt einander auch ironisieren und kompromittieren. Im Umfang können sich Nietzsches Aphorismen auf Sentenzen beschränken und zu mehrseitigen Essays erweitern. Alle stehen für sich, verweisen aber in Form und Inhalt vielfach aufeinander: Sie perspektivieren einander, ohne dass sich aus einer Zentralperspektive ein ihnen gemeinsamer Sinn ergäbe. Nietzsche kann mit ihnen komplexe Zusammenhänge multiperspektivisch beleuchten und überraschend neue Zusammenhänge herstellen, dabei in Dialoge mit der Leserschaft oder in Selbstgespräche eintreten, auch er stets unter Betonung seiner Einzelheit und Einsamkeit. Er spricht – mit einer Ausnahme: *Also sprach Zarathustra* – nicht in Pseudonymen, sondern in »Masken«, hinter denen sich niemals der ›wahre‹, unverstellte, aus allen Kommunikationsbedingungen gelöste Autor, sondern jeweils weitere Masken zeigen, die nicht unter eigenen Namen sprechen. Für Nietzsche ist gleichsam ›geschenkt‹, dass man als sich Mitteilender nie ganz man selbst sein und das heißt für ihn: sich auch sich selbst nie ganz unverstellt darstellen kann, sondern stets in jeweils geeigneten Selbstdarstellungen kommuniziert; *persona* war ursprünglich die Schauspielermaske.[95] Der »freie Geist« verwirklicht sich auch für ihn nicht wie für Hegel in der systematischen Verknüpfung seiner leitenden Begriffe, sondern im souveränen Spiel mit seinen Masken in wechselnden Lebenssituationen mit all den dazugehörigen Stimmungen und Ober- und

Untertönen. Nietzsche will mit seiner philosophischen Schriftstellerei die »Musik des Lebens« wieder hören lassen, die die idealistische Philosophie seit Platon zum Verstummen gebracht habe.

Die Formel »Wille zur Macht« für das freie Spiel unbenannter Individualitäten taucht erst beim reiferen Nietzsche auf. Ohne dass er ihn schon so nennen würde, bereitet sich der Gedanke in seinem dritten Aphorismen-Buch *Die fröhliche Wissenschaft* von 1882 vor. In dessen 109. Aphorismus warnt Nietzsche mit einem siebenfachen »Hüten wir uns!« davor, mit der typischen »Philosophen-Wuth der Verallgemeinerung« dem Weltgeschehen irgendeine allgemeine Ordnung, Gesetzlichkeit, Einheit oder Wahrheit vorab zu unterstellen; man vermenschliche es damit lediglich aus dem eigenen Bedürfnis nach Übersicht und Halt heraus. Wie immer man die Welt deutet, man gehört ihr selbst zu, und alle Beobachtungen und Verallgemeinerungen sind an Standpunkte in ihr gebunden. Nietzsche rät, das Weltgeschehen methodisch für alle Deutungen offenzuhalten, das heißt, es versuchsweise als »Chaos« zu betrachten, ohne daraus wieder eine Lehre, ein Dogma zu machen.

Geht man in Gedanken hinter alle Ordnungen zurück, die man unwillkürlich in das Chaos hineinträgt, steht man vor einer schaudererregenden absoluten Regellosigkeit. Dann bleibt nur, dass alles irgendwie aufeinander reagiert und so auch die Erkennenden auf das, was sie zu erkennen glauben. Dieses ohne vorgegebenes Gesetz aufeinander Reagierende wird Nietzsche »Willen zur Macht« (im Plural) nennen. Es sind ›*Willen*‹, sofern sie sich, wenn sie sich selbst erhalten wollen, gegeneinander durchsetzen müssen, es sind ›Willen *zur Macht*‹, sofern sie versuchen, einander zu vereinnahmen und dadurch ihnen gemäße Ordnungen zu bilden, und es sind bloße ›*Willen zur Macht*‹, nicht bestehende Mächte, weil ihre Macht in der fortdauernden Auseinandersetzung mit anderen Mächten keinen garantierten Bestand hat.

Diese fortdauernde Auseinandersetzung unter sich immer neu bildenden Einheiten spiegelt sich im Zusammenspiel der Aphorismen in Nietzsches Aphorismen-Büchern. Sie zeigen an jeder Stelle, dass Verallgemeinerungen Gleichsetzungen sind, ohne dass man Gleiches voraussetzen dürfte, sei es im Erkannten oder im Erkennenden. Sie führen vor, wie Gedanken in wechselnden Zusammenhängen ohne nachweisbare Notwendigkeit aufkommen und man sie einander dann so zuspielt, dass sie bestmöglich zueinander passen. Auch die logische Ordnung ist nach Nietzsche eine Form, die Dinge passend zu machen. Das Aphorismen-Buch vermeidet mit Bedacht, sie schon vorzugeben – ohne ihre Möglichkeit zu bestreiten.

Nietzsche führt, was zu vielen Missverständnissen geführt hat, den Wille-zur-Macht-Gedanken dennoch als dogmatische Lehre ein – in der Form der *Lehrdichtung*, in deren Mittelpunkt er nun nicht mehr eine Göttin, sondern einen halb historischen, halb mythischen fernöstlichen Propheten stellt. In *Also sprach Zarathustra* lässt Nietzsche seinen Protagonisten sagen: »Eine Tafel der Güter hängt über jedem Volke. Siehe, es ist seiner Überwindungen Tafel; siehe, es ist die Stimme seines Willens zur Macht.« (Za I, Von tausend und Einem Ziele) In seinem »Untergang« unter die (oder den) Menschen wird Zarathustra jedoch von allen missverstanden, vom Volk auf dem Markt mit seinem Gedanken des Übermenschen, von seinen Jüngern mit seinem Gedanken des Willens zur Macht und selbst von seinen klugen Tieren mit seinem Gedanken der ewigen Wiederkehr des Gleichen. Auch bei den »höheren Menschen« scheitert Zarathustra mit seinen Lehren; sie suchen in ihrer Glaubensnot nur nach einer höheren Autorität. Hier diskreditiert die Form in Gestalt der Rahmenhandlung den Inhalt in Gestalt der zentralen, scheinbar allgemein verständlichen und verbindlichen Lehren, und Nietzsche mutet seiner Leserschaft zu, darauf mit freiem Geist aufmerksam zu werden.

Umso mehr hat man in Nietzsches persönlichen Aufzeichnungen, seinen nachgelassenen Notaten, seine ›wahre‹ Meinung zu finden gesucht, auch und gerade zum Willen zur Macht. Eines dieser Notate hatte Nietzsches Schwester, die, um die Philosophie ihres Bruders, nachdem er in Wahnsinn verfallen war, rasch bekannt zu machen, zusammen mit Heinrich Köselitz alias Peter Gast, der ihm immer wieder als Sekretär beigestanden hatte, prominent ans Ende einer freihändig aus Nietzsches Nachlass zusammengestellten Kompilation *Der Wille zur Macht* gesetzt. So erschien der Wille-zur-Macht-Gedanke als Gipfel von Nietzsches literarisch unverstellter Lehre. Doch die Form der Darstellung war verfälscht und damit auch der Inhalt. Das Notat schließt, nachdem es die *»dionysische* Welt des Ewig-sich-selber-Schaffens« geschildert hat, mit dem Satz *»Diese Welt ist der Wille zur Macht – und nichts außerdem*! Und auch ihr selber seid dieser Wille zur Macht – und nichts außerdem!« Das klingt dogmatisch. In einer nur in einer Anmerkung abgedruckten Version hieß es jedoch: »Wißt ihr nun, was mir die Welt ist? Und was *ich* will, wenn ich *diese* Welt – will? – –« Was man nach dem schwesterlichen Willen zur Macht als wahre Meinung Nietzsches gelesen hat, ist keine allgemeingültige Lehre, keine Metaphysik, sondern sein Wille, jede scheinbar wahre Welt als eine Welt aus einem Willen zur Macht geborene, hier seines eigenen, zu entlarven.

Im Aphorismen-Buch *Jenseits von Gut und Böse*, das Nietzsche auf *Also sprach Zarathustra* folgen lässt und das zu dessen Erläuterung dienen sollte, macht er das ganz klar. Im veröffentlichten Aphorismus Nr. 36 führt er den Wille-zur-Macht-Gedanken mit einem wiederholten »Gesetzt, dass ...«, d.h. als bedingte Hypothese, nicht als unbedingte metaphysische Lehre ein und zudem in Anführungszeichen und im Konjunktiv. Unter der *methodischen Hypothese*, möglichst sparsam mit Prinzipien umzugehen (William of Ockham), wären alle »Arten von Causalitäten«, an die wir glauben wollen, *probehalber* vollends auf eine zurückzuführen, eben die der Wirkung von Willen zur Macht aufeinander – und *unter diesen Voraussetzungen* »wäre [die Welt] eben ›Wille zur Macht‹ und nichts ausserdem«. Die Form des Aphorismus rückt den scheinbar dogmatischen Inhalt des vorbereitenden Notats zurecht und macht den Willen-zur-Macht-Gedanken erst konsistent. Wird die Form nicht berücksichtigt, wird der Inhalt falsch verstanden.[96]

Die Geschichte der Form-Verwandlungen des Willen-zur-Macht-Gedankens ist damit jedoch nicht zu Ende. Im V. Buch der *Fröhlichen Wissenschaft* (Nr. 370), das erst nach *Also sprach Zarathustra* und *Jenseits von Gut und Böse* erscheint, ordnet Nietzsche seine auf die methodische Hypothese des Willen-zur-Macht-Gedankens gegründete Philosophie des dionysischen Werdens in eine Kreuztabelle von Metaphysiken ein, die er einander zuordnen will. Er will dort zeigen, dass alle Metaphysiken Orientierungsnöten, aber entgegengesetzten entspringen: Er unterscheidet solche des Mangels, einer Lebensarmut, die auch das Denken beschränkt, und solche des kaum zu bewältigenden Überflusses an Denk- und Lebensmöglichkeiten, wie er ihn an seinem Zarathustra vorgeführt hat. Seine eigene Philosophie ordnet er unter dem Namen eines *»dionysischen* Pessimismus« ein, eines Pessimismus, weil er die optimistische Behauptung an sich bestehender Ordnungen der Welt nicht teilt, und eines dionysischen Denkens, weil es sich mit dem Gedanken sich unablässig miteinander auseinandersetzender Willen zur Macht am tiefsten auf das Werden einlässt. In der Kreuztabelle kommt dieser dionysische Pessimismus neben Metaphysiken eines an sich bestehenden, immer gleichen Seins auf der einen Seite oder laufend sich überholenden Werdens auf der andern zu stehen und scheint so ebenfalls eine Metaphysik zu sein. Er ist es jedoch nicht: Denn mit der ganzen Kreuztabelle will Nietzsche gegen den »romantischen Pessimismus« Schopenhauers und Wagners opponieren, sie ist also wiederum Ausdruck *seines* Willens zur Macht in der Philosophie. Die scheinbare Metaphysizierung seines Gedankens hebt sich auch hier selbst auf.

Nietzsche lässt gleichwohl die Frage nicht los, wie seine Leitgedanken, die er als »starke Gegen-Begriffe« gegen leichtfertige und nach ihm verlogene Metaphysiken und Moralen konzipiert hat, im Zeichen des »europäischen Nihilismus« zusammengehören. Denn mit der Einsicht in diese Verlogenheit muss der Nihilismus, nimmt er an, sich nun bald mit verhängnisvollen Konsequenzen verbreiten – bei denen, die die »Entwerthung« der »obersten Werthe« nicht ertragen können und es aus persönlichen, ökonomischen, moralischen oder religiösen Nöten nicht schaffen, die neuen Möglichkeiten »freier Geister« wahrzunehmen. Es sei zu erwarten, dass der Nihilismus bei den »Schlechtweggekommenen« einen »Willen zur Zerstörung«, wenn nicht einen »Willen ins Nichts«, also einen gegen sich selbst gekehrten Willen zur Macht auslöst. In einem in Lenzer Heide niedergeschriebenen, auf den 10. Juni 1887 genau datierten und für Nietzsches Verhältnisse ungewöhnlich systematischen Notat geht es ihm nun um den *Umgang* mit dem Willen-zur-Macht-Gedanken. Und der ist von Personen und ihren Situationen abhängig: Nietzsche kommt zu dem Schluss, dass seine gefährlichen Gegen-Gedanken, die auf viele zerstörerisch wirken können, von den »*Stärksten*« ebenfalls als »extreme Glaubenssätze« erkannt werden. Die Stärksten aber sind dann die »Mäßigsten«, die »*ihrer Macht sicher sind*, und die [...] *erreichte* Kraft des Menschen mit bewußtem Stolze repräsentiren«. Sie können mit Gedanken und Gedankenexperimenten umgehen und bedürfen dazu keiner Metaphysik.

Auch in einem Notat kann man Perspektiven wechseln. In seinem systematischsten Notat handelt Nietzsche von einem denkbar starken Perspektivenwechsel.

Anschließend macht er in der Tat gehäuft Pläne zu einem »Hauptwerk«, nun offenbar doch mit abgehoben lehrhaftem Anspruch. Einer seiner Titel, aber nur einer unter andern, könnte »Der Wille zur Macht« sein. Doch Nietzsche verwirklicht keinen dieser Pläne, sondern bleibt teils beim Aphorismen-Buch wie der *Götzen-Dämmerung* und geht teils zu ausdrücklich polemischen Abhandlungen über wie *Zur Genealogie der Moral*, *Der Fall Wagner* und *Der Antichrist.* Deren »Kriegs-Praxis« beschreibt er in *Ecce homo* dann als Methode seines Philosophierens – im vollen Bewusstsein *seines* Willens zur Macht. Die Leitsätze dieser Kriegspraxis sind, nur »siegreiche Sachen anzugreifen« und nur dann, wenn es dafür nicht schon »Bundesgenossen« gibt, also nur dort, wo Nietzsche »sich allein compromittirt«, Personen aber nur so zu attackieren, wo er sich ihrer »wie eines starken Vergrösserungsglases« bedienen kann, »mit dem man einen allgemeinen, aber schleichenden, aber wenig greifbaren Nothstand sichtbar machen kann«. Er bediene sich solcher Personen – oder Masken – als einer »Semiotik«, so wie sich Platon des Sokrates als einer Semiotik bedient habe. Nietzsche kompromittiert sich in seiner Polemik offen mit seinem Willen zur Macht, mit dem er jedoch nicht vernichten, sondern befreien will, befreien von dogmatischen Lehren vor allem dort, wo starke Nöte zu einem starken Glauben zwingen.

Den schärfsten Krieg führt er gegen das Christentum – in *Der Antichrist*, dem er den Untertitel *Fluch auf das Christentum* gibt. Dort setzt er seinerseits mit einer hart dogmatischen Formulierung des Wille-zur-Macht-Gedankens ein – als Gegenentwurf gegen das Dogma von der christlichen Nächstenliebe: »Was ist gut? – Alles, was das Gefühl der Macht, den Willen zur Macht, die Macht selbst im Menschen erhöht. [...] *Nicht* Zufriedenheit, sondern mehr Macht; *nicht* Friede überhaupt, sondern Krieg; *nicht* Tugend, sondern Tüchtigkeit« (Nr. 2). Doch inmitten seiner Polemik gegen das dogmatisierte, verkirchlichte Christentum beginnt er, die Person Jesu, den »Typus Jesus« nach dem Vorbild Dostojewskis über die historische Bibel-Kritik hinaus »psychologisch« zu erfassen – als jemanden, der sich gegen alle Fixierungen und Dogmatisierungen sträubte und in einem »ganz in Symbolen und Unfasslichkeiten schwimmenden Sein« aufgeht, für den »die ganze Realität, die ganze Natur, die Sprache selbst [...] bloss den Werth eines Zeichens, eines Gleichnisses« hat (Nr. 31 f.). Christus hat danach – Nietzsche spricht es nicht aus, gesteht es sich vielleicht gar nicht ein – ein Leben *ohne* Willen zur Macht geführt, das ihn ans Kreuz brachte; denn in einer Welt des Willens zur Macht und nichts außerdem kann niemand ohne Wille zur Macht überleben. Was bei Christus als solcher erscheint, hätten ihm die Jünger zugeschrieben und missverstanden.

Mitten in seiner härtesten Polemik kompromittiert Nietzsche damit seinen eigenen leitenden Gedanken des Willens zur Macht. Der Inhalt, hier die psychologische Entdeckung des Typus Jesu, kehrt sich gegen die Form, hier die Polemik, die auf einmal zu einer augenscheinlich den Autor selbst überraschenden Heuristik wird. In *Ecce homo*, der Genealogie seines eigenen Denkens, erkennt Nietzsche, wohl in Erinnerung an Spinoza, den »amor fati«, die Liebe zum Schicksal, die nichts anders haben will, als es ist, also ein Leben ohne Willen zur Macht, auch als seine eigene »innerste Natur«. In der Form der Polemik und Anti-Polemik reibt sich für ihn selbst zuletzt der Wille-zur-Macht-Gedanke auf.

Das Letzte, was Nietzsche nach *Ecce homo* noch ausarbeiten kann, seine Dionysos-Dithyramben, sind lyrische Texte, die er vor allem *Also sprach Zarathustra* entnimmt, zum Teil verändert und durch neue ergänzt. Er hat seinen Zarathustra nach dessen »Genesung« von der Niederkunft mit dem Gedanken der ewigen Wiederkunft sagen lassen: »Dass ich wieder singen müsse, – *den* Trost erfand ich mir und *diese* Genesung«. In der schriftstellerischen Form des Liedes sind alle Begrifflichkeiten, auch die des Willens zur Macht, in Poesie aufgehoben; sie werden nicht mehr genannt. Nur von der »Wahrheit« singt Nietzsche noch – doch unter dem Titel *Nur Narr! Nur Dichter!* Im Wechsel seiner Formen philosophischen Schreibens bleibt er seinem Ziel treu, das Denken im dionysischen Werden zu halten, das er, auch beim philosophischen Schreiben, als Wille-zur-Macht-Geschehen erfährt. Hier überwindet es sich selbst.

43 Begriffsschrift: Gottlob Frege

Wie Nietzsche sah, sind so viele Deutungsspielräume nicht für alle Philosophen gut zu ertragen. Zu gleicher Zeit, doch ebenfalls in einer um Jahrzehnte verzögerten Wirkung, setzt sich eine Gegenbewegung durch, die nach dem Vorbild der Mathematik strikte Eindeutigkeit der philosophischen Sprache zu erreichen sucht. Gottlob Frege (1848–1925) steht an ihrer Spitze. Seine Eltern leiteten eine höhere Schule. Er studiert an der damals kleinen Universität Jena, an der er fast durchgehend bleibt, Mathematik, Naturwissenschaften und Philosophie und habilitiert sich in Mathematik, ohne eine ordentliche Professur zu erhalten. Er begründet die Logik neu, erarbeitet einen präzisen Aussagen- und Prädikatenkalkül und leitet die Arithmetik aus der Logik ab, wird dafür aber lange kaum beachtet. Indem er der heute so genannten analytischen Philosophie den Weg bahnt, die weniger Sachverhalte klären will als die Sprache, in der sie formuliert werden, hat er schließlich doch durchschlagenden Erfolg. Auch er schafft für seine philosophischen Neuerungen eine neue Form philosophischen Schreibens, die er »Begriffsschrift« nennt. Sie soll, wie der Untertitel des gleichnamigen schmalen Buchs von 1879 besagt, eine »der arithmetischen nachgebildete Formelsprache des reinen Denkens« sein. Nachdem Bertrand Russell in ihr eine Antinomie entdeckt, sieht Frege sein ganzes Programm gescheitert und verkrampft sich in Anti-Haltungen, auch gegen die Demokratie und gegen die Juden.

Freges Begriffsschrift, die Notation von Aussagen in mathematischen oder mathematikähnlichen Symbolen, ist laut seinem Vorwort als »Hilfsmittel für bestimmte wissenschaftliche Zwecke« gedacht, nicht so, dass die Philosophie als ganze in ihr geschrieben werden soll. Frege vergleicht die Begriffsschrift mit einem Mikroskop: Sie kann die Gesetze des schlussfolgernden Denkens scharf sichtbar machen, blendet dabei aber vieles andere aus, darunter all das, worauf es Kierkegaard und Nietzsche ankam. Frege will »nichts dem Erraten überlassen«. Er will die für Wissenschaftler notorisch vieldeutige alltägliche oder natürliche Sprache nicht nur verbessern, sondern sie durch eine vollkommen eindeutige Kunstsprache ersetzen. Dazu löst er sie auch von dem Subjekt-Prädikat-Schema, dem die indoeuropäische Grammatik folgt, an dem sich Aristoteles und Kant noch orientierten und das Nietzsche als »Bann« der europäischen Philosophie beschreibt: Frege stellt auf »Funktionen« um, d.h. bloße Abhängigkeitsbeziehungen, deren Leerstellen durch wechselnde »Argumente« »gesättigt« werden können. Dabei bleibt die Form-Inhalt-Korrelation aber erhalten, und so kann man auch bei dieser Form philosophischen Schreibens fragen, wie Form und Inhalt voneinander abhängen.

Künstliche Zeichen und ihr Gebrauch können eindeutig definiert werden. Fraglich ist dann ihr Bezug auf die Welt, mit der Menschen es zu tun haben, nach Frege ihre Bedeutung. Er macht die Bedeutung der Zeichen, ihren Inhalt, radikal von ihrer Form abhängig. Er setzt weiterhin ein von allen individuellen Erkenntnisbedingungen der Menschen unabhängiges Denkens voraus und betrachtet die Begriffsschrift als dessen »Formelsprache«. Doch auch für ihn ist das Denken nur in Zeichen beobachtbar: »Deshalb verachte niemand die Zeichen! von ihrer zweckmäßigen Wahl hängt nicht wenig ab.« Um sie zweckmäßig für das reine Denken zu konzipieren, beschränkt Frege sich auf geschriebene Zeichen. Damit entfällt alles situativ Bedingte und Stimmungshafte ihres Gebrauchs; die Zeichen der Begriffsschrift liegen allen zu allen Zeiten in gleicher Weise vor; sie bleiben stehen und verändern ihre Bedeutungen nicht. Außerdem können sie auf begrenztem Raum, z.B. einer Zeile oder auch einer Seite, übersichtlich angeordnet werden. Die »Lagenverhältnisse der Schriftzeichen auf der zweifach ausgedehnten Schreibfläche« schaffen, so Frege, als solche schon Übersicht. Die Begriffsschrift ist »leicht und sicher zu beherrschen«, jedoch auf einem begrenzten Feld. Ihre Zeichen aber können nur abgelesen, mit ihnen kann nicht kommuniziert werden. Die Begriffsschrift kürzt die Welt gezielt in das zur leichten Übersicht mathematikähnlich Formulierbare und logisch Kontrollierbare, eine Welt des »reinen Denkens« ab, und damit diese Welt möglichst übersichtlich bleibt, soll das Repertoire der Zeichen möglichst klein gehalten werden.

Durch die vorgeschriebene logische Form wandelt sich der Inhalt, wie ehemals bei Parmenides, in einen rein logischen. Gegenstände der realen Welt können nach Frege nicht Funktionen sein; ihr Ausdruck führt keine leere Stelle mit sich. In der Begriffsschrift werden sie durch Eigennamen repräsentiert, die als Argumente in die Leerstelle von Funktionen eingesetzt werden. Dadurch werden sie kontrolliert austauschbar: in ›(x) ist die Hauptstadt von Dänemark‹ kann ›Kopenhagen‹, nicht aber ›Stockholm‹ eingesetzt werden. Die kontrollierte Austauschbarkeit hat zur Folge, dass der eigentliche Gegenstand des Satzes seine logisch definierte Bedeutung ist, die einen »Wahrheitswert« hat, die Werte »wahr« oder »falsch«. Das führt im Rahmen der logischen Begriffsschrift zu der philosophisch befremdlichen, aber einzig möglichen Konsequenz, dass alle in ihr gebildeten wahren Sätze denselben Gegenstand, eben den Wahrheitswert »wahr« haben. Dieser Gegenstand kann tatsächlich im parmenideischen Sinn unveränderlich feststehen; der Planet Venus bleibt, was er ist, ob er nun mit sinnverschiedenen Wörtern wie ›Morgenstern‹ und ›Abendstern‹ benannt wird.[97] Der durch die Form der Begriffsschrift erzeugte Inhalt ist der von ihr erzeugte Wahrheitswert.

Die Schrift *Begriffsschrift* wäre dann völlig konsistent, wenn ihr Inhalt, die Begriffsschrift, auch in der Form der Begriffsschrift eingeführt würde. Frege strebt das in seinen folgenden grundlegenden Werken, den *Grundlagen der Arithmetik* und den *Grundgesetzen der Arithmetik*, auch an. Sein Initialwerk *Begriffsschrift* beginnt zur Einführung dagegen noch mit gewohnter wissenschaftlicher Prosa und geht erst im Gang der Schrift allmählich in die konzipierte Begriffsschrift über, bis die Darstellung am Ende fast vollständig formelhaft ist. Dabei werden notorisch vieldeutige und philosophisch entsprechend umstrittene Begriffe wie ›Vorstellung‹, ›Gedanke‹, ›Name‹, ›Sein‹, ›Wahrheit‹ gegen den alltäglichen und den bisherigen philosophischen Sprachgebrauch vereindeutigt oder eliminiert. So hat Freges Projekt, in dessen Mittelpunkt für ihn die logische Begründung der Arithmetik stand, wohl eine neue Einheit von Form und Inhalt im philosophischen Schreiben denkbar gemacht. In der Philosophie hat es jedoch nur einen »begrenzten Anwendungsspielraum« gefunden. Im Rückblick ist »der bloße Kalkül übriggeblieben, der sich von einer Beziehung zur natürlichen Sprache oder zu konkreten wissenschaftlichen Schlussfolgerungen weitgehend gelöst hat. Zwar macht die analytische Philosophie heute an kritischen Stellen von formalen Mitteln Gebrauch; in der Regel sind philosophische Argumentationen jedoch zu verwickelt, als daß eine Umsetzung in die formale Sprache im Einzelnen sinnvoll wäre.«[98]

44 Vom Traktat in Dezimalnotation zum Album mit Paragrafenzählung: Ludwig Wittgenstein

Ludwig Wittgenstein (1889–1951) will Freges Ansatz bei der Begriffsschrift zu Ende denken und eine Philosophie liefern, mit der »die Probleme im Wesentlichen endgültig gelöst« sind. Er hat nicht mehr die Begründung der Arithmetik aus der Logik im Auge, sondern den Bezug des »Gedankens« auf die »Welt« oder die »Wirklichkeit«. Als seine frühe *Logisch-philosophische Abhandlung* bereits starke Wirkungen im Logischen Positivismus des Wiener Kreises zeigt, stellt er selbst ihre Grundlagen infrage. Er geht dabei zu einer anderen, neuen Form philosophischen Schreibens über: vom Traktat in Dezimalnotation zum »Album« mit Paragrafenzählung. Er erarbeitet dieses Album im Lauf von Jahrzehnten in vielfachen Varianten und stellt aus ihnen schließlich *Philosophische Untersuchungen* zusammen, die er jedoch nicht veröffentlicht. In ihnen formiert er die Philosophie von Grund auf neu – um sie im Wesentlichen überflüssig zu machen. Die Unbefangenheit und den Mut dazu geben ihm außerordentliche Lebensbedingungen, eine weitgehende Unkenntnis der Geschichte der Philosophie und aufsehenerregende logisch-philosophische Einsichten schon zu Beginn seines Studiums der Philosophie.

Ludwig Wittgenstein hat unter den großen Philosophen das wohl ungewöhnlichste Leben geführt. Er wächst in Wien unter herrschaftlichen Bedingungen auf. Sein Vater war als junger

Mann nach New York ausgerissen, hatte dort als Kellner, Violinspieler in einer schwarzen Band, Steuermann, Barkeeper, Nachtwächter, Mathematik-, Griechisch-, Latein-, Horn- und Violin-Lehrer gearbeitet und, als er schließlich nach Wien zurückkehrte, um dort an der Technischen Hochschule zu studieren, bald eine der glanzvollsten Karrieren in der Stahlbranche gestartet, die ihn zu einem reichen Großindustriellen machte. Das Wittgensteinsche Palais, in dem Ludwig als jüngstes von acht Kindern aufwächst, ist ein Zentrum des Wiener gesellschaftlichen und kulturellen, vor allem musikalischen Lebens. Drei der fünf Söhne, die sich dagegen sträuben, in die Spuren des Vaters zu treten, nehmen sich das Leben. Ludwig zeigt zwar technische Interessen, denkt aber ebenfalls unentwegt an Selbstmord. Das religiöse Spannungsfeld der Familie – beide Eltern haben jüdische Vorfahren, der Vater ist Protestant, die Mutter, eine begabte Pianistin, lässt die Kinder katholisch erziehen – erzeugt in ihm eine puritanische Selbstdisziplin: Er fordert zeitlebens von sich äußerste Reinheit und Klarheit im Leben wie im Denken. Trotz aller Zweifel an ihren Dogmen baut er auf Religion; er ist zerrissen zwischen (damals anrüchigen) homosexuellen Verlockungen und religiösen Erlösungsstimmungen. Gegen andere, die leichter leben, hält er schroffe Distanz, leidet unter ihrer »Gemeinheit« bis zum Ekel, ist in seinem Willen zu absoluter Ehrlichkeit ebenso verletzlich wie verletzend. Er duldet nur wenige, ausgewählte Freunde um sich und lässt sich in Norwegen eine kaum zugängliche Hütte errichten, um einsam leben und denken zu können.

Er studiert zunächst wohl Ingenieurswissenschaften, geht jedoch, als bei der Konstruktion eines Propellers Schwierigkeiten in der mathematischen Berechnung auftreten, zur Mathematik über und stößt dort bald auf deren Grundprobleme. Sie führen ihn, auf den Rat Bertrand Russells hin, zu Frege, der ihm wiederum rät, bei Russell, der mit Whitehead an *Principia Mathema-*

tica arbeitet, in Cambridge Philosophie zu studieren. Russell erkennt, als der junge Student in seiner Typentheorie, mit der er eine Antinomie in Freges Ansatz zu überwinden sucht, wiederum eine Antinomie offenlegt, in Wittgenstein ein »Genie« – und fördert ihn auch dort, wo er ihm selbst nicht folgen kann.[99] Wittgenstein selbst zweifelt weiter an sich. Ohne sie ausführlich zu studieren, ist er zugleich fasziniert von Platon, Augustinus, Pascal, Schopenhauer und Kierkegaard, ihrer Religiosität wegen auch von Dostojewski und Tolstoi. Bei Nietzsche ist er »stark berührt von seiner Feindschaft gegen das Christentum« – und scheut sich nicht, selbst ein zugleich »sinnloses« und Gott verpflichtetes Leben zu führen.

Als er von seinem Vater ein riesiges Vermögen erbt, empfindet er es als Belastung für seinen Versuch, zur Reinheit zu finden, und stellt große Summen Künstlern zur Verfügung; später verzichtet er zugunsten seiner Geschwister ganz darauf. 1914 meldet er sich aus einem für ihn ganz selbstverständlichen Patriotismus heraus freiwillig zum Kriegsdienst, spendet auch hier für die Ausrüstung seiner (Artillerie-)Einheit erhebliche Summen. Dennoch lässt er sich, da ohne Offiziersausbildung, als einfacher Kanonier auf einem Wachtschiff an der Ostfront stationieren, wo er monatelang fast ausschließlich zum Abortreinigen und ähnlichen Arbeiten abkommandiert wird. Er erlebt das als Charakterprüfung, sucht Einsätze unter selbstmörderischer Todesverachtung – und kämpft zugleich darum, an seiner *Logisch-philosophischen Abhandlung* arbeiten zu können, um endlich zu logischer Klarheit über logische Klarheit zu kommen. In der Furcht, seine Abhandlung nicht vollenden zu können, verfällt er in Ängste und Depressionen, klammert sich an Tolstois Evangelien-Kommentar und findet in der Arbeit, der soldatischen wie der philosophischen, »Gnade«: »Arbeite nur fort«, notiert er in sein Tagebuch, »damit du gut wirst.«

Nach dem Krieg versucht er sich als Volksschullehrer auf dem Land. Seine teils einfallsreichen, teils harten Erziehungsmethoden führen zu einer Anklage und zur Forderung einer Untersuchung auf seinen Geisteszustand. Freigesprochen, arbeitet er als Gärtnergehilfe in einem Kloster und erwägt, Mönch zu werden. Seine eigenwillige *Logisch-philosophische Abhandlung* wird unter Mühen veröffentlicht (in einer folgenden englischen Übersetzung unter dem Titel *Tractatus logico-philosophicus*). Wittgenstein hält sie selbst für so schwer verständlich, dass er, trotz all seiner Arbeit an ihrer Klarheit, nicht einmal von seinen Prüfern im Doktorexamen, den berühmten Professoren Russell und Moore, erwartet, dass sie sie verstehen würden. Der Wiener Kreis um Moritz Schlick wird auf sie aufmerksam, erkennt in ihr eine Grundlage seines Logischen Positivismus und lädt Wittgenstein zum Austausch ein; der jedoch distanziert sich, als Missverständnisse auftreten.

Eine seiner Schwestern lässt Wittgenstein zusammen mit einem Freund, dem Architekten Paul Engelmann, ein Haus für sich bauen, das durch die Klarheit und Strenge seiner Formen beeindruckt. Mit vierzig Jahren kehrt er nach Cambridge zurück und wird nach seiner Promotion mit der *Abhandlung* Fellow des Trinity College. Seine Seminare, an denen auch Kollegen teilnehmen, sind nur für wenige durchzuhalten. Am strengsten ist Wittgenstein mit seiner eigenen Philosophie. Er revidiert sie, auch auf die Kritik von Freunden hin, so grundlegend, dass sein Denken für manche, darunter Russell, unkenntlich und unsinnig wird und man bis heute einen »Wittgenstein II« von einem »Wittgenstein I« unterscheidet. Und er sucht dafür eine neue Form.

Nach dem Anschluss Österreichs an Nazi-Deutschland muss Wittgenstein fürchten, seiner jüdischen Vorfahren wegen verfolgt zu werden, und wird englischer Staatsbürger, bald danach Nachfolger auf Moores Lehrstuhl für Philosophie. Im Zweiten Weltkrieg leistet er Hilfsdienste in englischen Krankenhäusern, zunächst als Pfleger, dann in einem Labor zur Entwicklung medizinischer Geräte. Nach dem Krieg verzichtet er auf die Professur und alle Einkünfte, lebt von Ersparnissen, zuletzt in einer Hütte in einem irischen Fischerdorf. An seiner Philosophie arbeitet er stetig weiter, treibt sie noch über die *Philosophischen Untersuchungen* hinaus. Nach einem USA-Aufenthalt stirbt er in der Obhut von Freunden.

Im Vorwort zur *Logisch-philosophischen Abhandlung* erhebt Wittgenstein dem Inhalt nach »im Einzelnen« keinen »Anspruch auf Neuheit«, sondern bekennt sich zum Anschluss an Frege und Russell. Er bringt das Ganze jedoch in eine Form, für die er eine »*Wahrheit*« beansprucht, die »unantastbar und definitiv« ist. Sie soll in der Klarheit der »Gedanken« bestehen und sich im Text selbst zeigen. Der Text soll dazu leicht zu übersehen, an jeder Stelle unmittelbar zu verstehen und deshalb so knapp wie möglich gehalten, kurz, wie Wittgenstein später sagen wird, übersichtlich dargestellt sein. Er verzichtet auf ein Inhaltsverzeichnis, auf Zwischenüberschriften und Anhänge. Kein inhaltlich ähnlich weitgreifender Text der Philosophie hat eine ähnliche Prägnanz der Form erreicht.

Die übersichtliche Darstellung erreicht Wittgenstein in der *Abhandlung* durch eine Dezimalnotation, die er eigens für sie schafft. Sie ermöglicht, ihre sieben Thesen, auch wenn sie im Text weit auseinander stehen, in ihrer numerischen Abfolge unmittelbar nacheinander zu lesen: »1 Die Welt ist alles, was der Fall ist.« – »2 Was der Fall ist, die Tatsache, ist das Bestehen von Sachverhalten.« – »3 Das logische Bild der Tatsachen ist der Gedanke.« – »4 Der Gedanke ist der sinnvolle Satz.« – »5 Der Satz ist eine Wahrheitsfunktion der Elementarsätze.« – »6 Die allgemeine Form der Wahrheitsfunktion ist: $[\bar{p}, \xi, N(\xi)]$. Dies ist die allgemeine Form des Satzes.« – »7 Wovon man nicht sprechen kann, darüber muß man schweigen.« Die Thesen ergeben das klare Gesamtbild eines systematischen Zusammenhangs, ohne dass mit ihrer Reihung ein Anspruch auf ihre logische Ableitung auseinander erhoben wird. Anders als Spinoza, den er über Schopenhauer flüchtig gekannt zu haben scheint,[100] arbeitet Wittgenstein nicht mit Beweisen und schickt keine Definitionen und Axiome voraus; alles soll sich allein aus der übersichtlichen Darstellung ergeben. Die Begriffsschrift beginnt Wittgenstein in den Ausführungen zu These 3 einzusetzen, um sie dann selbst für seine Zwecke umzuformen und seine Methode der Wahrheitstafeln zu entwickeln. Die *Abhandlung* geht jedoch nicht in ihr auf.

Sie ergibt der Sache nach, dass die Erkenntnis der »Welt« oder der »Wirklichkeit« nicht bis zu den »Dingen«, sondern nur bis zu »Tatsachen« oder »Sachverhalten« reicht, die im Sinn der Begriffsschrift in logisch klaren »Sätzen« ausgesprochen werden können. Dazu muss bei »Elementarsätzen« angesetzt werden, in die »Namen« für »Gegenstände« eingehen. Logisch korrekte Elementarsätze geben »logische Bilder« von elementaren Sachverhalten oder dem, was in der Welt der Fall ist. Ihre »Wahrheit« stellt man fest, indem man sie mit der Wirklichkeit »vergleicht«; soweit die Wirklichkeit aber nur in Sätzen darstellbar ist, sind logische Bilder von ihr »Projektionen«, die in die Wirklichkeit hineingesehen und in ihr dann wiedererkannt werden.[101] Insofern »sorgt die Logik für sich selber« (5.473). Zugleich ist dann aber die logisch geformte Sprache die »Grenze« einer »Welt«, über die hinaus nichts in logisch klar geformten Sätzen gesagt werden kann. Dazu gehören alle »Lebensprobleme« wie die Fragen nach dem Ich, dem Bewusstsein und seinen Vorstellungen, nach dem Guten und Bösen, nach dem Sinn der Welt und dem Dasein Gottes, die, auch für Wittgenstein, die »wichtigsten« sein könnten. Das Subjekt ist kein Problem mehr, weil die Betrachtung selbst es ausschließt: »Das denkende, vorstellende, Subjekt gibt es nicht.« Denn: »Das Subjekt gehört nicht zur Welt, sondern es ist eine Grenze der Welt.« (5.631 f.) Die Philosophie wird auch hier klar durch die radikale Reduktion ihrer Fragen.

Die Sätze, die all dies erläutern und die Hauptmasse des knappen Textes ausmachen, nennt Wittgenstein in einer (einzigen) Fußnote »Bemerkungen«. Mithilfe der Dezimalnotation kann er den Bemerkungen immer weitere Bemerkungen anfügen; ihre Zuordnung bleibt klar erkennbar; da jede eine Nummer erhält, bleibt sie auch klar identifizierbar. Wittgenstein stuft die Bemerkungen zugleich nach ihrem »logischen Gewicht«: indem er der Nummer *n* des Satzes der höchsten Rangstufe eine weitere Nummer *nm* in einer niedrigeren Rangstufe hinzufügt. Satz 1 wird ergänzt durch die Bemerkungen 1.1 und 1.2, diese durch die Bemerkungen 1.11, 1.12, 1.13 bzw. 1.21 usw. Je länger die Nummer, desto geringer ist ihr logisches Gewicht. Auch hier sind die Sätze meist nicht logisch auseinander abgeleitet; die Dezimalnotation macht nur ihre Gewichtung übersichtlich. Ihre Stufenordnung soll, so Wittgenstein, lediglich Zeichen des »Nachdrucks« sein, den er jeweils auf sie legt. Danach liegt auf den Sätzen »1.1 Die Welt ist die Gesamtheit der Tatsachen, nicht der Dinge« und »1.2 Die Welt zerfällt in Tatsachen« weniger Nachdruck als auf »1 Die Welt ist alles, was der Fall ist«, und so kann ein methodologisch schwergewichtiger Satz wie »2.12 Das Bild ist ein Modell der Wirklichkeit« ein Satz dritter Ordnung sein. Ein inhaltlich grundlegender Satz wie »3.142 Nur Tatsachen können einen Sinn ausdrücken, eine Klasse von Namen kann es nicht« wird zu einem Satz vierter Ordnung, ein axiomatischer Satz wie »4.0312 [...] Mein Grundgedanke ist, daß die ›logischen Konstanten‹ nicht vertreten. Daß sich die *Logik* der Tatsachen nicht vertreten läßt« zu einem Satz fünfter Ordnung und ein sprachkritischer Satz wie »5.47321 [...] Zeichen, die *Einen* Zweck erfüllen, sind logisch äquivalent, Zeichen, die *keinen* Zweck erfüllen, logisch bedeutungslos« zu einem Satz sechsten und niedrigsten Ranges. Die berühmte These 7 wird nicht mehr durch Bemerkungen erläutert. Stattdessen bereiten Bemerkungen zu These 6 sie vor. Die Abhandlung schließt so mit dem Wort »schweigen«: *Zeigt* sie vorher, was sie sagen will, so *tut* sie hier, was sie sagt.

Und sie tut es doch nicht. Denn im Nachdruck auf das logische Gewicht der Sätze, dem die Dezimalordnung Ausdruck gibt, ist das aus der Betrachtung ausgeschlossene Subjekt, hier das Subjekt des Autors, überall im Text präsent. Und in der Abhandlung wird genau darüber gesprochen, worüber geschwiegen werden müsste: über die logische Form der Abbildung der Welt und damit über die Wahrheit der Sätze, die Wittgenstein durch die bloße Form der Darstellung zum Ausdruck bringen, also *zeigen* will. Da sie kein Ding und kein Gegenstand ist, der in einen Elementarsatz eingehen könnte, kann die logische Form der Abbildung nur widersprüchlich *ausgesagt* werden. So endet auch die *Logisch-philosophische Abhandlung* in einer Paradoxie (oder Antinomie), nun von Form und Inhalt. Wittgenstein behilft sich, um sie zu überwinden, mit der Leiter-Metapher, die aber wiederum ein verstehendes und sein Verstehen korrigierendes Subjekt voraussetzt: »6.54 Meine Sätze erläutern dadurch, dass sie der, welcher mich versteht, am Ende als unsinnig erkennt, wenn er durch sie – auf ihnen – über sie hinausgestiegen ist. (Er muss sozusagen die Leiter wegwerfen, nachdem er auf ihr hinaufgestiegen ist.)« Damit hat die *Logisch-philosophische Abhandlung* nach ihrem eigenen Anspruch keinen Bestand: Ihre Form widerspricht offen ihrem Inhalt. Wittgenstein sieht, dass er sie so nicht stehen lassen kann. Er muss, um die Paradoxie zu entparadoxieren, für seine Philosophie eine neue Form und mit ihr einen neuen Inhalt finden.

Beide sucht er in einem jahrzehntelangen Prozess immer neuen Nachdenkens, dessen wichtigstes Resultat die *Philosophi-*

schen Untersuchungen sind. Dabei verändern sich für ihn die Bedingungen, die Möglichkeiten, das Ziel und der Anspruch der Philosophie. Er bleibt beim Ansatz bei Sprache und Zeichen und dem Zweifel an allem, was dem Verstehen von Sprache und Zeichen an unbeobachtbaren Vermögen eines Subjekts unterstellt wird. Dagegen gibt er den Anspruch auf Wahrheit und das Ziel eines systematischen Gesamtbildes auf, nicht aber die Forderung der Klarheit. Die Klarheit soll jedoch nicht mehr in der logischen Form liegen, wie er sie im Anschluss an Frege und Russell gedacht hat: Wittgenstein lässt die Voraussetzung *einer* Logik eines *reinen* Denkens fallen, er erkennt sie als irreführendes »Ideal der Genauigkeit« (§ 88), das sich »in der Realität« nicht findet (§ 101). Stattdessen muss man sich, wenn man sehen will, wie die Welt geordnet ist, an die natürliche Sprache halten, die in ihrem alltäglichen Gebrauch die Wahrnehmung der Welt mit der Zeit so ordnet (und immer wieder neu ordnet), dass sie zum Zeichen einer aktuellen »Lebensform« wird. Die »Grammatik« dieses Gebrauchs, die für Wittgenstein weit mehr umfasst als die kodifizierten grammatischen Regeln, mit denen man eine Fremdsprache lernt, kann man nicht begründen, aber beschreiben – wiederum in einer übersichtlichen Darstellung. Und daran kann klar werden, wie philosophische Probleme überhaupt entstehen.

Die »übersichtliche Darstellung« wird in den *Philosophischen Untersuchungen* für Wittgenstein »von grundlegender Bedeutung« (§ 122). Weitere Voraussetzungen werden nicht gemacht. Das hat für die Philosophie noch einschneidendere Folgen als die *Logisch-philosophische Abhandlung*: »Denn die Klarheit, die wir anstreben, ist allerdings eine *vollkommene*. Aber das heißt nur, daß die philosophischen Probleme *vollkommen* verschwinden sollen.« (§ 133) Widersprüche, die in dieser oder jener Philosophie auftauchen, muss man nicht lösen. Es genügt, sie »übersehbar zu machen« (§ 125): Sofern sie sich Missverständnissen der philosophischen Sprache selbst verdanken, muss man die abweichend gebrauchten, fixierten, idealisierten oder metaphysizierten Wörter nur »auf ihre alltägliche Verwendung zurückführen« (§ 116).

Aus der von den Voraussetzungen der *Logisch-philosophischen Abhandlung* befreiten Sicht – dem Exaktheitsideal der Logik, der Analyse der Welt in logisch abbildbare Tatsachen, der Einschränkung der Sprache auf Aussagesätze, der Annahme, dass die Umgangssprache die Gedanken verkleide und unkenntlich mache (4.002) – entdeckt Wittgenstein die Klarheit und Vollkommenheit der natürlichen Sprache selbst, auf die man immer, auch bei der Einführung wissenschaftlicher und philosophischer Theorien, angewiesen ist: Er »dreht die ganze Betrachtung um unser eigentliches Bedürfnis als Angelpunkt« (§ 108). Er orientiert sich neu und ändert Inhalt *und* Form seines Philosophierens. Statt wie in der *Abhandlung* eine »feste Form der Welt« (2.023, 2.026) zu suchen, entdeckt er in mannigfaltigen und variationsreichen, nicht vorab logisch geordneten »Sprachspielen« eben die »Mannigfaltigkeit der Sprachspiele«, die sich nicht auf die Feststellung von Sachverhalten beschränken, sondern auch Sprachhandlungen wie Hypothesen aufstellen, Geschichten erfinden, Rätsel raten, Witze machen, übersetzen, bitten, danken, fluchen, grüßen, beten einschließen, und die Beweglichkeit solcher Sprachspiele, die ihrerseits bewegliche »Lebensformen« zum Ausdruck bringen (§ 23). Er schreibt der Sprache nicht mehr wie in der *Abhandlung* eine Funktion, die der Darstellung von Gedanken in Aussagesätzen, zu, sondern beschreibt, »wie die Sprache funktioniert« (§ 2) – in ihrer ganzen Vielfalt, mit der sie die menschliche Orientierung ermöglicht. Die komplexe Umgangssprache verkleidet und verzerrt nicht einfache Gedanken, sondern kann in jeder Situation hinreichend klar komplexe Gedanken und Handlungen ausdrücken. Man kann sich mit ihr und in ihr orientieren wie in »einer alten Stadt« mit ihrem »Gewinkel von Gäßchen und Plätzen, alten und neuen Häusern, und Häusern mit Zubauten aus verschiedenen Zeiten; und dies umgeben von einer Menge neuer Vororte mit geraden und regelmäßigen Straßen und mit einförmigen Häusern« (§ 18), ohne dafür einen Plan haben zu müssen. Man darf in Sprache und Welt nicht schon Gleichheiten voraussetzen, die dann generelle Abstraktionen und Wesensbegriffe denkbar machen, sondern kann sich an bloße »Familienähnlichkeiten« halten, die von Individuellem, höchstens Typischem ausgehen und doch erlauben, nach deren jeweiligen Merkmalen konsequent vom einen zum andern überzugehen: Solche Ähnlichkeiten »übergreifen und kreuzen sich« wie die Fasern eines Fadens, der auch dann hält, wenn keine Faser den ganzen Faden durchläuft (§ 67). Aber es kann auf jede einzelne Faser ankommen.

Das begrenzt nun umgekehrt die Möglichkeit festen Wissens und erlaubt nur eine stets vorläufig bleibende Orientierung. Beim späten Wittgenstein nehmen die philosophischen Probleme »die Form« an: »›Ich kenne mich nicht aus‹« (§ 123). Kann man sich nicht orientieren, ist das erste Bedürfnis Übersicht, und so wird die »übersichtliche Darstellung« ohne weitere theoretische Vorgaben die erste Aufgabe der Philosophie. In der alltäglichen wie in der philosophischen Orientierung sucht man in der verwirrenden Mannigfaltigkeit von »Anhaltspunkten« (§ 607) erst einmal »›Zusammenhänge zu sehen‹«, die ein Bild ergeben, das man in seiner Situation versteht. Dazu muss man passende »Zwischenglieder« finden oder, wenn sie sich nicht finden, »erfinden« (§ 122). Dabei ist weder etwas zu begründen noch zu begreifen noch künstlich zu verändern. So wird der regelrechte Gebrauch der natürlichen Sprache den Kindern auch nicht erklärt, sondern eindressiert; und auch weiterhin wird man in der Gesellschaft zum korrekten Sprechen »abgerichtet« (§ 27). Die Philosophie lässt darum hier »alles wie es ist«. Um den »tatsächlichen Gebrauch der Sprache« zu »beschreiben« (§ 124), braucht sie keine vorab definierten Begriffe und Zeichen und schon gar keine mentalen Entitäten wie das Bewusstsein und seine Vorstellungen oder ein Meinen, Glauben und Wissen vorauszusetzen. Man kann so sprechen, darf sich damit aber nicht in haltlose Probleme verrennen. Die Hauptarbeit philosophischer Untersuchungen besteht nun darin, fixierte, idealisierte und metaphysizierte Konstrukte der Philosophie fragwürdig zu machen, wenn nicht mit ihnen abzuräumen nach dem Motto: »Wenn man aber sagt: ›Wie soll ich wissen, was *er* meint, ich sehe ja nur seine Zeichen‹, so sage ich: ›Wie soll er wissen, was er meint, er hat ja auch nur seine Zeichen.‹« (§ 504) In Form und Inhalt bleibt nur der orientierende Umgang mit Zeichen.

Um in der Philosophie vom Wissens- in den Orientierungsmodus überzugehen, schafft Wittgenstein das »Album« als neue »Form« des philosophischen Schreibens. Im Vorwort zu den *Philosophischen Untersuchungen* betont er, er habe diese Form lange gesucht und vieles probiert; sie ist ihrerseits im Lauf eines ausführlichen Orientierungsprozesses entstanden. Er habe dabei entdeckt, dass »das beste, was ich schreiben konnte, immer nur philosophische Bemerkungen bleiben würden«. Die Bemerkungen stehen nun für sich, sind keinem System von Thesen mehr zu- und in keine Rangordnung mehr eingeordnet. Sie sind in den *Philosophischen Untersuchungen* länger als in der *Abhandlung*, beschränken sich aber weiterhin auf prägnant formulierte »kurze Absätze, [...] manchmal in längeren Ketten, über den gleichen Gegenstand, manchmal in raschem Wechsel von einem Gebiet zum andern überspringend«. Für die vielfältigen Sprachspiele entwickelt Wittgenstein vielfältige Formen, Formen der Beschreibung von Beobachtungen, von Behauptungen, von Erwägungen, von Verunsicherungen, von Vergewisserungen. Er gibt gängige Thesen vor und antwortet mit ihrer Erschütterung, er inszeniert Dialoge, teils mit sich selbst, teils mit der Leserschaft, er entwirft Beispiele, die man so oder so verallgemeinern kann, er stellt Gedankenexperimente an usw. Vorwiegend, aber nicht immer klar erkennbar, handelt es sich um einsame Selbstgespräche (»Ich sage vielleicht auch ...« § 70), Selbsteinwände (»›Gut, so ist also ...‹ – ›Aber dann ist ja ...‹« § 68), Selbstbefragungen (»Wenn ich nun sage ...« § 60), Selbstaufforderungen (»... denk nicht, sondern schau ...« § 66) und Selbstbelehrungen (»Die eigentliche Entdeckung ist die, die mich fähig macht ...« § 133). Um sich nicht unnötig festzulegen, formuliert Wittgenstein sie mit Vorliebe konditional (»Wenn ich sage ..., so kann ...« § 79). Die mannigfaltigen Sprachspiele, die er vorführt, sind jeweils in sich übersichtlich, nicht aber in ihrem Zusammenhang. Die Leserschaft muss sich selbst orientieren, sich Übersicht verschaffen und sich eine übersichtliche Darstellung des Ganzen zurechtlegen; entsprechend weit gehen die Gliederungen der *Philosophischen Untersuchungen* und die Gesamtinterpretationen in der Forschung auseinander. Wittgenstein gibt den Bemerkungen außer gelegentlichen Verweisen einzig eine fortlaufende Paragrafenzählung bei – nicht zur logischen Ordnung, sondern lediglich zur leichteren Identifizierung der Bemerkungen, also wiederum zur Orientierung.

Die schriftstellerische Form des Albums ermöglicht und zwingt, so Wittgenstein in seinem Vorwort zu den *Philosophischen Untersuchungen*, »ein weites Gedankengebiet, kreuz und quer, nach allen Richtungen hin zu durchreisen. – Die philosophischen Bemerkungen dieses Buches sind gleichsam eine Menge von Landschaftsskizzen, die auf diesen langen und verwickelten Fahrten entstanden sind.« Die Untersuchungen haben keinen zwingenden Anfang, keine zwingende Abfolge, kein zwingendes Ende, sie schaffen Spielräume der Orientierung. Man kann, wenn man das zu seiner Orientierung braucht, eine Theorie, ein System in sie hineinprojizieren, wie es oft geschehen ist.[102] In jedem Fall kann man sie als Karten zur Orientierung nutzen. Karten zur Orientierung sind übersichtliche Darstellungen par excellence: »Die gleichen Punkte, oder beinahe die gleichen«, berichtet Wittgenstein über seinen eigenen Orientierungsprozess, »wurden stets von neuem von verschiedenen Richtungen her berührt und immer neue Bilder entworfen.« Er habe sie »nun so angeordnet, oftmals beschnitten, [...] daß sie dem Betrachter ein Bild der Landschaft geben konnten«. Nicht mehr, nicht weniger. In der Landschaft, die sich in diesem Album auftut, kann und muss man sich auf eigene Faust bewegen: im Album hin und her blättern, hier oder dort stehen bleiben, ein Bild genauer ansehen. Sobald man aber glaubt, verstanden zu haben, stellen die weiteren Bilder voreilige Gewissheiten wieder infrage und machen weitere Orientierung nötig.[103] Das Skizzen-Album ist die Form der übersichtlichen Darstellung voreiliger inhaltlicher Vorabfestlegungen in der Philosophie oder ihrer Entdogmatisierung.

45 Text als Ereignis: MARTIN HEIDEGGER

MARTIN HEIDEGGER (1889–1976) hat in seinem Werk ebenfalls eine erklärte »Kehre« vollzogen. Auch er beginnt, an seinem frühen Hauptwerk, *Sein und Zeit* von 1927, das ebenfalls rasch Wirkung zeigt, immer stärker zu zweifeln. Er hat *Sein und Zeit* nicht einmal vollendet: Neben der geplanten Zweiten Hälfte zu Kant, Descartes und Aristoteles fehlt der angekündigte III. Teil der Ersten Hälfte zu »Zeit und Sein«, in dem die Titelfrage hätte umgekehrt werden sollen. Heidegger entdeckt in seinem Werk ebenfalls eine unzulässige Vorfestlegung, hier nicht nur der »Logik«, sondern des »Seins« überhaupt. Wie Wittgenstein auf bloße

»Bemerkungen«, so zieht Heidegger sich auf bloße »Beiträge« zurück. Die *Beiträge zur Philosophie* mit dem eingeklammerten Untertitel (*Vom Ereignis*), entworfen 1936, niedergeschrieben zehn Jahre später, veröffentlicht nach dem Willen Heideggers erst nach seinem Tod, wurden sein ebenfalls zurückgehaltenes zweites Hauptwerk. Auch mit den *Beiträgen* soll die Philosophie noch einmal ganz anders anfangen. *Vom Ereignis* soll das Ereignis der tiefsten Neuorientierung in der Geschichte der Philosophie sein, die Heidegger wie wenige durchgearbeitet hat und über die er nun entschieden hinausgehen will.

Auch sein Leben gerät ungewöhnlich. Zunächst ist es das Leben eines ehrgeizigen und erfolgreichen Universitätsprofessors aus bescheidenen Verhältnissen. Heidegger wächst in der oberschwäbischen Kleinstadt Meßkirch auf, die auch nach der Reformation katholisch blieb, als Sohn des Mesners der St. Martin geweihten Kirche, nach dem der Erstgeborene benannt wird. Er geht aufs Priesterseminar, dem seine Gesundheit jedoch nicht standhält, entschließt sich zur Philosophie, wird früh Professor, zuerst in Marburg, dann in Freiburg als Nachfolger seines Lehrers Husserl. Selbst ein gefeierter Lehrer, rasch als überragender Philosoph erkannt, wird er als neue Hoffnung für die Philosophie überhaupt wahrgenommen: Er stellt sie nach jahrhundertelangen Verzweigungen, Positionierungen und Spaltungen vor ihre ursprünglichen Fragen, und zur ursprünglichsten Frage erklärt er die nach dem »*Sinn von Sein*«. Er heiratet eine bekennende Antisemitin und später überzeugte Nationalsozialistin, die Protestantin Elfride Petri, zuerst nach katholischem, dann nach evangelischem Ritus, gibt den Katholizismus schließlich auf, und beide treten am 1. Mai 1933 zusammen in die NSDAP ein. Beide leisten sich aber auch Geliebte, Heidegger unter anderen die junge Studentin Hannah Arendt, deren »dienender Liebe« zu seiner Arbeit er sicher ist, ohne dass er je auf ihre Arbeiten eingehen wird. Elfride sorgt für den Bau einer Hütte bei Todtnauberg im Schwarzwald, wo Heidegger mit weitem Blick über Täler und Wälder in Ruhe denken und schreiben kann.

Mit der »Machtergreifung« Hitlers tritt die Politik in sein Leben. Heidegger sieht in ihr die Verpflichtung, sich an die Spitze seiner Universität und der Universitäten im Reich zu setzen und zum geistigen Führer des »Führers« zu werden. Er scheitert jedoch bald damit; die Nationalsozialisten sind wenig an ihm interessiert. Dennoch betreibt er die Einrichtung einer nationalsozialistischen Dozentenschule weiter und wäre bereit, die meisten philosophischen Lehrstühle und damit die philosophische Meinungsvielfalt abzuschaffen. In Weimar wirkt er im von Nietzsches Schwester aufgebauten Nietzsche-Archiv mit, dem auch Hitler seine Aufwartung macht. Er ist an der Neuausgabe von Nietzsches angeblichem Hauptwerk *Der Wille zur Macht* beteiligt, sieht in Nietzsches Nachlass dessen »eigentliches« Werk. Weder zu seiner politischen noch zu seiner editorischen Verirrung bekennt er sich jemals. Nach dem Zweiten Weltkrieg mit einem mehrjährigen Lehrverbot belegt, wird seine Philosophie dennoch, nach ihrer nicht-politischen Seite, zunächst in Frankreich interessiert aufgenommen und bekommt dann auch in Deutschland und dem Rest der Welt einen beherrschenden Einfluss – der gegen Ende seines Lebens von der an Wittgenstein anschließenden sprachanalytischen Philosophie zurückgedrängt wird.

In *Sein und Zeit* ist Heidegger von einer »ontisch-ontologischen Differenz« ausgegangen, nach der das »Sein« wohl »Seiendes«, in der Welt Vorfindliches und Feststellbares, »sein lässt«, eben darum aber selbst kein solches Seiendes ist. Er erkennt jedoch, dass er diese Differenz nicht ernst genug genommen hat. Er hatte gemeint, vor der Frage nach dem »Sinn von Sein« zunächst nach dem Sein des Seienden fragen zu müssen, das diese

Frage stellt, das heißt nach dem »Dasein« oder den existenziellen Bedingungen des Menschen. *Sein und Zeit*, das die Form einer konventionellen Abhandlung hat, verlor sich in dieser Vorfrage, was dazu führte, dass Heideggers Philosophie als ›Existenzphilosophie‹ und nicht als das galt, was sie nach ihm selbst sein sollte, Philosophie des Seins. So dreht er, ebenfalls in den 1930er Jahren, ebenfalls die ganze Betrachtung, er nun um das Bedürfnis nach dem wahren Sinn von Sein. Er will dabei ebenfalls weg von der Metaphysik, die glaubte feststellen zu können, was das Sein sei, und es als ein Seiendes von höchster und darum leerer Allgemeinheit verstand.

Sein, wie Heidegger es neu zu denken versucht, muss allem Seienden, Feststellbaren und auch dem nach ihm Fragenden vorausgehen. Denn alles Reden vom Sein und auch alles Zweifeln am Sein setzt ein schlichtes und noch unfestgestelltes »es gibt« voraus, sowohl beim Fragenden wie auch bei dem, wonach er fragt. Dieses »es gibt« bleibt auch im Hintergrund des transzendentalphilosophischen Ansatzes bei den Bedingungen der Möglichkeit der Erkenntnis von Seiendem und des sprachphilosophischen Ansatzes bei den Bedingungen der Möglichkeit des Sprechens über etwas, jedoch nicht als ein »An sich«, das sich klar abscheiden ließe und die Ausarbeitung einer Metaphysik erlauben würde.[104] Wie das Spiel der Sprache für den späten Wittgenstein entzieht es sich dem feststellenden, identifizierenden und metaphysizierenden Denken. Wird es »vergessen«, so entsteht nach Heidegger die Herrschaft des »Gestells«, das »Gerüst« aus dem »Vorstellen« des sich über das Sein erhebenden und zu seinem Grund erklärenden Subjekts, seinem »Feststellen« und »Herstellen«, durch das alles Gegebene zu einem »Vorhandenen« und »Verfügbaren« wird, und dem »Bestellen« dieses Vorhandenen und Verfügbaren am Markt. All das ist für Heidegger »Machenschaft«, totale Technisierung der Welt oder, wie sie von den Nationalsozialisten im Zweiten Weltkrieg gefordert wird, »totale Mobilmachung«. Sie scheint Heidegger unaufhaltsam; auch der »Philosophiebetrieb« und das »Zeitungswesen« gehörten ihr zu (den industriell organisierten Holocaust erwähnt Heidegger nicht). In der »Seinsvergessenheit« oder »Seinsverlassenheit« ist der von Nietzsche wahrgenommene Nihilismus wahr geworden. Aus der »Gefahr« kann mit dem Dichter Friedrich Hölderlin nur noch ein Gott »retten«.

Wie soll das alles vorgetragen werden, wenn sich die Form der herkömmlichen Philosophie, die »Lehre« in Abhandlungen, die sich auf Seiendes und Vorhandenes richtet, dafür verbietet? Heideggers *Beiträge* sollen, wie er im »Vorblick« sagt, kein »›Werk‹ bisherigen Stils«, sondern nur ein »Versuch« sein, eine »Vorübung« des »denkerischen Sagens der Philosophie im anderen Anfang«. Er verfällt auf die Form von Nietzsches angeblich eigentlichem Hauptwerk *Der Wille zur Macht*, dessen kompilierte nachgelassene Notate als Fragmente galten und zumeist doch keine waren. Von 1936 an hält Heidegger auch Vorlesungen über Nietzsche und macht dabei die von den Herausgebern in *Der Wille zur Macht* eingefügten Kapitelüberschriften lange zu seinem Leitfaden. Für seine *Beiträge* legt er seinerseits eine Fülle von Notaten unterschiedlicher Länge und sprachlicher Durcharbeitung an, die Fragmenten gleichen, ordnet sie nach Leitworten, die an das verborgene und vergessene Sein appellieren, scheut dabei zahlreiche Wiederholungen nicht, wie sie naturgemäß auch in Nietzsches Nachlass auftreten, und nummeriert die Stücke zur leichteren Identifizierbarkeit durch, wie es schon die Nietzsche-Herausgeber nach dem Vorbild von Nietzsches Aphorismen-Büchern taten. Sein zweites Hauptwerk sollte es Nietzsches (gefälschtem) Hauptwerk gleichtun.[105]

Nietzsche hatte in *Ecce homo* seinen *Zarathustra* ein »Ereigniss« und dieses Ereignis »den Akt einer ungeheuren Reinigung und Weihung der Menschheit« genannt. Heidegger ergänzt den betont nichtssagenden »öffentlichen Titel« *Beiträge zur Philosophie* um den inhaltlich »gemäßen Titel« (*Vom Ereignis*), jedoch vorläufig nur andeutend in Parenthese. Durch einen prophetisch andeutenden Ton erinnert er ebenfalls an Nietzsches *Also sprach Zarathustra.* Unter dessen Titeln ist auch *Von grossen Ereignissen*: Zarathustra spricht hier vom Höllenlärm beim revolutionären Umstürzen von Bildsäulen, während er »die Wahrheit nackt gesehn« habe, die nach »Erfindern von neuen Werthen« rufe, und dafür sei es nun »höchste Zeit«. Die neuen Werte werden in Nietzsches ganzem Werk jedoch nur angedeutet, nicht ausbuchstabiert. So wird das kommende »Ereignis« auch nach Heidegger alles ohne Lärm umstürzen. Von seiner wahren Bedeutung kann man noch nichts wissen; man kann nur von einem »Geahnten, aber doch schon Entschiedenen« sprechen. Es gibt vorerst nur »Zeichen«, zu denen auch Nietzsche am Ende seinen Zarathustra aufbrechen lässt.

Nietzsches Philosophie interpretiert Heidegger in seinen Vorlesungen als Metaphysik des Willens zur Macht, in der sich die herkömmliche Metaphysik noch einmal übergipfle und damit zur Vollendung und zu Ende komme. »Die Zeit der ›Systeme‹ ist vorbei«, heißt es im *Vorblick der Beiträge.* Heidegger sieht sich mit seiner Frage »ohne Vorläuferschaft und ohne Anhalt«. Sie verlange »Ehrfurcht«, sei kein »›persönliches‹ Gemächte«. Wie Kierkegaard, Nietzsche und Wittgenstein sieht sich Heidegger als leidenschaftlich und doch besonnen Denkender in einer Verantwortung, die niemand sonst zu teilen scheint: »Die Frage [...] nach der *Wahrheit des Seyns* ist und bleibt *meine* Frage und ist meine *einzige*, denn sie gilt ja dem *Einzigsten.*« Er sieht sich allein mit ihr, sieht sich als das erste Opfer des »anderen Anfangs«, dem aufs Neue Unverständnis und Verachtung entgegenschlagen wird. Denn nach dem »ersten Anfang« der alten Griechen, der nun zur Metaphysik des »Gestells« erstarrt ist, müssten die Philosophierenden, um sich auf die Seinsverlassenheit und den anderen Anfang einzulassen, all den in Jahrtausenden europäischer Philosophie vermeintlich erworbenen Besitz an Gedanken, seien es Gewissheiten oder Zweifel an ihnen, aufgeben, wozu sie kaum bereit sein werden. Die Philosophierenden seien in die dunkelste Verzweiflung, eine kierkegaardsche »Not der *Notlosigkeit*« gestürzt und bedürfen darum der hellsten Hoffnung auf eine neue »Lichtung«. Heideggers Philosophieren nimmt die Form und den Ton einer heilsgeschichtlichen Konversion an. Sein zweites Hauptwerk sollte Nietzsches (scheinbares) Hauptwerk und mit ihm die Metaphysik und den Nihilismus überwinden.

Es soll die Form einer »Weisung«, einer Neuorientierung haben. Heidegger kündigt sie in einem kurzen Vorspruch an: »Hier wird das in langer Zögerung Verhaltene andeutend festgehalten als Richtscheit einer Ausgestaltung.« Die Weisung ist Andeutung, weil sie kein Wissen sein kann, aber diese Andeutung soll doch, nachdem sie gründlich erwogen ist, festgehalten werden, um dem Denken eine neue Ausrichtung zu geben. Ausarbeitungen dieser Ausrichtung erwartet Heidegger (auch hier wie Nietzsche) erst von »Zukünftigen«. Er nennt wiederum sieben Richtpunkte: *I. Vorblick, II. Der Anklang, III. Das Zuspiel, IV. Der Sprung, V. Die Gründung, VI. Die Zukünftigen, VII. Der letzte Gott.* Sie markieren einen »Zeit-Spiel-Raum«, in dem sich die Dinge neu »fügen«, ohne dass das Denken durch logische Ableitungen und Beweise über sie »verfügen« würde. Vom Sein, wie Heidegger es denkt, kann es nur Anhaltspunkte in Gestalt von »Winken« geben, die aneinander anklingen und einander zuspielen und die man darum aufmerksam wahrnehmen und sammeln und zueinanderfügen muss. »Fügen«, »Fugen«, »Fugungen«, »Fügungen« ist, soweit hier von Methode die Rede sein kann, das methodische Leitwort. Wittgenstein spricht schlichter von »Passen«: Anhaltspunkte müssen so zusammenpassen, dass man buchstäblich ›etwas mit ihnen anfangen‹ kann. Heidegger strebt keinen fortlaufenden Gedankengang an, weil damit das Sein, das neu gehört werden soll, schon unziemlich hergerichtet und festgelegt würde. In den sieben Abschnitten wechseln die Stimmungen der Begriffe im Sinn Kierkegaards. Im Schluss-Abschnitt *VIII. Das Seyn* fügt sich die »sechsfach gefügte Fuge« zusammen (die musikalische »Fuge« hat freilich einen anderen etymologischen Ursprung). Alles ruft zur Entscheidung, zum »Absprung« in einen »Abgrund« auf, in dem eine neue »Gründung« möglich wird.

Über die Form der Fugung von Winken hinaus entwickelt Heidegger eine Sprache, die ermöglicht, dem Ereignis »gemäß« zu sprechen.[106] Er hat sie in seinem bisherigen Werk lange vorbereitet. Ihr hohes Pathos soll über alles andere Sprechen, nicht nur das alltägliche, sondern auch das wissenschaftliche und sogar das religiöse Sprechen erheben und alle »Machenschaft« der leichten Identifizierungen, Berechnungen und Verfügungen verhindern. Heidegger bleibt bei der deutschen Sprache, die ihm nach der griechischen für das Philosophieren herausragend geeignet scheint, vermeidet Fremd- und Kunstwörter und erst recht die fregesche Begriffsschrift. Er geht stattdessen zu den Wurzeln deutscher Wörter zurück, um sie neu zu substantivieren (so wird aus ›zusammenfügen‹ ›Fugung‹, aus ›anwesend sein‹ ›Anwesung‹) und so ihren Sinn in ein (angeblich) Ursprüngliches und Eigentliches (›Fuge‹, ›Wesung‹) zu vertiefen. Solche Substantive verbalisiert er dann auf neue Weise (›die Fuge fugt‹, ›das Wesen west‹). ›Fuge‹ ist so keine feststehende notwendige Verknüpfung, ›Wesen‹ keine bleibende ›Substanz‹ oder ›Essenz‹ mehr. Beide werden zu einem nicht festzulegenden Geschehen (wie in ›Fügungen des Schicksals‹ oder ›sein Wesen treiben‹). Zugleich nutzt Heidegger semantische Anklänge, auch wenn sie etymologisch nur begrenzt stichhaltig sind, um so scheinbar Bekanntes zu bisher Unbekanntem zu verbinden (›sich fügen‹ und ›verfügen‹ wird zusammengefügt zu einer »sich fügenden Verfügung«, ›eigen, aneignen, übereignen‹ wird verschmolzen mit ›sich ereignen‹, so dass der Denkende »dem Er-eignis übereignet« werden kann).

Heidegger macht so die philosophische Sprache gezielt vieldeutig, verfremdet das Bekannte, um in ihm oder durch es hindurch das noch Fremde hören zu lassen. Denn das Seyn, so Heidegger, »west als Befremdung«, und das »Sagen« der *Beiträge* soll »das Weiterwinken eines Winkes« sein, »der aus dem Fragwürdigen kommt und diesem zugewiesen bleibt«. Auf diese Weise inszeniert Heidegger »Fragwürdigkeit« und wertet sie um: Das »Seyn«, ebenfalls bewusst befremdlich geschrieben, ist für ihn nicht zweifelhaft, sondern in seinem Sich-Entziehen in der alltäglichen und wissenschaftlichen Sprache im Gegenteil besonnener Fragen würdig. Heidegger will, wiederum mit Wittgenstein zu sprechen, neue Sprachspiele in der Philosophie schaffen, die, bewusst semantisch überladen und dazu noch rhetorisch angereichert und pathetisch erhöht, Ungewohntes denken lassen, das man begrifflich (noch) nicht bestimmen kann. Im »Zuruf des Seyns« wird die gewohnte Sprache zur Fremdsprache. So ist die »Wesung des Ereignisses« nach Heidegger »Verweigerung und Ausbleib, Anfall und Zufall, Verhaltenheit und Verklärung, Freiheit und Verzwingung«.

Zum gezielt befremdlichen Sprechen scheint für Heidegger inzwischen auch die Rede von »Gott« und von »Göttern« zu gehören. Er gebraucht sie mit der klaren Weisung, dass es sich hier nicht wie noch bei Hölderlin um die griechischen Götter oder den christlichen Gott und auch nicht um den moralischen Gott handelt, den Nietzsche für tot erklärt hat, sondern wiederum um einen »ganz anderen«. Er lässt offen, wozu er in seiner Rede vom Seyn einen »letzten Gott« braucht, deutet nur an, dass er im »Vorbeigang« wese.[107] Das erinnert noch einmal an Nietzsche, dessen Zarathustra, nachdem der alte Gott tot ist, neue Götter schaffen will und der seinerseits in seinem Gedicht *Sils-Maria* in einer Stimmung höchster Sensibilität für die Stille des Seins, »auf Nichts wartend«, »Eins zu Zwei« werden und eben jenen Zarathustra an sich »vorbeigehen« lässt. Auch Heidegger spricht von der »Stille des Vorbeigangs des letzten Gottes«, der nahe kommt, aber sich verweigert: Auch er »befremdet«, ist der »Befremdliche«. Dieser letzte Gott gehört nach Heidegger der Wesung des Seyns zu, steht nicht über ihr. Er ist weder das Seyn und noch ein Seiendes, sondern das, was über das Seiende zum Seyn hinaushebt, um beides in der befremdlichen Schwebe eines »Zwischen« zu halten. Es ist, so Heidegger, noch nicht entschieden, ob sich da eine »Flucht« oder eine »Ankunft der Götter« ereignet. Mit seiner Zweideutigkeit in der Sprache und in der Sache, die sich im »Er-eignis des Seyns« nicht mehr trennen lassen, will Heidegger die Unentschiedenheit betonen, die zur Entscheidung zwingen soll. Auch der »Gott der Götter« bedürfe dazu (nun nicht der nietzscheschen »Götzen-Dämmerung«, sondern) erst noch der »*Götterung*«.

Man kann nicht mehr entscheiden, ob das hohe Pathos hier – und vielleicht auch in der Philosophie überhaupt – nur Form oder auch Inhalt ist. Das wirft die Frage auf, ob nicht Philosophie als solche in einem Pathos, einem erhabenen Sprechen in großen und größten Verallgemeinerungen bestehen könnte, für die eine besondere Gewissheit beansprucht wird – wie für das »Sein« der Metaphysik, aber auch für den anderen Anfang eines anderen »Seyns«, ob also nicht Form auch schon Inhalt ist. Heidegger hat sich mit dem philosophischen Pathos am weitesten vorgewagt.

46 Talmud-Auslegung: Emmanuel Levinas

Emmanuel Levinas' (1906–1995) Sprache ist ebenfalls hochpathetisch, doch anders. Sein Stil ist verknappt und andeutend, bald hochabstrakt, bald bildlich, hier argumentativ, dort assoziativ, stets engagiert, aber manchmal auch ironisch. Levinas vermeidet Paradoxien nicht, er erzeugt sie. Sein Gestus ist suchend, fragend, nicht bestimmend und abschließend. Er bleibt stets nüchtern, appelliert nie an Gefühle, leistet sich, bei allem tiefem Ernst, auch Selbstironie und kommt auch ohne großen definitorischen Aufwand und gerade gedankliche Linienführung stets zu nachvollziehbaren Ergebnissen. Er schafft eine Distanz zu seinen Leser(inne)n, in der sie frei sind, mit ihm mitzugehen oder nicht. Er nennt sein Schreiben selbst »an-archisch«. Er will sich mit ihm »dem Staat« entziehen, der in gesellschaftlichen Belangen für Einheitlichkeit und Verbindlichkeit zu sorgen hat und darum in seiner Sprache auf Bestimmtheit bestehen muss. So aber kann er die Bürger(innen) auch vereinnahmen und übermächtigen. Levinas muss erleben, wie der Staat eines bisher für seine Philosophie, seine Literatur, seine Musik und seine Kunst bewunderten Landes zum nationalsozialistischen Dritten Reich wird, das seiner panischen Ideologie Millionen und Abermillionen von Menschen opfert und ganze Völker, insbesondere das jüdische, gänzlich auszurotten versucht. Er muss mit ansehen, wie ein Großteil der Gebildeten, auch der Ärzte, Richter, Pastoren und Philosophieprofessoren, das duldet, wenn nicht unterstützt, wie eine hochentwickelte Ethik, wenn sie auf Gesellschaft und Staat und ihre institutionalisierte Gerechtigkeit setzt, vollkommen versagt. Sein Werk ist nicht nur, aber auch eine Antwort darauf.[108]

Levinas ist praktizierender Jude. Er wächst im damals von Russland beherrschten Litauen und seinem nüchtern-orthodoxen, für die Aufklärung offenen Judentum auf, dessen Talmud-Schulen Juden aus der ganzen Welt anziehen. Ältester Sohn eines wohlhabenden Papier- und Buchhändlers, lernt der Junge Hebräisch am Lesen der Bibel, besucht ein russisches Gymnasium und saugt die große russische Literatur auf. Nach dem Ersten Weltkrieg, der die Familie ihren Besitz kostet, macht er sein Abitur an einem jüdischen Gymnasium, das von einem Deutschen geleitet wird, der ihm die deutsche Literatur, vor allem Goethe, nahebringt. Weil in Deutschland das Abiturzeugnis eines jüdischen litauischen Gymnasiums jedoch nicht anerkannt wird, geht er nach Straßburg, um Philosophie zu studieren und im nahen Freiburg Husserl zu hören, und lernt dort auch Heidegger kennen. Er schließt sein Studium in Paris ab, übersetzt Husserl und macht damit dessen Phänomenologie in Frankreich bekannt. Aber er bleibt auch hier kritisch und setzt mit einem Aufsatz unter dem bezeichnenden Titel *De l'évasion*, *Über das Entrinnen*, zu seinem eigenen Denken an. Er wird französischer Staatsbürger und im Zweiten Weltkrieg Offizier der französischen Armee, überlebt in einem deutschen Speziallager für jüdische Kriegsgefangene, wo er sich Zeit zu weiterem Studium verschafft. Seine Frau und seine Tochter werden von Freunden in Paris gerettet, seine gesamte litauische Familie wird ermordet. Levinas bleibt dem Judentum treu. Er wird Rektor der *École Normale Israélite Orientale* in Paris, die jüdische Lehrer für den Mittelmeerraum ausbildet und an der er schon vor dem Krieg unterrichtet hat. Er hält dort Vorlesungen einerseits über Grundfragen des Judentums, andererseits über Philosophie und lädt in kleinerem Kreis zu Talmud-Lektüren ein. Er begegnet dem zurückgezogen an wechselnden Orten lebenden strengen Meister der Talmud-Auslegung, Mordechai Chouchani, den er einen »furchterregenden Dialektiker« nennt, und studiert mit ihm. Schließlich macht er Karriere als Universitätsprofessor für Philosophie und findet weltweit Anerkennung, besonders und zuerst im reuigen Deutschland, das er nie wieder betritt. Er engagiert sich weiterhin für die *Alliance Israélite Universelle*, die gegen den Antisemitismus besonders in Osteuropa kämpft, humanitäre Hilfe leistet, Waisenhäuser errichtet und ein Netz von Schulen und Lehrwerkstätten in weiten Teilen der Welt errichtet. Sein Verhältnis zum Staat Israel bleibt gespannt.

In seinen philosophischen Hauptwerken, der ersten, noch in der Gefangenschaft entwickelten Skizze *Die Zeit und der Andere* (*Le temps et l'autre*) von 1947, der ausgearbeiteten Monografie *Totalität und Unendliches* (*Totalité et Infini*) von 1961 und deren neuer Reflexion von der Sprache her, zu der ihn eine Kritik Derridas drängt, in *Anders als Sein oder jenseits des Wesens* (*Autrement qu'être ou au-delà de l'essence*) von 1974, arbeitet er schrittweise die »Exteriorität« (*extériorité*) oder das unfassliche Anders-Sein des Anderen im alltäglichen Umgang miteinander und die darin entstehenden inter-individuellen ethischen Verpflichtungen heraus, die von der traditionellen Philosophie der Einheit eines allumfassenden und allgemein verbindlichen Seins überdeckt werden. Parallel dazu geht er immer entschiedener daran, das Judentum, das den europäischen Kulturen immer fremd blieb, schon im Römischen Reich und mehr noch in der Diaspora, in die Philosophie zu retten und diese nach der Katastrophe der Shoah aus der jüdischen Weisheit zu erneuern. Er versucht, wie er in der Einleitung zu seiner ersten Sammlung von Talmud-Auslegungen, den *Quatre Lectures Talmudiques* von 1968, schreibt, eine »moderne Neuformulierung der talmudischen Weisheit« für die Juden in Israel und außerhalb von Israel und für die »gebildete Menschheit« überhaupt, die »sich für die authentische Kultur Israels interessiert«. Er will klären, nicht missionieren. Er kann sich dabei auf Vorarbeiten von Hermann Cohen (1842–1918), Franz Rosenzweig (1868–1929) und Martin Buber (1878–1965) stützen, die sich jedoch nicht am Talmud orientieren, sondern in der herkömmlichen Form von Abhandlungen eine Philosophie des Judentums entwickeln, wie auch Levinas selbst in *Schwierige Freiheit. Versuch über das Judentum.*

Der Talmud, die über viele Jahrhunderte sich entwickelnde rabbinische Auslegung der hebräischen Bibel, der Tora, ist für Levinas die Quelle der »jüdischen Weisheit« und des darin sich abzeichnenden »jüdischen Denkens«. Zunächst der mündlichen Überlieferung vorbehalten, die bis auf Mose und seine Begegnung mit Gott auf dem Berg Choreb zurückgeführt wird, wird sie nach der Zerstörung des Zweiten Tempels durch die Römer und der Zerstreuung der Juden in alle Welt verschriftlicht. Im Lay-out des Talmud ranken sich um einen Textabschnitt aus der Tora sogenannte Midraschim, vielfach differenzierte Kommentare und Kommentare zu den Kommentaren, die im Studium des Talmud erneut kommentiert werden. Levinas erkennt in der rabbinischen Auslegungspraxis eine »extreme Aufmerksamkeit für das Reale«, »Freimut, Erfindungsgabe und Kühnheit«, »schelmischen und lakonischen« Witz in seinen »ironischen oder trockenen Formulierungen«. Sie laden zum Widerspruch ein und nehmen ihn an. Eine definitive Interpretation der Tora, deren Kern, die zehn Gebote, nach der Tora Gott selbst geschrieben hat, kann es nicht geben. Darum legt der Talmud Wert auf die Vielfalt der Meinungen und lässt sie nebeneinander stehen; der Reichtum der Tora und ihrer mit Bedeutungen überladenen Worte soll so ideenreich wie möglich ausgeschöpft werden. Es geht um Austausch, nicht um Konsens; man bewahrt auch Meinungen, die man bei der Zusammenstellung des Talmud ausgeschlossen hat (*baraitot*), soweit sie noch immer des Studiums wert sind, und es gibt den Talmud selbst auch in zwei unterschiedlichen Fassungen (Levinas hält sich vorwiegend an den Babylonischen Talmud). Man disputiert, so Levinas, auf der Höhe einer Gelehrsamkeit, die man erst nach langem Studium erreicht, in »schnell hingeworfenen Anspielungen, wie sie hyperkritischen Geistern einfallen, wenn sie mit ihresgleichen diskutieren«.

Levinas sträubt sich nicht, als Apologet des Judentums aufzutreten. Er formuliert einen kompromisslos hohen, selbst Juden herausfordernden Begriff des Judentums, nach dem es einstehe für die Gerechtigkeit der Welt, was immer es dafür zu erleiden habe. Er fürchtet nicht um seinen Ruf als Philosoph, weil er in der europäischen Philosophie selbst eine Art von Apologie erkennt, eine Apologie der einen und reinen Vernunft gegen das, was sie als irrational ausschließt, darunter die Weisheit des Talmud. Das Irrationale für eine Vernunft, die das Wahre im Allgemeinen sucht, sind zuletzt die Einzelnen, die sich durch kein Allgemeines fassen lassen und füreinander unaufhebbar anders, singulär bleiben. Levinas setzt der »griechischen Universalität« eine »jüdische Singularität« entgegen, um allen weiteren Totalitarismus zu untergraben (und er kannte Heideggers *Schwarze Hefte* noch nicht, der dort den Juden in ihrem vagabundierenden Irren die Fähigkeit zu philosophischer Besinnung überhaupt abspricht). Sosehr das »griechische« Denken mit seinem Willen zu Bestimmtheit, Allgemeinheit und Einheit zu begrüßen sei, habe es doch, weil es »neutral« sein, »über den Dingen« stehen wolle, dem Willen zur Ausgrenzung und Vernichtung derer, die anders denken, nicht Einhalt geboten (der Satz »Freiheit ist immer die Freiheit der Andersdenkenden« stammt ebenfalls von einer Jüdin, Rosa Luxemburg). Das neutrale Universale scheint unschuldig, aber ist es nicht gegen die Einzelnen und Anderen; sie müssen gegen es verteidigt werden.

Levinas' neue Form philosophischen Schreibens, die *Lecture talmudique*, wirkt fremdartig und befremdlich sowohl in der Philosophie als auch im Judentum; denn in der Tradition des Talmud wurde die Befassung mit »griechischer« Philosophie ihrerseits verworfen. Levinas ist sich dessen bewusst und nimmt die Herausforderung nach beiden Seiten an. 1957, noch vor *Totalität und Unendliches*, beginnt er mit öffentlichen Talmud-Auslegungen. Gelegenheit dazu geben ihm die *Colloquien der Jüdischen Intellektuellen französischer Sprache*, denen der Talmud weitgehend nicht vertraut ist und die Levinas mit dessen Weisheit überraschen will. Er sucht zu dem aktuellen Thema, das jeweils vorgegeben ist, z.B. »Vergebung«, »Versuchungen des Judentums«, »Israel«, »Braucht die Welt das Judentum?«, einen Text aus dem Talmud aus, um in ihm Antworten auf die aktuellen Fragen zu finden. Dabei geht er, wie es die Tradition fordert, konsequent dem ausgewählten Text entlang, bricht jedoch darin mit dem Talmudismus, dass er ihn nicht durch Querverweise im Talmud selbst auslegt, sondern eben in der Begrifflichkeit der europäischen Philosophie. Er nennt seine neue Form des Talmud-Studiums und der Philosophie »Sonntags-Talmudismus«.

In seiner philosophisch wohl stärksten Talmud-Auslegung spricht Levinas unter dem Leitthema »Versuchungen des Judentums« über die *Die Versuchung der Versuchung* (*La tentation de la tentation*) und meint damit eben die europäische Philosophie, ihre Idee des Wissens überhaupt und den mit ihr verbundenen »Wert absoluter Unverbindlichkeit ohne Verpflichtungen gegenüber irgend jemandem«. Er wählt dafür den westlich-säkulare Denker besonders befremdenden, ja anstößigen Text aus dem Traktat Shabbat 88a–88b des Babylonischen Talmuds aus, der seinerseits Ex 19,17: »Und sie stellten sich unten am Berg auf« auslegt. Nach seinem Auszug aus Ägypten erreicht das Volk Israel den Berg Choreb in der Wüste Sinai, wo Gott Mose die Erwählung des Volkes und seinen Bund mit ihm ankündigt, dessen Teil die Einhaltung des Gesetzes, der zehn Gebote, ist. Das Volk, das den Berg nicht besteigen darf, weil es im Angesicht Gottes nicht mit dem Leben davonkäme, muss den Bund annehmen, bevor es seinen Inhalt kennt. Jeder Einzelne, nicht ein mächtiger Repräsentant, auch Mose nicht, soll sich entscheiden und dies, bevor er versteht, worum es inhaltlich geht. Der Talmud führt dazu nach seiner Art eine Reihe von Auslegungen unterschiedlicher Gelehrter aus unterschiedlichen Zeiten an, die unterschiedliche Stellen aus der Bibel und Auslegungen wiederum anderer Gelehrter heranziehen. Deutungsmöglichkeiten aufgrund scheinbar entlegener Anhaltspunkte werden ausgelotet; die für Unkundige weit hergeholten, willkürlich wirkenden Hinweise bleiben nebeneinander stehen; es wird auch hier keine konsensuelle oder autoritäre Entscheidung getroffen. Für Kundige aber ist in der Tora nichts entlegen, nichts willkürlich, da nach der Tora ihr Kern von Gott selbst geschrieben ist und er, was er nicht selbst geschrieben hat, Mose, dem er das Gesetz übergibt, mündlich erläutert hat; über Generationen von Gelehrten überliefert, sind die immer reicheren Auslegungen nun im Talmud versammelt.

In dem für westliche Intellektuelle besonders befremdlichen, wenn nicht skandalösen »zuerst das Tun, dann das Verstehen« (wobei frz. *entendre* in ›Hören‹ und ›Gehorchen‹ übergeht), dem zumindest zeitlichen Vorrang des Tuns vor dem Wissen, das der sokratischen Ordnung direkt widerspricht, weist Levinas ein Denken auf, demgegenüber das westliche Denken selbst befremdlich und zu einer selbstgefälligen Anmaßung wird. Odysseus habe auf seiner Fahrt zu den Sirenen, als er seinen Gefährten befahl, sich die Ohren zu verstopfen, um die todbringenden Halbgöttinen nicht zu hören, sich selbst aber am Mast festbinden ließ, um sie mit offenen Ohren hören, aber sich nicht vom Fleck rühren zu können, die »Versuchung der Versuchung« vorgelebt: Er wollte seiner Neugier folgen, die Heimfahrt aber nicht gefährden, in Levinas' Sprache »das Böse kosten«, ohne sich ihm wirklich auszusetzen. Er identifiziert es als Grundhaltung der europäischen Philosophie, sich sichere Positionen schaffen zu wollen, um alles, auch das Abgründige und Verderbliche, erkunden zu können, Rückzugsgebiete wie das neutrale Sein und das autonome Subjekt, in denen man ganz Herr seiner Entscheidungen ist. Die Versuchung ist das unbedingte Wissen-Wollen, die Versuchung der Versuchung, sich für alle Fälle dabei selbst in Sicherheit zu bringen. Europäer dieser Kategorie wollen aus sicherer Position nach Belieben zweifeln, leugnen und behaupten, ohne sich selbst dabei zu riskieren, wie es das Volk Israel bei der Annahme des noch unbekannten Gesetzes tat. »Der von der Versuchung versuchte Europäer – gleichzeitig ein Abenteurer und ein Mensch, der auf Nummer Sicher geht«, zieht »sich in seine extraterritoriale Subjektivität zurück, die sich von allem trennen kann und so in gewisser Weise dem Ganzen gegenüber nicht verantwortlich ist.« Dieses Wissen- und mit seinem Wissen Rechthaben-Wollen ist so zur Selbstverständlichkeit der westlichen Philosophie geworden, dass ihr alles andere unverständlich wurde und irrational erschien. Tatsächlich aber fordern Entscheidungen unter Ungewissheit und unter Zeitdruck regelmäßig zuerst ein Handeln, dessen Sinn und Tragweite man erst hernach einzusehen beginnt. So wird die Autonomie fraglich, zu einer angemaßten Selbstherrlichkeit, und dies noch mehr, wenn man glaubt, in der Selbstsicherheit seines Wissens auch über andere verfügen zu können. Gerade nach der Shoah könnte die vorgreifende Annahme der Tora durch die Hebräer bis heute eine lehrreiche »Geste« sein, »die Versuchung des Bösen zu überwinden, indem die Versuchung der Versuchung vermieden wird«.

Für den jüdisch-europäischen Diskurs über diesen Hinweis setzt Levinas auf beiden Seiten Aufrichtigkeit, Rechtschaffenheit, Geradheit (hebr. *temimut*, frz. *sincérité*, *intégrité*, *droiture*) voraus und darin die Freiheit nicht nur von etwas (wie für die Hebräer vom Sklavenhaus Ägypten), sondern auch zu etwas, zur Verantwortlichkeit für etwas, das man (noch) nicht kennt, und für Andere, die man niemals hinreichend kennt. Auch nach Levinas' philosophischen Werken hat man hier keine Wahl, so wie die Hebräer gegenüber dem Angebot Gottes keine Wahl hatten; ansonsten hätte ihnen Verderben und Tod gedroht. In den Zerstreuungen des Lebens, sieht Levinas, ist man nicht schon Subjekt, braucht es nicht zu sein. Man wird es erst als Subjekt einer konkreten Verantwortung, einer Verantwortung für andere, die in Not sind, und für diese Verantwortung kann man sich nicht frei entscheiden. Sie fällt einem zu, wird einem von der Not eines Anderen aufgezwungen. Das Zufallen der Verantwortung, die dann bewusst übernommen werden kann, führt zu einer andern Ethik, die nur insoweit universal ist, als jeder in seiner singulären Situation an diesen Zufall geraten kann. Der Diskurs zwischen europäischer Philosophie und jüdischer Weisheit, der in Levinas' Sonntags-Talmudismus seine herausforderndste Form annimmt, schafft auch hier einen neuen, überraschenden, zunächst befremdlichen Inhalt.

47 Einschreibung / Dekonstruktion: JACQUES DERRIDA

JACQUES DERRIDA (1930–2004) wird sich seines Judentums, obwohl er die Bar Mizwa empfangen hat und als Jude im französischen Algerien der Schule verwiesen wurde, erst sehr viel später wieder bewusst – durch Levinas –,[109] ohne es wie er je konkret zu praktizieren und ohne Hebräisch zu verstehen. Stattdessen reflektiert er über seine Beschneidung (*circoncision*), die er zum Bild der Einkreisung in seine jüdische Existenz (*circonfession*) macht: Er lässt sich auf ein biografisch-philosophisches Porträt eines Andern, Geoffrey Bennington, von ihm ein und schreibt sich in dieses Porträt mit einem eigenen Text ein, den er wiederum mit Zitaten aus Augustinus' *Confessiones* untersetzt. Es war vereinbart, dass Derrida Bennington und dessen »Systematisierung« seines Denkens »überraschen« sollte.[110] Diese Überraschung wiederum zu systematisieren würde ebenfalls scheitern und ebenso die Systematisierung der Formen philosophischen Schreibens, die Derrida in großer Vielfalt neu für sich entwickelt hat. Sie wäre nur in einer Gesamtdarstellung seines Werkes möglich. Niemand hat über Schreiben, Schrift und Text so komplex reflektiert wie er, niemand hat so vieles ausprobiert und beides oft im Zusammenhang miteinander. Seine Philosophie wurde darum auch gerne als inhaltsloses Formenspiel abgetan. Nichtsdestoweniger machte er, der einmal professioneller Fußballer werden wollte und für einen Philosophen ungewöhnlich attraktiv war, nach einigen Hindernissen und Krisen eine fulminante internationale akademische Karriere, während derer er auch politisch auftrat und sich für neue, freiere philosophische Institutionen einsetzte.

Die »Einschreibung« eigener Texte in die Texte anderer ist, hier kann man vorsichtig verallgemeinern, ein Grundtypus seiner philosophischen Schriftstellerei. Sie ist nicht einfach der Kommentar zu einem andern Text, ergänzt ihn nicht nur, sondern »dekonstruiert« ihn, entdeckt von ihm selbst Ungesagtes, indem sie seine »Konstruktion« klärt: unbeachtete Lücken, metaphorische Brücken, Verlagerung von Argumentationsebenen und Ähnliches. Die Dekonstruktion eines Textes durchbricht dessen vordergründig geradlinigen Fortgang und nimmt ihm so sein Gleichgewicht, »destruiert« ihn in diesem Sinn. Doch in der Sache führt sie zugleich weiter, »konstruiert« sie ihrerseits, wenn auch oft Ungewissheiten aus Gewissheiten. Um die vermeintlichen Gewissheiten der europäischen Philosophie mit ihrem »Logozentrismus« geht es wie schon Wittgenstein, Heidegger und Levinas auch Derrida. Doch mit der Dekonstruktion berührt er zugleich einen sehr einfachen Tatbestand: Jedes Philosophieren schreibt sich in anderes ein, kein Philosophieren beginnt von vorn, man kann es, wie die Sprache überhaupt, immer nur fortbilden. Derrida macht zur ausdrücklichen Form des philosophischen Schreibens, was immer schon geschieht, und führt darin die Selbstkritik der Philosophie fort. Die Einschreibung oder Dekonstruktion ist jedoch keine von jedermann gleich zu handhabende generelle Methode. Denn der jeweilige Text selbst, auf den rekurriert wird, löst sie bei genauerer, kritischer Lektüre aus und das an jeder Stelle neu. Die Dekonstruktion überzieht nicht ein vorliegendes System mit einer vorentschiedenen Methode, sondern schreibt sich im Wortsinn in es ein und bricht es von innen auf.

Die absolute Gewissheit eines logisch durchgeformten Systems wollte zuletzt EDMUND HUSSERL (1859–1938) erreichen, der wichtigste Ausgangspunkt nicht nur für Heidegger und Levinas, sondern auch für Derrida.[111] Husserl sucht erneut »reine Wesenserkenntnis« denkbar zu machen, nun auf der Basis reiner Selbstbeobachtung des Subjekts, und dazu alle das Wesen der Phänomene verdeckenden Sinnschichten methodisch »auszuschalten«. Wesen aber ist für ihn im traditionell-aristotelischen Sinn »Form«. Im logisch Gewissen soll sich die reine Form und mit ihr vollkommene »Evidenz« oder »Gegenwart«, unbestreitbare Präsenz zeigen. Die Probleme, die sich dabei stellen, thematisiert er eindringlich im § 124 seiner *Ideen zu einer reinen Phänomenologie und phänomenologischen Philosophie*, der lehrbuchartigen Darstellung seiner Neubegründung eines strengen Philosophierens, unter dem Titel *Die noetisch-noematische Schicht des »Logos«. Bedeuten und Bedeutung*. Derrida schreibt sich in diesen Text unter dem Titel *Die Form und das Bedeuten. Bemerkungen zur Phänomenologie der Sprache* (*La forme et le vouloir-dire. Note sur la phénoménologie du langage*) ein. Der Beitrag erscheint 1967[112] gleichzeitig mit mehreren seiner wichtigsten Werke, der *Grammatologie* (*La grammatologie*), in der er seine Philosophie der Schrift und der Spur entwickelt, *Die Schrift und die Differenz* (*L'écriture et la différence*), einer Sammlung von Aufsätzen, in denen er sich mit Anderen, darunter Levinas und Freud, auseinandersetzt, und *Die Stimme und das Phänomen* (*La voix et le phénomène*), wo er Husserls *Logische Untersuchungen* vom »Problem des Zeichens« her aufrollt und seinen Begriff der *différance* exponiert, der sich, unhörbar in der Stimme, durch die Schrift verschiebenden (und darum von Derrida mit »a« statt mit »e« markierten) Bedeutung.

Seine Frage im genannten Beitrag ist, was es mit dem Formbegriff überhaupt auf sich hat (*qu'en est-il du concept de form*), und seine Vermutung, dass das »System der Oppositionen, in dem so etwas wie die Form gedacht werden kann, das Formhafte (*formalité*) der Form«, selbst »ein endliches System« ist. Dieses System will er, mit Husserl, sichtbar machen und auf seine Stimmigkeit hin prüfen. Er zitiert den Text des § 124 der *Ideen* fast vollständig, jedoch in anderer Ordnung, rollt ihn ebenfalls von seiner eigenen Fragestellung her auf und fügt in Fußnoten Abschnitte aus den folgenden §§ hinzu, in denen Husserl selbst Folgerungen aus dem Gesagten zieht.

Husserl versucht, um die reine Bedeutung von Phänomenen freizulegen, in ihrem »Ausdruck« »Schichten« auseinanderzuhalten, und muss sehen, wie sich diese Schichten aneinander »anpassen«, miteinander »verweben« oder »verschmelzen« und dadurch die Reinheit der »logischen Bedeutung« gefährden, die allein Gegenstand einer allgemein gültigen »Lehre« sein kann. Das Erfassen dieser Bedeutung erfasst er seinerseits durch die Unterscheidung von »Noesis« und »Noema«, des »realen« Denkvollzugs, der stets von Empfindungen und anderem begleitet ist, und des »idealen« Denkinhalts. Die Noesis, so sein alles Weitere bestimmender Ansatz, »intendiert« ein Noema und erfüllt sich in ihm. Das aber ist noch einmal das Schema der aristotelischen Unterscheidung von Form und Inhalt, nun auf dem Boden eines sich auf etwas ausrichtenden Bewusstseins angesiedelt. Das Bewusstsein wird als Bewusstsein von etwas so angesetzt, dass es auf dieses Etwas »zielt« (und nicht ihm einfach ein- oder zufällt). Sobald hier mit dem Ausdruck die Sprache und ihre Zeichen hereinkommen, entstehen dabei, wie Husserl in seinem bedingungslosen Willen zu vorbehaltloser Beobachtung selbst sieht, »außerordentlich schwierige Probleme«, die er, wenn nicht gleich zu lösen, so doch vorerst zu ordnen versucht. Die »Schichten« des Ausdrucks im »Medium« der Sprache ranken sich so eigenwillig um die logische Bedeutung, dass diese sich nicht ohne Weiteres klar und schlüssig zur Eindeutigkeit bringen lässt; die Sprache könnte hier selbst »produktiv« werden und damit die logische Bedeutung verdecken. Husserl warnt davor, sich durch von ihm selbst gebrauchten Metaphern wie »Abbildung« von etwas und »Einbildung« von etwas in etwas verführen zu lassen. Und »auch dem Bild von einer Schichtung darf nicht zuviel zugemutet werden«. Denn der Ausdruck sei »nicht so etwas wie ein übergelagerter Lack oder wie ein darübergezogenes Kleid«, sondern »eine geistige Formung«. Damit ist er beim ausschlaggebenden Begriff angelangt. Er gebraucht den Begriff »Form« laufend, macht ihn aber nicht, wie Derrida es nennt, zum »Sinnzentrum«.

Das und nicht viel mehr tut nun Derrida selbst. Thematisiert man die von Husserl angesprochenen Probleme vom Begriff der Form oder Formung aus, müsste sich zeigen, ob Husserls phänomenologische Kritik an der Metaphysik haltbar ist oder auch sie noch in der Metaphysik hängenbleibt. Derrida bestätigt und verstärkt Husserls eigene Zweifel an den Metaphern, die er zur Analyse nötig hat und die, so Derrida, »unentschlossen« zwischen »Schichtung« und »Spiegelung« changieren. Das Vorsprachliche und Vorlogische in der Wahrnehmung »schreibt sich«, so Derrida, in den logischen Ausdruck ein, der es in Husserls Worten seinerseits »ausprägt«. Die phänomenologische Beschreibung durchläuft dabei nicht-formalisierbare, unkontrollierte, verwirrende Entscheidungen. Es entsteht, so Derrida, eine »Zirkulation«, in der die von Husserl intendierte unbedingte Evidenz und Präsenz einer haltbaren Form ihren Halt verliert. Derrida zeigt, gestützt auf Husserl selbst, wie die Strenge der phänomenologischen Beschreibung, die mit ihrem Formkonzept alle früheren präzisieren und korrigieren will, an den Problemen der Sprache und des Zeichens ins Trudeln gerät, und kommt seinerseits zu dem Resultat, dass »die Form bereits in sich die *Spur* (*ichnos*) einer gewissen Nicht-Präsenz« enthält, die er selbst nun weiterzudenken sucht. Die scheinbar evidenten und präsenten Bedeutungen verschieben sich in ihrem sprachlichen Ausdruck laufend (*différance*) und zerstreuen sich unabsehbar (*dissémination*). Die Form, wenn man bei diesem Begriff bleiben will, geht laufend mit dem Inhalt mit, sie dekonstruiert sich ständig selbst (*déconstruction*). Dennoch bleibt immer eine fassbare Form oder Formung, nur keine rein und dauerhaft erfassbare. Sie ist, wie diese Einführung zeigen will, nie von ihren Inhalten zu trennen.

V. Gegenwart

Der Blick auf die Gegenwart ist schwerer als auf die Vergangenheit. Noch ist unklar, welche Philosophien in Form und Inhalt in Zukunft herausragen werden. Der erworbene Formenreichtum steht nun in großer Breite zur Verfügung und wird in mannigfachen Abwandlungen auch genutzt. Im 21. Jahrhundert ist jedoch noch keine innovative Philosophie vom Rang der bisher behandelten sichtbar, die auch eine neue Form philosophischen Schreibens hervorgebracht hätte. Vorherrschend bleibt die Abhandlung oder Lehrschrift in Gestalt der Monografie oder des Aufsatzes. In Monografien, Büchern meist *einer* Autorin oder *eines* Autors von beträchtlichem Umfang, werden im akademisch-wissenschaftlichen Kontext umfassende Sachgebiete mit ausführlichen Belegen mehr oder weniger neu bearbeitet. Sie können, mit vielen Zwischenstufen, sich auch Essays oder Manifesten annähern, wenn neue Ideen in leichter verständlicher Diktion in der Gesellschaft weiterverbreitet werden sollen. Monografien werden von Verlagen auf dem Buchmarkt vertrieben, der allgemein Interessantes bevorzugt. Handelt es sich um schwerer verkäufliche wissenschaftliche Qualifikationsschriften, kann ihr Druck durch öffentliche Forschungsinstitutionen und private Stiftungen unterstützt werden. Umso mehr müssen die Schriften dann den eingespielten Regeln der Fachdisziplin gehorchen und lassen in diesem Rahmen nur begrenzt innovative Inhalte und noch weniger innovative Formen zu. Die *Logisch-philosophische Abhandlung*, mit der Wittgenstein promoviert wurde, gehört zu den großen Ausnahmen. Der akademisch-wissenschaftliche Apparat will Innovationen fördern und bremst sie zugleich. Erst Monografien eingeführter und in der Wissenschaft *und* am Markt erfolgreicher Autor(inn)en gewinnen mehr Spielraum.

Philosophie, die geschrieben und gelesen wird, muss sich stärker denn je im Wettbewerb um Aufmerksamkeit und Lesezeit behaupten. Umfangreiche Monografien haben es hier immer schwerer. Online-Publikationen drohen Bücher überhaupt zu verdrängen, es sei denn, sie passen sich dem neuen digitalen Medium an und nutzen es, um unter Umgehung des Marktes überall auf der Welt kostenfrei zugänglich zu werden (*open access*). Die Autor(inn)en müssen dann selbst die Kosten übernehmen, wenn nicht wieder öffentliche Forschungsinstitutionen und private Stiftungen einspringen. Die vielfältigen Netze der Internetkommunikation laden andererseits zu kürzeren Formen ein, zu »Beiträgen« zu laufenden »Debatten«, lebhaften Argumentationen, wörtlich »Wortschlachten«. Darin kommt es wohl weiterhin auf die Autorität von Autor(inn)en, mehr aber auf den Fortgang der »Diskurse« an. Sie müssen, um immer neue Aufmerksamkeit zu generieren, weniger abschließende Ergebnisse als laufend Interessantes produzieren. Soweit sich die Philosophie daran beteiligen will, ist sie angehalten, stärker auf die Zeitläufte zu reagieren und auf neue Themen einzugehen, auch wenn das einer Jahrtausende alten und lange auf ewige Wahrheiten angelegten Wissenschaft widerstreben mag. Sie muss mit der neuen Zeit beschleunigten Wandels mithalten, wenn sie nicht buchstäblich von der Bildfläche verschwinden will; Appelle zur Entschleunigung dürften da kaum ausreichen. Die Philosophie ist durchaus imstande, mit der Zeit zu gehen, und hat hinreichende Anhaltspunkte dafür.[113] Nun wird sie dazu auch die neuen Medien nutzen können und in ihnen neue Formen finden. Der Weg dahin scheint angebahnt zu sein: durch die kurzen Formen des Aufsatzes in einer Fachzeitschrift und des Beitrags zu einem Themenband. Nachdem das Medium des Buches die Verbreitung von Gedanken räumlich und zeitlich bereits massiv entgrenzt hat, führt der Weg nun weiter ins Medium der globalen elektronischen Netze, das eine augenblickliche weltweite Verbreitung von Gedanken erlaubt, die sich aus einer nie gekannten Fülle gespeicherter Informationen speisen können.

48 Aufsatz in einer Fachzeitschrift: Analytische Philosophie

Wegen des hohen Aufwands ihrer Erarbeitung bei den Autor(inn)en, ihrer Verbreitung bei den Verlagen und der Einarbeitung bei den Leser(inne)n geben Monografien einen vergleichsweise langsamen Takt der wissenschaftlichen Forschung vor. In den Formal- und Naturwissenschaften, die sich weniger an Autoritäten der Tradition als an rasch fortschreitenden Forschungsergebnissen orientieren, sind sie darum selten. Stattdessen bedient man sich der knapperen Form des Aufsatzes in periodisch erscheinenden Fachzeitschriften. Auch die Geistes- und Sozialwissenschaften und die Philosophie kennen sie seit langem. So wird der Austausch von Forschungsergebnissen, -konzepten und -methoden beschleunigt, die inhaltliche Innovation in meist kleineren und überschaubaren Schritten vorangetrieben. Zugleich wird dabei streng auf wissenschaftliche Disziplin geachtet: In Fachzeitschriften erscheinende Beiträge werden zunächst von den Herausgeber(inne)n – früher waren das oft Gelehrtengesellschaften und Akademien –, dann in wachsendem Umfang auch von eigens herangezogenen Fachgutachter(inne)n (*peers*) auf ihr wissenschaftliches Niveau und ihre inhaltliche Innovationskraft hin geprüft und für den Druck ausgewählt. Dadurch sind die Formate weitgehend vorgegeben; innovative Formen kommen kaum infrage. Inhaltlich begünstigt die Kontrolle durch eine *scientific community* in Gestalt von *peer reviews* die Profilierung bestimmter Forschungsrichtungen und Forschungsbereiche, die Herausbildung von Forschungssträngen. Man erwartet enge Anschlüsse an bisherige Forschungsbeiträge und gezielte Auseinandersetzungen mit ihnen nach gemeinsamen Standards. Forschungskontinuitäten können sich ihrerseits jedoch mit der Zeit voneinander entfernen und trennen. Tun sich dabei methodisch und sachlich neue Forschungsfelder auf, werden neue Fachzeitschriften gegründet und mit ihnen neue Forschungskontinuitäten angestoßen. Die Zahl der Fachzeitschriften wächst in der Gegenwart so rasch, dass sie auch von bewanderten Vertreter(inne)n des Fachs kaum zu übersehen sind und die Forschungsfelder sich immer weiter verinseln. So werden Innovationen zwar leichter möglich, im Fach und darüber hinaus aber weniger wahrgenommen. Auch in der Evolution der Forschung durch Aufsätze kehrt das Problem der Übersicht zurück.

Das 20. Jahrhundert hat ein herausragendes Beispiel gegeben, wie sich die Philosophie auch mit Aufsätzen in Fachzeitschriften grundlegend erneuern kann, die (erst später unter diesem Namen zusammengefasste) ANALYTISCHE PHILOSOPHIE.[114] Im Lauf des Jahrhunderts ist sie, nachdem Frege lange kaum bekannt war, weithin zum maßgeblichen Standard der (westlichen) Philosophie geworden – wohl auch, aber deutlich weniger durch umfassende Monografien als durch gezielt an bestimmten Problemen und Unterscheidungen arbeitenden kürzeren Beiträgen, die vergleichsweise rasch aufeinander antworten. Auch die Analytische Philosophie divergiert in vielem und bietet so ebenfalls ein reiches Feld der Auseinandersetzung. Es ist jedoch mehr oder weniger begrenzt auf die Analyse der Sprache der Philosophie mit den logisch-mathematischen Mitteln einer fregeschen Begriffsschrift. Durch sie soll ausgeschlossen werden, dass sich in die Argumentation unerkannte metaphysische Voraussetzungen einschleichen, die zu Vieldeutigkeiten, wenn nicht, aus der Sicht der Analytiker, zu Unsinn führen können. Stattdessen sollen klare Entscheidungsmöglichkeiten zwischen wahr und falsch geschaffen werden. Auf der Meta-Ebene sind scharf konturierte Forschungsfragen mehr durch Scharfsinn als durch Tiefsinn zu lösen. Die Geschichte der Philosophie muss, wenn überhaupt, nur punktuell berücksichtigt werden. Der Erarbeitungs- und Einarbeitungsaufwand sinkt. So bildet sich in zeitnahem Schlagabtausch von Argumenten eine gut nachvollziehbare Forschungskontinuität aus, ein wie in den Formal- und Naturwissenschaften deutlich fortschreitendes Gemeinschaftsunternehmen, das wachsende Klarheit auch in der Philosophie verspricht.

Die methodische Form, die logische Analyse der Sprache, verbindet sich mit der schriftstellerischen Form des Aufsatzes. Die logische Form erlaubt, die Inhalte zunächst auf sich beruhen zu lassen. Man kann sich mit Frege und dem frühen Wittgenstein eine ideale Sprache schaffen oder mit dem späten Wittgenstein auf die normale Sprache (*ordinary language*) rekurrieren. Beide Linien der Analytischen Philosophie werden schriftstellerisch durch initiative Zeitschriftenbeiträge auf den Weg gebracht, die erste vor allem durch Freges Aufsätze *Funktion und Begriff* (1891) und *Über Sinn und Bedeutung* (1892) und BERTRAND RUSSELLS (1872–1970) *On Denoting* und *Knowledge by Acquaintance and Knowledge by Description* (1910/11), die zweite besonders durch Beiträge GEORGE EDWARD MOORES (1873–1958) wie *The Refutation of Idealism* (1903), *A Defence of Common Sense* (1925) und *Proof of an External World* (1939).[115] Moore gibt selbst Jahrzehnte lang die maßgebliche Zeitschrift *Mind* heraus.

Im ersten Fall, auf den wir uns hier konzentrieren, muss man sich des Inhalts oder der Gegenstände der idealen Sprache erst eigens versichern. So führen die alten Probleme des Bezugs der Sprache (früher des Denkens oder des Bewusstseins) zur vor- und außersprachlichen Wirklichkeit in neuer Gestalt zu neuen Debatten. Sie verschärfen sich mit dem Logischen Positivismus oder Logischen Empirismus des Wiener Kreises, der an Russell und den frühen Wittgenstein anschließt. Die logische Form schafft neue Inhalte: Den logisch-mathematisch analysierten Sätzen sollen elementare Tatsachen der Welt entsprechen, und die Frage ist dann, wie diese Entsprechung ihrerseits zu verifizieren ist. Das soll universal, für alle Wissenschaften gleich geschehen: Philosophie wird so zur Wissenschaftstheorie. Man strebt eine »Einheitswissenschaft« an, verfasst ein Manifest *Wissenschaftliche Weltauffassung*, gründet eine eigene Zeitschrift mit dem ebenso schlichten wie herausfordernden Namen *Erkenntnis* und beginnt eine *International Encyclopedia of Unified Science*, alles in engem Anschluss an die Formal- und Naturwissenschaften. RUDOLF CARNAP (1891–1970), der Mathematik, Physik und Philosophie unter anderem bei Frege studiert hat, arbeitet den philosophischen Kern wieder in umfassenden Monografien aus; der wichtigsten gibt er den programmatischen Titel *Der logische Aufbau der Welt*.

Als die Nationalsozialisten viele Mitglieder des Wiener Kreises aus dem Dritten Reich vertreiben, wird die Analytische Philosophie in den USA fortgeführt, auch hier mit Monografien, besonders aber mit Aufsätzen. Sie nehmen nun die zunächst unentdeckten dogmatischen Voraussetzungen auch des Logischen Empirismus kritisch aufs Korn und differenzieren und transformieren dabei konstruktiv das Unterscheidungsraster. Maßgeblich werden hier WILLARD VAN ORMAN QUINE (1908–2000), unmittelbarer Schüler und zugleich schärfster Kritiker Carnaps, mit den Beiträgen *On What there is* (1948), *Two Dogmas of Empiricism*

(1951) und *Ontological Relativity* (1969), HILARY PUTNAM (1926–2016), Schüler Quines, mit *The Meaning of ›Meaning‹* (1975), und DONALD DAVIDSON (1917–2003), ebenfalls Schüler Quines, mit *Action, Reasons, and Causes* (1963), *Truth and Meaning* (1967), *Radical Interpretation* (1973) und vielen anderen. NELSON GOODMAN (1906–1998), der auch an Quines Universität Harvard studiert und, nachdem er lange eine Kunstgalerie in Boston geleitet hat, bei den *Languages of Art* ansetzt, verfasst vorwiegend noch Monografien, Davidson dagegen nur noch Aufsätze, bis er zuletzt doch noch eine Monografie niederschreibt, *Truth and Predication*, die er aber nicht mehr zu Lebzeiten veröffentlichen kann.

In Auseinandersetzung miteinander, nicht uniform, destruieren sie Schritt für Schritt die Voraussetzungen einer eindeutigen Bezugnahme logisch analysierter Sätze auf Tatsachen der Welt als »Dogmen des Empirismus«. Mit der nur scheinbar eindeutigen Übersetzbarkeit von Synonymen ineinander wird die logische Analyse der Sprache überhaupt und damit auch die Möglichkeit der Verifikation analysierter Sätze durch Tatsachen fraglich. Stattdessen werden nach Quine mit unterschiedlichen *conceptual schemes* unterschiedliche *ontological commitments* gemacht und nur bedingt verändert, wenn ihnen Erfahrungen widersprechen. Nach Putnam lassen sich die *conceptual schemes* überhaupt nicht in irgendetwas Externem verankern, auch nicht in physiologischen Reizen, wie Quine noch annimmt. Rationalität besteht vielmehr in rationaler Akzeptierbarkeit oder Plausibilität, und Plausibilitäten können sich mit der Zeit ändern. Nach Goodman zeigen die nicht-sprachlichen Zeichensysteme der Kunst, wie unterschiedliche *ways of worldmaking* im Ganzen möglich sind. Nach Davidson schließlich muss man auf alle ontologischen Rechtfertigungen, universalen Theorien der Bedeutung und eine Universalmethode der Interpretation verzichten. Verstehen der Wahrheit von Sätzen besteht in deren »radikaler Interpretation«

unter den jeweiligen Verstehensbedingungen, die man andern nach dem *principle of charity* entgegenkommend zuschreibt. Auch Quines Unterscheidung von formalem Begriffsschema und empirischem Inhalt lässt sich so nicht halten.

So wird auf höchstem argumentativem Niveau vieles zurückgewonnen, was Philosophen wie William James, Friedrich Nietzsche und Jacques Derrida in ihren Formen philosophischen Schreibens auf eher idiosynkratische Weise ohne Anspruch auf universale Lehrbarkeit zu bedenken gegeben haben. Man kann auch hier von konstruktiver Destruktion oder Dekonstruktion sprechen: Die Form der an den Formal- und Naturwissenschaften orientierten logisch-methodischen philosophischen Forschung stellt den Inhalt jedoch in ein Licht, das ihm auch für an Logik und Mathematik orientierte Philosoph(inn)en Gewicht gibt. Richard Rorty (1931–2007) führt mit seiner Monografie *Philosophy and the Mirror of Nature* (1979), seinem aus unterschiedlichen Vorlesungen komponierten Buch *Contingency, Irony, and Solidarity* (1989) und seinen Aufsatzsammlungen *Objectivity, Relativism, and Truth* und *Essays on Heidegger and Others* (1991) die Analytische Philosophie ausdrücklich zu James, Nietzsche, Derrida und anderen zurück und verzichtet schließlich auf eine scharfe Grenze zwischen Philosophie und Literatur.

Personen treten im Austausch ›guter‹, d.h. aus logischen Gründen für alle plausibler Argumente, jedoch zurück. Im Zug der Auseinandersetzungen in der sprachanalytischen Forschungskontinuität werden, um klare Fronten zu schaffen, philosophische Überzeugungen (*commitments, beliefs*) zu ›Positionen‹ gemacht und nach ›-ismen‹ benannt. Die Personen ›vertreten‹ so nur noch Positionen, und solche Positionen werden dann in ›Lager‹ (*camps*) eingeteilt, die mit einem bestimmten Set von Begriffen und Methoden, Argumenten und Intuitionen gegeneinander antreten. Will man sich mit seinen vielleicht abweichenden Überzeugungen keinem bestehenden Lager anschließen, kann man neue Positionen und neue Lager begründen. Auf diese Weise entwickelt sich das analytische Instrumentarium seinerseits vielfach weiter bis hin zur Entfaltung eines reichen Angebots alternativer Logiken. Die logische Form differenziert sich. Sie hat aus der Philosophie keine Einheitswissenschaft gemacht, sondern ihr demonstrativ einen neuen Pluralismus verschafft, nun einen Pluralismus von Positionen und Beiträgen zu ihnen.

49 Beitrag zu einem Themenband: Poetik und Hermeneutik

Beiträge können sich aber auch gegen Forschungskontinuitäten verselbständigen, neue philosophische Themen setzen und Forschungsfelder eröffnen – in Themenbänden. Der Name ›Sammelbände‹ wird ihnen nicht gerecht: Themenbände können wohl verstreut erschienene Aufsätze ›sammeln‹, übersichtlich zusammenstellen und so Wege der Forschung dokumentieren. Sie können aber auch mit neuen Beiträgen neue Wege bahnen. Sie sind heute neben Monografien und Aufsätzen in Fachzeitschriften eine der meistgenutzten Formen philosophischen Schreibens. Das Thema, wörtlich ›das Gesetzte, Aufgestellte‹, im Unterricht die Aufgabe, der zu behandelnde Gegenstand, ist in der wissenschaftlichen Forschung wie im alltäglichen Gespräch ein Topos, zu dem die Diskurs- oder Gesprächsteilnehmer(innen) Unterschiedliches und möglichst Aktuelles, Interessantes, Innovatives beitragen. Ein Thema wird gerade so lange festgehalten, wie die Beiträge zu ihm für die Beteiligten interessant sind. So können Themenbände ausloten, welche Topoi zu einer Zeit philosophisches Interesse finden. Sie gehen bewusst mit der Zeit. Konsens wird (noch) nicht erwartet. Die Autor(inn)en kennen einander oft nicht einmal und können von den Beiträgen der andern selbst überrascht sein.

Themenbände gehen auf Tagungs-, Konferenz- oder Kongressbände zurück, sogenannte *proceedings*, die vor Ort vorgetragene und diskutierte *papers* zu einem mehr oder weniger eng vorgegebenen Thema dokumentieren. *Peer reviews* erübrigen sich hier; die Fachleute diskutieren selbst miteinander. Inzwischen werden Themenbände aber auch ohne den Aufwand vorausgehender Tagungen organisiert, sie verselbständigen sich als Formen philosophischen Schreibens. Herausgeber(innen) wählen ein Thema und laden Autor(inn)en, die das Thema schon berührt haben oder im Blick auf ihre bisherigen Arbeiten Aufschlussreiches dazu erwarten lassen, ein, zu ihm zu schreiben. Sie können wie Organisator(inn)en einer Tagung sachlich und methodisch das Forschungsfeld eingrenzen, die Zugänge aber auch offenhalten, in der Erwartung, dass das Thema so möglichst vielfältig erschlossen wird. Leitend ist vorerst vor allem das Interesse am Thema bei den Herausgeber(inne)n und Autor(inn)en, bei Verlagen und beim Publikum. So können wohl altbekannte, doch auch neue Topoi zum Gegenstand gemeinsamer und doch voneinander unabhängiger Forschungen werden und je nach der Großzügigkeit der Herausgeber(innen) große Spielräume für inhaltliche und methodische, aber auch formale Innovationen der Beiträge sich auftun. Suchen die Herausgeber(innen) dann nachträglich in ihren Einleitungen zu den Themenbänden die Beiträge einander zuzuordnen, so stellen sie sie meist als »Perspektiven« auf das Thema von unterschiedlichen Standpunkten aus dar und verzichten auf Systematisierungen. Solche können nach Erscheinen des Bandes in Rezensionen, Aufsätzen für Fachzeitschriften oder in Monografien folgen. Die gegenwärtige Häufigkeit der Themenbände in der Philosophie zeigt an, dass sie intensiv auf der Suche ist – nach neuen Inhalten und passenden Formen.

Mit anderen Worten, Themenbände führen »Diskurse« vor, das, was aktuell auf wissenschaftlichem Niveau zu einem Topos gesagt wird. Setzt man nicht schon die Möglichkeit oder Notwendigkeit von Konsensen in für alle gleichen Bedeutungen, also Uniformität im Denken, Sprechen und Schreiben voraus, dann »ist« etwas eben das, was über es gedacht, gesagt oder geschrieben wird; es zeigt sich in der »Ordnung« des betreffenden »Diskurses« im Sinn von MICHEL FOUCAULT (1926–1984).[116] Die Form des Diskurses in diesem Sinn ist ein offenes »Feld strategischer Möglichkeiten« des Denkens, Redens und Schreibens. Er schließt auch philosophische Begründungen, Rechtfertigungen, Erklärungen, hermeneutische Bemühungen um das rechte Verstehen ein. Solche Bemühungen sind jedoch nicht generell, sondern nur in Situationen notwendig, in denen Missverständnisse aufkommen. Und sie stehen nicht über den Diskursen, sondern gehören ihnen selbst an und verändern sie dadurch zugleich. Dabei geht es, so Foucault, realistisch betrachtet immer auch darum, sein eigenes Verständnis durchzusetzen, also um Macht auch unter Philosoph(inn)en. Auch wer dem mit einer Ethik des Diskurses normativ widerspricht, versucht dadurch, gewollt oder nicht, Macht auszuüben, ›macht Druck‹ auf andere. Die Macht-Verteilungen in Diskursen, die Gesellschaften und ihre Organe vielfach zu kontrollieren versuchen, können sich ständig verändern, sie sind zeitlich. So hat man im Diskurs laufend zu beobachten, *wie* sie sich verändern, also mit der Zeit zu gehen.

Das tun Themenbände. Man muss in ihnen darum nicht, wie es oft geschieht, eine strategische Abschwächung oder Vermeidung wissenschaftlicher Disziplin sehen. Sie sind Formen der Selbstbeobachtung der Philosophie, deren vorgreifliche Disziplinierung ihre Horizonte einschränken würde. Unter schnell sich verändernden Zeitumständen, in denen die Philosophie ihren Ort neu finden muss, bieten sich Beiträge zu Themenbänden als offenste Form an. Weil sie, gerade in ihrer Disparatheit, zu philosophischen Innovationen führen können, bringen auch Fachzeitschriften und Monografienreihen häufig Themenbände als Schwerpunkt- oder Sonderbände. So gehen im Sinn von THOMAS S. KUHN (1922–1996) die zunächst frei gewählten Themen möglicherweise »revolutionärer« Forschung in die disziplinierte »normale« Forschung ein.

Auch dafür gibt es im ausgehenden 20. Jahrhundert schon ein herausragendes Beispiel. Schulbildend für Themenbände wurde das Unternehmen POETIK UND HERMENEUTIK:[117] Eine »Forschungsgruppe« besonders an Ästhetik, Kunsttheorie und Geschichtsphilosophie interessierter Forscher(innen) veranstaltet zwischen 1963 und 1994 meist in Zweijahresabständen Kolloquien, bei denen die Teilnehmer(innen) vorab eingesandte Beiträge, sogenannte »Vorlagen«, miteinander diskutieren und nach Weiterungen in unterschiedliche Richtungen abtasten. Die Vorlagen werden anschließend zusammen mit den Diskussionsbeiträgen in Themenbänden veröffentlicht. Eine Kerngruppe kooptiert je nach dem gewählten Thema weitere Mitglieder. Zur Kerngruppe gehören auch namhafte Philosophieprofessoren wie HANS BLUMENBERG (1920–1996), ODO MARQUARD (1928–2015) und DIETER HENRICH (geb. 1927), die, in vielem geistesverwandt, mit ihren Ansätzen selbst weitreichende Forschungskontinuitäten in Gang setzen; die damals im deutschen Sprachraum noch kaum arrivierte Analytische Philosophie übergehen sie.[118] Die Arbeit der ganzen Gruppe ist auf Inter- oder Transdisziplinarität und die Schaffung neuer Themen- und Forschungsfelder angelegt. Wichtige Mitglieder, vor allem ihr *spiritus rector* HANS ROBERT JAUß (1921–1997), folgen Rufen an die 1966 neu gegründete Konstanzer Reformuniversität, die generell versucht, Forschung inter- und transdisziplinär zu organisieren mit dem Ziel, aktuelle Forschungsprobleme jenseits der Grenzen einzelner Disziplinen zu identifizieren. Das philosophische Interesse ist überall groß, und so konzentrieren sich die Kolloquien regelmäßig auch auf grundlegende philosophische, aber noch wenig disziplinär und interdisziplinär behandelte Themen wie »Negativität«, »Identität«, »Individualität« oder »Kontingenz«. Diese ergeben sich zum Teil aus vorausgehenden Themenstellungen, teils werden sie kontrapunktisch gesetzt, sind aber nicht an bestimmte philosophische Positionen in Gestalt von -ismen gebunden. Das führt wie erwartet zu immer neuen fruchtbaren Problemstellungen. Der Diskurs wird eindringlicher und aufschlussreicher, ohne dass der Wunsch nach einer einheitlichen und gemeinsamen Theorie aufkäme. Wahrheit kommt nur als Reden über Wahrheit zur Sprache.

Die Themenbände *Poetik und Hermeneutik* sind in Serie erschienen (insgesamt 17) und bildeten so eine eigene Forschungskontinuität, deren interne Wirkungszusammenhänge erst noch zu erforschen sind. Die Serie wurde wiederum zur Form, die einzelnen Themenbände zu deren wechselnden Inhalten. Als die Serie selbst in einen *mainstream* mündete, schloss man sie ab. Die Form des einzelnen Themenbandes blieb. Sie bleibt offen für neue Themensetzungen.

50 Online-Publikation: Philosoph(inn)en der Zukunft

Im 21. Jahrhundert sind philosophische Schriften nicht mehr auf Bände, auf das Medium Buch angewiesen. Alles Gedruckte kann digitalisiert auch online publiziert werden, sei es im Internet oder in einem lokalen Netzwerk, und auf einem Bildschirm gelesen werden, mit besseren und oft günstigeren Verarbeitungsmöglichkeiten und mit globalen Verbreitungschancen. Im Internet können Schriften nicht nur problemlos mit einem umfangreichen Apparat ausgestattet, sondern durch *links* mit der einschlägigen Forschung vernetzt und laufend durch *updates* erneuert werden. Der Umfang der Beiträge ist nicht mehr durch buchhändlerische

Vorgaben begrenzt; die Komplexität und die Innovationen wissenschaftlicher Forschung werden in gewünschter Dichte und Tiefe darstellbar. Suchmaschinen stellen Informationen zu fast jedem Thema in einem Ausmaß bereit, das auch die beste Expertise von Fachleuten weit übertrifft. Im Internet leicht erreichbares Wissen braucht (wie hier) in den Schriften nicht mehr eigens dargestellt zu werden; die Texte können schlanker werden. Im Prinzip stehen alle Informationen, soweit sie sich digitalisieren lassen, allen Netzbenutzer(inne)n auf der Welt, wenn der entsprechende Zugang gewährt wird, zeitgleich zur Verfügung.[119]

Die Digitalisierung der Schriften schafft darüber hinaus Spielräume neuer Kreativität. In den Anfängen wurden Personalcomputer von Schreibenden noch als bequemere Schreibmaschinen benutzt. Inzwischen sind sie zu Instrumenten vielfältiger Textkomposition geworden: Am Bildschirm kann ein Text, anders als auf Papier, leicht laufend verändert, ergänzt und umorganisiert werden, aus sich selbst heraus wachsen, ohne dass Aufbau und Inhalt zuvor feststehen müssen und ohne dass er seine Lesbarkeit dabei verlöre. Die Form kann sich laufend umformen; aus inhaltlichen Anhaltspunkten können sich beim Schreiben neue Formen, aus neuen Formen weitere Anhaltspunkte ergeben; Form und Inhalt werden in einem nochmals gesteigerten Maß selbstbezüglich. Zugleich verfügt man auch über das *lay-out*, kann es mit Bildern, Diagrammen und Videos und weiteren Einträgen durchsetzen, die man selbst gestalten oder aus dem Internet beziehen kann. Man kann kooperativ von verschiedenen Orten aus im schnellen Austausch mit anderen schreiben. Man kann *weblogs* und andere Diskussionsformate zu aktuellen Themen organisieren, sie interaktiv beliebig anreichern und zusehen, wie sich, je nach Interesse der Beteiligten, Diskursstränge (*threads*) bilden, halten und wieder verlieren. Man kann den Verlauf von Kommunikationen (*chats*) präzise wie nie zuvor selbst beobachten. Man kann Diskursgruppen bilden und den Zugang zu ihnen erweitern oder beschränken und so gezielt in unterschiedlichen disziplinären oder interdisziplinären Reichweiten und auf unterschiedlichen wissenschaftlichen Niveaus kommunizieren. Man kann, wo es auf mündlichen Austausch ankommt, Video-Konferenzen abhalten, zu denen Teilnehmer(innen) aus der ganzen Welt nahezu in Echtzeit beitragen können. Man kann die Publikationen (*digital objects*) und ihre Autor(inn)en durch festgelegte Daten eindeutig und schnell identifizieren (*persistent identifiers*) und die Verbreitung der Publikationen in Wissenschaftlergruppen (*scientific communities*) durch Metriken (*metrics, impact factor*) und ihre Resonanz darüber hinaus (in *likes* und *dislikes*) zeitnah durch alternative Metriken (*altmetrics*) messen (und diese auch manipulieren). Man kann an einer für alle offenen und laufend aktualisierten Enzyklopädie wie Wikipedia mitarbeiten usw. usw.

Doch eben wegen der leichten Verfügbarkeit der Informationen und Kontakte steht man zugleich wie nie zuvor im Wettbewerb um Aufmerksamkeit, der sich nun auf Bildschirmpräsenz konzentriert. Auch wenn Fachzeitschriften in digitalen Publikationen weiterhin strenge Standards aufrechterhalten, droht, jedenfalls in weiteren Kreisen, das Interesse an neuen Informationen überhaupt vor das spezifisch wissenschaftliche Interesse an ihrer Wahrheit oder Richtigkeit zu treten: Die Online-Kommunikation wird leichter, kann aber auch leichtsinniger und leichtgläubiger werden. Wenn Zugangsschranken der Verlage, der Herausgeber- und Gutachterkollegien entfallen, kann *online publishing* buchstäblich zur Oberflächlichkeit verführen. Man sieht aufgrund genauer Zeitindizierungen die Informationen rasch veralten und lässt sich probeweise umso mehr auf neue, oft noch ungesicherte ein, zumal wenn die Forschung stark im Fluss ist. Die Lesegewohnheiten verändern sich: Man verharrt weniger bei bestimmten Texten zu bestimmten Tatbeständen und ist versucht, einen nach dem andern lediglich kurz anzuklicken und im schnellen Überblick zur Kenntnis zu nehmen. Angesichts der Überfülle zu Gebote stehender Beiträge muss man sich immer neu einen Überblick über den augenblicklichen Stand verschaffen und kann das nun auch jederzeit. Je mehr man sich aber auf die Internetkommunikation verlässt, desto mehr erfährt man auch ihre massiven Gefährdungen: des schlichten Funktionierens der technischen Abläufe, der Zuverlässigkeit und Unvoreingenommenheit der Suchmaschinen, der immer schwerer zu gewährleistenden Datensicherheit, der ständig drohenden Fälschung von Informationen durch *faker* und *trolls* bis hin zu gezielten Desinformationskampagnen nationaler Geheimdienste oder global aufgestellter profitorientierter Kommunikationskonzerne.

Noch ist schwer abzusehen, welche Konsequenzen die neue Situation für das philosophische Schreiben haben wird. Sie sind Philosoph(inn)en der Zukunft vorbehalten. Wir können nur mit konditionalen Fragen schließen:

– Wenn wir annehmen, dass die online rundum vernetzbare Kommunikation den schnellen Diskurs fördert: Werden kurze, schlagkräftige Online-Publikationen bedeutsamer auch für grundlegende philosophische Neuerungen sein als detailliert ausgearbeitete Monografien, wie wir sie in der Philosophie bisher hauptsächlich kennen?

– Wenn wir annehmen, dass der Wissensstand sich rascher denn je überholt: Wird es dann weniger auf fertige Ergebnisse ankommen als auf den Fortgang des Diskurses selbst?

– Wenn wir annehmen, dass man nur noch in engen Grenzen die laufenden Diskurse übersehen kann: Wird man von Einzelnen überhaupt noch grundlegende Neuerungen erwarten und bereit sein, wenn sie dennoch versucht werden, ihnen Beachtung und Glauben zu schenken? Wird es auf vage Durchschnittsmeinungen und/oder optimales mediales Marketing hinauslaufen?

– Wenn wir annehmen, dass kritische Neuerungen in etablierten Gruppen und Gemeinschaften und auf gesteuerten Meinungsmärkten auch in den Wissenschaften leicht auf Widerstand und Abwehr stoßen und so wieder einer Art Zensur unterliegen (*cancel culture*): Werden sich nach den verborgenen Autorschaften im 16. und 17. Jahrhundert und den gebrochenen Autorschaften im 19. und 20. Jahrhundert die Anonymisierungen, Pseudonymisierungen und Maskierungen in Gestalt von nun leicht anzufertigenden Design-Identitäten häufen? Wie verändert die Form der Design-Identität von Autor(inn)en deren Inhalte?

– Wenn wir annehmen oder jedenfalls nicht ausschließen, dass künstliche Intelligenz auch in das philosophische Denken eingehen wird, ohne es überflüssig zu machen oder zu zerstören: Könnte das philosophische Denken durch künstliche Intelligenz optimiert werden und wenn ja, auf welche Art und in welcher Richtung? Wird die neue Zugänglichkeit riesiger Datenmengen (*big data*) zur Entwicklung von Algorithmen anregen, die bisher unbekannte und auch unerwartete Ergebnisse erbringen? Wird man philosophisch relevante Online-Publikationen sammeln und unter Einsatz von künstlicher Intelligenz durchgreifende Relevanzen der disparaten und doch vernetzten Diskurse sichtbar machen? Wird man aus der digital aufbereiteten Geschichte der Philosophie eine neue Philosophie für die digitale Zukunft entwickeln wollen und können? Wird man selbst die Kriterien für eine solche Weiterentwicklung durch Algorithmen zu gewinnen versuchen, und wie sähen sie dann aus?

– Wenn wir annehmen, dass gerade Veränderungen in den Grundbedingungen des menschlichen Lebens philosophische Fragen herausfordern: Werden Digitalisierung und Globalisierung der Kommunikation selbst Thema der philosophischen Kommunikation, Form und Inhalt also auch hier selbstbezüglich werden?

– Wenn wir nicht annehmen, dass Philosoph(inn)en sich selbst entmündigen werden und ihre Innovationskraft unter den neuen Bedingungen nicht erlahmt, sondern nun erst recht gefragt ist: Wird die Digitalisierung und Globalisierung der Kommunikation also auch neue Formen des philosophischen Schreibens für die neuen Inhalte hervorbringen?

Anmerkungen

1 Vgl. Pierre Hadot, Art. Literarische Formen der Philosophie, in: Historisches Wörterbuch der Philosophie, hg. v. Joachim Ritter und Karlfried Gründer [**HWPh**], Bd. 7, Basel (Schwabe) 1989, 848–858, und Vittorio Hösle, Die Philosophie und ihre literarischen Formen. Versuch einer Taxonomie, in: Dieter Wandschneider (Hg.), Das Geistige und das Sinnliche in der Kunst. Ästhetische Reflexion in der Perspektive des Deutschen Idealismus, Würzburg (Königshausen & Neumann) 2005, 41–56.

2 Vorreiter im deutschen Sprachraum waren hier Gottfried Gabriel und seine Schülerin Christiane Schildknecht: Gottfried Gabriel, Zwischen Logik und Literatur. Erkenntnisformen von Dichtung, Philosophie und Wissenschaft, Stuttgart (Metzler) 1991 (der Band enthält Aufsätze aus den Jahren 1978–1991); Christiane Schildknecht, Philosophische Masken. Literarische Formen der Philosophie bei Platon, Descartes, Wolff und Lichtenberg, Stuttgart (Metzler) 1990. Weniger um die Form im Sinn der Anlage der Werke (z.B. als Dialog oder als Meditation) als um ihren literarischen Stil geht es in Richard Faber/Barbara Naumann (Hg.), Literarische Philosophie – Philosophische Literatur, Würzburg (Königshausen & Neumann) 1999.

3 Über die östliche Philosophie zu sprechen, wenn man für sie den gleichen Namen verwenden will, muss ich anderen überlassen.

4 Walter Burkert, Frühgriechische Philosophie und Orient, in: Grundriss der Geschichte der Philosophie, begründet von Friedrich Ueberweg [**GGPh**], Bd. 1, Frühgriechische Philosophie, hg. v. Hellmut Flashar, Dieter Bremer und Georg Rechenauer, Basel (Schwabe) 2013, 97–125, hier 101; Andreas Patzer, Ausdrucksformen der frühgriechischen Philosophie, ebd., 126–149, hier 129. Der GGPh stellt umfassend den aktuellen Stand der Forschung dar.

5 Patzer, Ausdrucksformen der frühgriechischen Philosophie, 126.

6 Simplikios (480/490 – nach 550), der das Zitat überliefert, empfindet sie der Erhabenheit ihrer Begriffe wegen dennoch als poetisch.

7 Patzer, Ausdrucksformen der frühgriechischen Philosophie, 127. Nach Leonid Zhmud, Pythagoras und die Pythagoreer, GGPh Bd. 1, 375–438, hier 383, erlaubt die Quellenlage hier jedoch keine klaren historischen Aussagen.

8 Die »Fragmente der Vorsokratiker« werden wie üblich nach der Edition und in der Nummerierung von Hermann Diels und Walther Kranz zitiert. Sie sind seit 1903 in immer neuen und verbesserten Auflagen erschienen. Die unter »B« geführten Zitate werden auf die antiken Autoren selbst zurückgeführt. Die Bezeichnung »Vorsokratiker« ist inzwischen durch »frühgriechische Philosophen« ersetzt worden.

9 Dieter Bremer/Roman Dilcher, Heraklit, in: GGPh, Bd. 1, 601–656, hier 606.

10 Ich folge weitgehend der Übersetzung von Uvo Hölscher, Parmenides. Vom Wesen des Seienden. Die Fragmente, griechisch und deutsch, Frankfurt am Main 1969.

11 Wolfgang Schadewaldt, Die Anfänge der Philosophie bei den Griechen. Die Vorsokratiker und ihre Voraussetzungen. Tübinger Vorlesungen, Bd. 1, Frankfurt am Main 1979, 326 f.

12 Manfred Kraus, Parmenides, in: GGPh, Bd. 1, 441–530, hier 464–481, listet die zahllosen Widersprüche auf, die auftreten, wenn das Sein so verstanden wird, als sei es dem Denken vorgegeben. In Parmenides' wechselseitige Konstituierung von Denken und Sein darf nicht die moderne ›erkenntnistheoretische‹ Gegenüberstellung von Subjekt und Objekt hineinprojiziert werden.

13 Vgl. George F. Kerferd/Hellmut Flashar, Die Sophistik, in: GGPh, Bd. 2/1, Basel (Schwabe) 1998, 1–137.

14 Platon, Phaidros, 279a-b. – Zur aktuellen Rehabilitation des Isokrates vgl. Wolfgang Orth (Hg.), Isokrates – Neue Ansätze zur Bewertung eines politischen Schriftstellers, Trier (WVT – Wissenschaftlicher Verlag Trier) 2003; Carlin Romano, America The Philosophical, New York (Vintage) 2013, 533–560; Lars Leeten, Rhetorik und Ethik, in: Andreas Hetzel, Gerald Posselt (Hg.), Handbuch Rhetorik und Philosophie, Berlin/Boston (De Gruyter) 2017, 585–616. – Werner Jaeger hatte in seinem Standardwerk Paideia. Die Formung des griechi-

schen Menschen [3 Bde. 1933, 1944, 1947], Nachdruck in 1 Bd., Berlin/New York (Walter de Gruyter) 1973, 981–1006 (= III 105–130) und 1075–1101 (= III 199–225) Isokrates zwar ausführlich, aber fast ausschließlich im Zusammenhang mit Platon und nach dessen Maßstäben behandelt. Obwohl von Isokrates umfangreiche Schriften erhalten sind, widmet ihm GGPh, Bd. 2/1, 52, nur wenige schmale Zeilen.

15 Isokrates, Panathenaikos, 1–4 u. 30–34; s. Peter Roth, Der Panathenaikos des Isokrates. Übersetzung und Kommentar, München/Leipzig (Saur) 2003, 21 u. 26f.

16 Vgl. Gernot Böhme, Der Typ Sokrates, Frankfurt am Main (Suhrkamp) 1988.

17 Friedrich Nietzsche, Die Geburt der Tragödie, Kap. 18.

18 Vgl. Friedrich Nietzsche, Götzen-Dämmerung, Kap. Das Problem des Sokrates.

19 Vgl. Enrico Müller, Person und Sache: Zur Figuration in den platonischen Dialogen, in: Marcus Andreas Born/Claus Zittel (Hg.), Literarische Denkformen, München (Fink) 2018,13–46.

20 Über den Stand der Platon-Forschung informiert umfassend Michael Erler, Platon, in: GGPh, Bd. 2/2, Basel (Schwabe) 2007.

21 Vgl. Niklas Luhmann, Soziale Systeme. Grundriß einer allgemeinen Theorie, Frankfurt am Main (Suhrkamp) 1984, 223.

22 Vgl. Michael Erler, *Plasma* und Historie: Platon über die Poetizität seiner Dialoge, in: Michael Erler/Jan Erik Heßler (Hg.), Argument und literarische Form in antiker Philosophie, Berlin/Boston (De Gruyter) 2013, 59–83. Erler versucht das Paradox aufzulösen, indem er wahrheitsorientierte von frei erfundenen Dichtungen unterscheidet. – Rolf Geiger, Literarische Aspekte der Schriften Platons, in: Christoph Horn/Jörn Müller/Joachim Söder, Platon-Handbuch. Leben – Werk – Wirkung, Stuttgart/Weimar (Metzler) 2009, 363–386, will, bei treffenden Beobachtungen zum Dialoggeschehen im Einzelnen, Platons Dialogform als solche möglichst auf konsensorientierte Regeln festlegen.

23 Vgl. Wolfgang Wieland, Platon und die Formen des Wissens, 2., erw. Aufl. Göttingen (Vandenhoeck & Ruprecht) 1999; Mathias Schlicht von Rabenau, Der philosophische Begriff des Gebrauchs. Platon, Kant, Wittgenstein, Münster (mentis) 2014.

24 Vgl. Hellmut Flashar, Aristoteles, in: GGPh, Bd. 3, Basel (Schwabe) 1983, 175–457, hier 330.

25 Zur Fragwürdigkeit dieses Arguments vgl. Dorothee Schmitt, Das Selbstaufhebungsargument. Der Relativismus in der gegenwärtigen philosophischen Debatte, Berlin/Boston (De Gruyter) 2018.

26 Aristoteles, Met. IV (Γ) 3, 1005b19-23.

27 Vgl. Aristoteles, Nikomachische Ethik, 1094b12-14, und Flashar, Aristoteles, 343.

28 Cicero, De finibus bonorum et malorum, III, ii, 4.

29 Zu den institutionellen Formen des Philosophierens in der Antike und Spätantike vgl. Pierre Hadot, Art. Philosophie, V, A, in: HWPh, Bd. 7 (1989), 795–800.

30 Vgl. Marcel van Ackeren, Die Philosophie Marc Aurels, 2 Bde., Berlin/Boston (De Gruyter) 2011; Zusammenfassung in: Die Selbstbetrachtungen Marc Aurels. Ein stoischer Selbstdialog, in: Erler/Heßler (Hg.), Argument und literarische Form in antiker Philosophie, 373, und Claudia Horst, Marc Aurel. Philosophie und politische Macht zur Zeit der Zweiten Sophistik, Stuttgart (Franz Steiner) 2013, 84.

31 Vgl. Enrico Müller, Die Griechen im Denken Nietzsches, Berlin/New York (De Gruyter) 2005, 111–117.

32 Zur Einführung in die Philosophie des Mittelalters vgl. die gegensätzlichen, einander aber gut ergänzenden Darstellungen von Kurt Flasch, Das philosophische Denken im Mittelalter. Von Augustinus zu Machiavelli, 3., rev. und erw. Aufl. Stuttgart (Reclam) 2013, und von Theo Kobusch, Die Philosophie des Hoch- und Spätmittelalters, in: Wolfgang Röd (Hg.), Geschichte der Philosophie, Bd. 5, München (Beck) 2011. Die erste fokussiert stärker auf die historischen Rahmenbedingungen, die zweite auf die Lehren. Die Formen philosophischer Schriften kommen in beiden kaum zur Sprache.

33 Zu zwar unwahrscheinlichen, aber möglichen Quellen der Form der *Soliloquien* vgl. Hanspeter Müller, Einführung zu Aurelius Augustinus, Selbstgespräche über Gott und die Unsterblichkeit der Seele, Zürich (Artemis) 1954, 42–44.

34 II 1, 2. – Zur unterschiedlichen Funktion des Arguments bei Augustinus und Descartes s. Christoph Horn, Welche Bedeutung hat das Augustinische Cogito (Buch XI 26)?, in: Ders., Klassiker Auslegen, *De civitate dei*, Berlin (Akademie) 1997, 109–129.

35 Vgl. Albrecht Dihle, Die Vorstellung vom Willen in der Antike, Göttingen (Vandenhoeck & Ruprecht) 1985.

36 Augustinus, *De civitate dei*, XVII 3.

37 Vgl. Christoph Horn, Einleitung zu: Klassiker Auslegen, *De civitate dei*, 9.

38 Eine Geschichtsphilosophie im modernen Sinn hat er damit allerdings noch nicht entwickelt. Vgl. Kurt Flasch, Augustinus: De civitate Dei, in: Ders. (Hg.), Hauptwerke der Philosophie im Mittelalter, Stuttgart (Reclam) 1998, 9–31, bes. 17–19.

39 Der Herausgeber der lateinisch-deutschen Ausgabe des *Proslogions*, Pater Franciscus Salesius Schmitt (Anselm von Canterbury, Proslogion, Stuttgart-Bad Cannstatt, Frommann-Holzboog, 1962), der sich ausführlich auch mit der Form des Werkes befasst, hält die Form des Gebets freilich nur für eine nachträgliche Einkleidung – zur »Abwechslung« gegenüber dem *Monologion* (31 f.).

40 Vgl. Cornelia Rizek-Pfister, Petrus Abaelardus, Prologus in ›Sic et non‹, in: Paul Michel u.a. (Hg.), Studien zur Geschichte von Exegese und Hermeneutik, Bd. 1: Sinnvermittlung, Zürich (Pano), 2000, 207–252.

41 Vgl. David Wirmer in seiner (umfangreich kommentierten) Ausgabe Averroes, Über den Intellekt. Auszüge aus seinen drei Kommentaren zu Aristoteles' *De anima*. Arabisch, Lateinisch, Deutsch, Freiburg/Basel/Wien (Herder) 2008, 305–313.

42 Vgl. zum Kontext, zur Geschichte und zur Variationsbreite der Form der Quaestio Thomas Rentsch, Die Kultur der quaestio. Zur literarischen Formgeschichte der Philosophie im Mittelalter, in: Gabriel/Schildknecht (Hg.), Literarische Formen der Philosophie, 73–91.

43 Vgl. David Berger, Thomas von Aquins »Summa theologiae«. Werkinterpretation, Darmstadt (Wissenschaftliche Buchgesellschaft) 2004, 48–51.

44 Vgl. die lateinisch-deutsche und mit einer instruktiven Einleitung zur Unterscheidungstechnik versehene Ausgabe der *Ars brevis* von Alexander Fidora von 1999 und die Einführung zu den dogmatischen Gehalten der *Logica Nova* (hg. von Charles Lohr 1985) von Vittorio Hösle, beide im Meiner Verlag, Hamburg.

45 Hösle, Einführung, LI, unter Verweis auf Verf., Substanz. Grundbegriff der Metaphysik, Stuttgart-Bad Cannstatt (frommann-holzboog)

1977: Danach hat, nachdem Descartes die aristotelische Substanz-Akzidens-Relation in eine Substanz-Substanz-Relation überführt hat, LEIBNIZ (1646–1716) sie zu einer Substanz-Relation-Relation weiterentwickelt; für seine *Ars combinatoria*, die eine Universalwissenschaft (*mathesis universalis*) ermöglichen sollte, hat Leibniz Anregungen von Llull aufgenommen.

46 Prägnante Überblicke zum möglichen Zusammenhang zwischen Ockhams Logik und seiner politischen Philosophie und Ethik geben Oswald Schwemmer im Artikel Ockham, in: Enzyklopädie Philosophie und Wissenschaftstheorie, hg. v. Jürgen Mittelstraß, Bd. 2, Stuttgart/Weimar (Metzler) 1995, 1057–1062, und Jan P. Beckmann, Wilhelm von Ockham, München (Beck) 1995.

47 Der Begriff Paradox wird im Mittelalter paradoxerweise kaum verwendet – weil die theologischen Paradoxa zur Orthodoxie gehörten. Vgl. Peter Probst, Art. Paradox I, in: HWPh, Bd. 7, 1989, 81–90.

48 Vgl. im Einzelnen Kurt Flasch, Nikolaus von Kues. Geschichte seiner Entwicklung. Vorlesungen zur Einführung in seine Philosophie, Frankfurt am Main (Klostermann) 1998, 468–477, mit einer ausführlichen Interpretation von *De Beryllo*.

49 Vgl. Gerhard Haas, Essay, Stuttgart (Metzler) 1969, 62: »Der Traktat legt fest – der Essay erwägt.«

50 Richard Saage, Utopische Profile, Band I, Renaissance und Reformation, Münster (LIT) 2001, geht dagegen bei More von einem Gegensatz von Sein und Sollen aus und macht besonders die Norm der Herrschaftsfreiheit (Anarchie) stark. Die Form von More's *Utopia* beachtet er nicht. Auch Robert von Mohls immer noch oft übernommene Rubrizierung als »Staatsroman« (1855) greift daneben.

51 Zu möglichen Einflüssen auf die literarische Form von Montaignes *Essais* vgl. Deborah N. Losse, Montaigne and Brief Narrative Form. Shaping the Essay, Houndmills, Basingstoke (Palgrave Macmillan) 2013.

52 Vgl. in ideologiekritischer Tönung Christian Schärf, Geschichte des Essays. Von Montaigne bis Adorno, Göttingen (Vandenhoeck & Ruprecht) 1999, 63–79.

53 Harald Fricke, Aphorismus, Stuttgart (Metzler) 1984, 42.

54 Wolfgang Krohn, Einleitung zum *Novum Organon* in der lateinisch-deutschen Ausgabe der Philosophischen Bibliothek Meiner, Hamburg 1990, xxvii.

55 Vgl. Andrea C. Bertino, Verità filosofica et metafora sacrificiale in Giordano Bruno, in: Centro Studi Filosofico-religiosi Luigi Pareyson, Annuario Filosofico 32 (2016), 36–60.

56 Vgl. Claus Zittel, Theatrum philosophicum. Descartes und die Rolle ästhetischer Formen in der Wissenschaft, Berlin (Akademie) 2009, 27–110.

57 Vgl. Bradley Rubidge, Descartes' »Meditations« and Devotional Meditations, in: Journal of the History of Ideas 51 (1990), 27–49.

58 Die nicht von Descartes stammende, aber von ihm durchgesehene lateinische Übersetzung des *Discours*, die wie die *Principia* 1644 erscheint, gibt das französische »donc« dann auch mit lateinisch »ergo« wieder. Étienne Gilson erläutert jedoch in seinem immer noch maßgeblichen Kommentar (Paris, Vrin, 1947, 292), dass das »donc« lediglich bekräftigende Funktion hat und keine Schlussfolgerung ausdrückt. Der Sinn des französischen »Je pense, donc je suis« sei knapp »Moi qui pense, je suis«.

59 Fricke, Aphorismus, 9, 13–18, grenzt die literaturwissenschaftliche Gattung des Aphorismus auf gezielt voneinander isolierte und darum in ihrer Reihenfolge auch vertauschbare (»kotextuelle Isolation«) nichtfiktionale, meist extrem kurze und sprachlich pointierte Prosatexte ein, die, kettenförmig angeordnet, eben wegen ihrer pointierten Isolierung regelmäßig über sich hinausweisen. Die ersten echten philosophischen Aphorismen sind danach die La Rochefoucaulds (»die Geburtsstunde des literarischen Aphorismus«, Fricke, 48) und im Deutschen die Georg Christoph Lichtenbergs (1742–1799).

60 Friedrich Nietzsche, Menschliches, Allzumenschliches I, Nr. 35 f.

61 Vgl. Kai-Ulrich Hartwich, Untersuchungen zur Interdependenz von Moralistik und höfischer Gesellschaft am Beispiel La Rochefoucaulds, Bonn (Romanistischer Verlag) 1997.

62 Die *Pensées* werden zitiert nach der Nummerierung von Louis Lafuma, der 1948 den Originalzustand von Pascals Nachlass wiederherzustellen versuchte, und nach der Übersetzung von Ulrich Kunzmann in Reclams Universalbibliothek von 1987. Die zweite Nummer bezieht

sich auf die thematisch geordnete Ausgabe von Léon Brunschvicg von 1897, die lange als Standardausgabe galt.

63 Das eindrucksvolle Bild, nach dem man auf einem unsicheren Notbehelf durch das Meer des Lebens schwimmt, findet sich schon in Platons Dialog *Phaidon*, 85d.

64 Der folgende Abschnitt entstand im Austausch mit Timon Georg Boehm, einem theoretischen Physiker, der eine philosophische Dissertation über das Thema »Paradox und Ausdruck in Spinozas Ethik« verfasst hat (im Erscheinen).

65 Am Ende seiner Antworten auf die zweiten Einwände zu den *Meditationes.*

66 Das gilt bis heute. Vgl. Yirmiyahu Yovel, Spinoza and Other Heretics. Vol. I: The Marrano of Reason. Vol. II: The Adventures of Immanence, Princeton (Princeton University Press) 1989, deutsch: Spinoza. Das Abenteuer der Immanenz, aus dem Engl. v. B. Flickinger, Göttingen (Steidl) 1994.

67 Ethica I, Prop. 8, Scholium 2; Ethica I, Prop. 11, Demonstratio 3. Vgl. Michael Della Rocca, Spinoza, London/New York (Routledge) 2008. – Das wird sich in Wittgensteins *Logisch-philosophischer Abhandlung* wiederholen.

68 Ethica I, Prop. 11, Demonstr. 3, Scholium. – Der Begriff *causa sui* geht historisch auf den Neuplatonismus zurück (vgl. Pierre Hadot, Art. causa sui, in: HWPh 1.976 f.). Descartes gebraucht auch ihn schon in seiner Antwort auf die ersten Einwände gegen seine Meditationen.

69 Ethica III, Prop. 9, Scholium.

70 Ethica III, Prop. 17, Scholium, und Anhang: Definitionen der Affekte, 1, Explicatio.

71 Ethica IV, Prop. 25, Scholium.

72 Vgl. Olivier Ferret, Voltaire dans »l'Encyclopédie«, Paris (Société Diderot) 2016; Monika Schmidt-Emans, Aufklärung mit Wörterbüchern – Aufklärung über Wörterbücher: Wörterbuchtexte und ihre kritische Poetik, in: Dies., Enzyklopädische Phantasien. Wissensvermittelnde Darstellungsformen in der Literatur – Fallstudien und Poetiken, Hildesheim u.a. (Olms) 2019, 173–176.

73 Vgl. G. Rechenauer, Art. Enkyklios paideia, in: Historisches Wörterbuch der Rhetorik, hg. v. Gert Ueding [**HWRh**], Bd. 2, Tübingen (Niemeyer) 1994, 1160–1185, bes. 1180–1185.

74 Vgl. im Grimmschen Wörterbuch das Stichwort ›Stichwort‹.

75 Vgl. Manfred Kühn, Kant. Eine Biographie, München (Beck) 2003.

76 Zur näheren Interpretation der *Kritik der reinen Vernunft*, der *Kritik der praktischen Vernunft* und der *Kritik der Urteilskraft* vgl. Verf., Interpretationen. Hauptwerke der Philosophie. Von Kant bis Nietzsche, Stuttgart (Reclam) 1997, 15–135. Die im Text angegebenen Seitenzahlen beziehen sich auf die erste Auflage (A) und die überarbeitete zweite Auflage (B) der *Kritik der reinen Vernunft*.

77 Vgl. Verf., Schema, Schematismus I, in: HWPh, Bd. 8 (1992), Sp. 1246–1261.

78 Versteht man die Form als bloße Abgrenzung und nicht auch als eine Einschließung, entsteht daraus, wie Niklas Luhmann gezeigt hat, eine völlig andere Art der Systembildung. Vgl. Niklas Luhmann, Die Paradoxie der Form (1993), in: N.L., Aufsätze und Reden, hg. v. Oliver Jahraus, Stuttgart (Reclam) 2001, 243–261.

79 Vgl. Josef Simon, Kant. Die fremde Vernunft und die Sprache der Philosophie, Berlin/New York (De Gruyter) 2003.

80 Vgl. Ernst Cassirer, Substanzbegriff und Funktionsbegriff. Untersuchungen über die Grundfragen der Erkenntniskritik (1910), Darmstadt (Wissenschaftliche Buchgesellschaft) 1969, bes. 359ff. In seiner an Kant angelehnten *Philosophie der symbolischen Formen* hält Cassirer weiter am Formbegriff fest.

81 Vgl. das Nachwort von Stefan Majetschak zu dem von ihm hg. Hamann-Brevier: Vom Magus im Norden und der Verwegenheit des Geistes, München (dtv) 1988, 231–257, hier 237.

82 Vgl. Theodor Verweyen/Gunther Witting, The Cento. A Form of Intertextuality from Montaigne to Parody, in: Heinrich F. Plett (Hg.), Intertextuality, Berlin/New York (De Gruyter) 1991, 165–178, und F. Kunzmann/C. Hoch, Cento, in: HWRh, Bd. 2, 148–156. Den Philosophen Hamann haben beide Artikel nicht im Blick.

83 Zur »Erklärung« der Anspielungen vgl. Fritz Blanke, Johann Georg Hamann, Sokratische Denkwürdigkeiten, erklärt von F.B., Gütersloh (Gütersloher Verlagshaus Gerd Mohn) 1959.

84 Als tatsächlich angreifbar erwies sich jedoch Hegels Behauptung der logischen Notwendigkeit, d.h. Alternativlosigkeit der dialektischen Bewegung. Denn die bestimmte Negation eines Begriffs lässt, wie Dieter Henrich und Hans Friedrich Fulda gezeigt haben, stets Spiel-

räume für Entscheidungen offen. Damit aber steht und fällt Hegels Konzept der Wahrheit der Philosophie. Vgl. Verf., Geist. Hegel, Nietzsche und die Gegenwart, in: Nietzsche-Studien 26 (1997), 300–318.

85 Vgl. B. Hambsch, Art. Vorlesung, in: HWRh, Bd. 9 (2009), 1194–1204, hier 1199 f.

86 Vgl. die ausführlichen Einleitungen von Andreas Arndt zur Kritischen Gesamtausgabe von Schleiermachers Vorlesungen über die *Dialektik* (Berlin/New York, De Gruyter, 2002) und zu seinen Studienausgaben der *Dialektik* im Meiner Verlag Hamburg (1986 und 1988). Die letzte und umfassendste monografische Leseausgabe der *Dialektik* stammt von Rudolf Odebrecht (Leipzig, Hinrichs-Verlag, 1942).

87 Wilhelm Dilthey, Leben Schleiermachers, hg. von Martin Redeker als Bd. XIII von Diltheys Gesammelten Schriften (Göttingen, Vandenhoeck & Ruprecht, 1970), ist hier noch immer maßgeblich.

88 Nach Schärf, Geschichte des Essays, hält Emerson in einer »einzigartigen Verknüpfung von pastoraler Prophetie und intuitiver Darstellung« (152) »weltliche Predigten, die den kulturell nach Orientierung suchenden Bürgern in *God's own country* jeweils ganz individuell zugedacht waren, um ihnen ein Selbstbewußtsein für ihre weltliche Auserwähltheit einzuflößen« (148).

89 Vgl. Dennis Sölch, An Ethics of Exemplarity: Emerson in Germany and the Existentialist Tradition, in: Michael Festl (Hg.), Pragmatism and Social Philosophy. Exploring a Stream of Ideas from America to Europa, New York/London (Routledge) 2021, 31–48. Dennis Sölch bin ich für Anregungen zu diesem Abschnitt besonders dankbar.

90 Vgl. W. Fähnders, Art. Manifest, in: HWRh, Bd. 5 (2001), 927–930, und Johanna Klatt/Robert Lorenz (Hg.), Manifeste. Geschichte und Gegenwart des politischen Appells, Bielefeld (transcript) 2011.

91 Philipp Erbentraut/Torben Lütjen, Eine Welt zu gewinnen. Entstehungskontext, Wirkungsweise und Narrationsstruktur des »Kommunistischen Manifests«, in: Klatt/Lorenz (Hg.), Manifeste, 73–98, hier 79 f., 92. Die Autoren berichten die genauen Details der Entstehung und Verbreitung des Kommunistischen Manifests. Sie nennen es das »kaum beachtete Pamphlet zweier nach Anerkennung strebender Revolutionäre« und »exaltierter Außenseiter«, das dennoch zum »inoffiziellen Gründungsdokument einer der wirkungsmächtigsten Ideologien des 19. und 20. Jahrhunderts« wurde (96).

92 Sören Kierkegaard, Die Schriften über sich selbst (entstanden 1848, posthum publiziert 1859), in: Gesammelte Werke, hg. v. Emanuel Hirsch und Hayo Gerdes, 33. Abt., Köln (Diederichs) 1960, 67, Anm. Trotz ihrer zuweilen problematischen Übersetzungen wird diese Ausgabe benutzt, bis die auf der Grundlage der völlig neu erarbeiteten dänischen Edition *Søren Kierkegaards Skrifter* erstellte *Deutsche Sören-Kierkegaard-Edition* im Verlag De Gruyter hinreichend vorangekommen ist. Die folgenden Zitate entstammen ebenfalls den *Schriften über sich selbst.*

93 Vgl. Verf., Nietzsche zur Einführung, Hamburg (Junius) 3. Aufl. 2019. Nachweise von Nietzsche-Zitaten sind leicht unter http://www.nietzschesource.org/#eKGWB zu finden.

94 Eine ausführlichere Darstellung dieses Abschnitts findet sich in Verf., Nietzsche im Nietzsche-Haus. Die Entwicklung des Wille-zur-Macht-Gedankens, Reihe Nietzsche lesen, hg. v. Timon Georg Boehm, Heft 5, Stiftung Nietzsche Haus in Sils-Maria 2020. Das Heft ist zugleich in englischer Übersetzung erschienen.

95 Vgl. Enrico Müller, Nietzsche-Lexikon, Paderborn (Fink) 2020, 191 f.

96 Missverstanden wurde der Wille-zur-Macht-Gedanke auch von Martin Heidegger, der die Nietzsche-Interpretation jahrzehntelang beherrscht hat (Nietzsche, 2 Bde., Pfullingen 1961).

97 Vgl. Günther Patzig, Gottlob Frege, in: Otfried Höffe (Hg.), Klassiker der Philosophie, 2. Bd., München (Beck) 1982, 250–273, hier 267: »Die Ersetzung eines Eigennamens durch einen gleichbedeutenden, wenn auch sinnverschiedenen Eigennamen im Zusammenhang eines Satzes kann den Wahrheitswert des Satzes nicht verändern.«

98 Verena Mayer, Gottlob Frege, München (Beck) 1996, 65.

99 Zu Wittgensteins logisch-philosophischer Auseinandersetzung mit Frege und Russell vgl. Wilhelm Vossenkuhl, Ludwig Wittgenstein, München (Beck) 1995.

100 Ray Monk, Ludwig Wittgenstein. The Duty of Genius, London (Vintage) 1990, 143.

101 Vgl. Stefan Majetschak, Ludwig Wittgensteins Denkweg, Freiburg/München (Alber) 2000, bes. 138–140, und Christian Stetter, Wittgensteins *Tractatus* – symboltheoretisch gelesen, in: Chris Bezzel (Hg.), Sagen und Zeigen. Wittgensteins »Tractatus«, Sprache und Kunst, Berlin (Parerga) 2005, 55–78.

102 Vgl. etwa Eike von Savigny, Ludwig Wittgensteins »Philosophische Untersuchungen«. Ein Kommentar für Leser, 3., unveränderte Auflage Frankfurt am Main (Klostermann) 2019.

103 Zur näheren Interpretation von Wittgensteins später Philosophie unter dem Gesichtspunkt der Orientierung vgl. die Untersuchungen des Verf. unter https://www.stegmaier-orientierung.de/die-philosophie-des-spaeten-wittgenstein-late-philosophy-of-ludwig-wittgenstein.html.

104 Vgl. Byung-Chul Han, Martin Heidegger. Eine Einführung, München (Fink) 1999, 85 ff.

105 Hans Ruin in seiner hilfreichen Darstellung von »Heideggers Contributions to Philosophy«, in: Hubert L. Dreyfus/Mark A. Wrathall (Ed.), A Companion to Heidegger, Blackwell (Malden, MA, u.a.) 2005, 358–373, übersieht das.

106 Zu Heideggers Gebrauch seines ›Urwortes‹ Ereignis vgl. Günter Seubold/Tobias Schmaus, Ereignis. Was immer schon geschehen ist, bevor wir etwas tun, in: Dieter Thomä (Hg.), Heidegger-Handbuch. Leben – Werk – Wirkung, 2. überarb. und erw. Aufl. Stuttgart/Weimar (Metzler) 2013, 335–340.

107 Vgl. Han, Martin Heidegger, 119–139.

108 Vgl. Verf., Levinas zur Einführung, 3. Aufl. Hamburg (Junius) 2019.

109 Zur Begegnung von Levinas und Derrida vgl. Verf., Die Zeit und die Schrift. Berührungen zwischen Levinas und Derrida, in: Allgemeine Zeitschrift für Philosophie 21.1 (1996), 3–24.

110 Jacques Derrida. Ein Portrait von Geoffrey Bennington und Jacques Derrida (1991). Aus dem Französischen von Stefan Lorenzer, Frankfurt am Main (Suhrkamp) 1994, 7.

111 Auch Husserl war Jude, auch er, ohne sich etwas aus seinem Judentum zu machen; er ließ sich im Gegenteil evangelisch taufen. Aber auch er bekam sein Judentum eines Tages zu spüren – als Heidegger, der ihm *Sein und Zeit* gewidmet hat, sich nach 1933 nicht mehr zu ihm bekennen wollte und ihm 1936 die Lehrbefugnis entzogen wurde. Husserl hielt unbeirrt am Glauben an eine reine Vernunft fest.

112 Wiederabgedruckt in: Jacques Derrida, Randgänge der Philosophie (1972), hg. v. Peter Engelmann, Wien (Passagen) 1988, 177–194.

113 Vgl. Verf., Philosophie der Orientierung, Berlin/New York (De Gruyter) 2008, englisch: What is Orientation? A Philosophical Investiga-

tion, transl. by Reinhard G. Mueller, Berlin/Boston (De Gruyter) 2019.

114 Einen guten und knappen kritischen Überblick zu ihren Forschungsfeldern gibt Georg Meggle, Analytische Philosophie, in: Enzyklopädie Philosophie, hg. v. Hans Jörg Sandkühler, Hamburg (Meiner) 1999, Bd 1, 54–62.

115 Vgl. Bert Heinrichs, G.E. Moore zur Einführung, Hamburg (Junius) 2019, 59 ff.

116 Vgl. Michel Foucault, L'ordre du discours. Leçon inaugurale au Collège de France pronocée le 2 décembre 1970, Paris (Gallimard) 1971, deutsch: Die Ordnung des Diskurses, übers. v. Walter Seitter, Frankfurt am Main (Fischer) 1991.

117 Vgl. Wolfgang Kemp, Gruppentexte. Ein kritischer Blick auf Sammelband und Forschergruppe, in: Merkur 63.11 (2009), 1013–1022. Kemp spricht von bloßen Sammelbänden und betont deren Defizite und Handicaps, sieht in ihnen aber gleichwohl »die größte Umstellung auf dem Gebiet des wissenschaftlichen Publizierens nach 1968« in den Geisteswissenschaften (1021). Kemp selbst ist Kunsthistoriker. Zur Selbsteinschätzung der Forschungsgruppe Poetik und Hermeneutik vgl. Petra Boden / Rüdiger Zill (Hg.), Poetik und Hermeneutik im Rückblick. Interviews mit Beteiligten, München (Fink) 2017.

118 Die Tagung »Analyse und Orientierung«, die im Auftrag der Deutschen Gesellschaft für Philosophie 2003 in Greifswald stattfand und deren Beiträge der Verlag unter dem Titel »Orientierung. Philosophische Perspektiven« (hg. vom Verf., Frankfurt am Main, Suhrkamp, 2005) herausbrachte, war ein Versuch, die beiden philosophischen Kulturen einander begegnen zu lassen.

119 Vgl. Martin Warnke, Theorien des Internet zur Einführung, Hamburg (Junius) 2011. Der Band ist, wenn nach zehn Jahren auch veraltet, immer noch aufschlussreich. Für Präzisierungen dieses Abschnitts danke ich Andrea Bertino.

Tabellarische Ubersicht über die 50 behandelten Formen philosophischer Schriften, ihre Autoren, Werke und intendierten Wirkungen

	Form	*Autor und Werk (Beispiel)*	*Intendierte Wirkung*
		I. Antike	
1	Prosa	Thales (zwischen 624 und 544), Anaximander (ca. 610–547) und Pythagoras (570–510)	die Ordnungen der Welt aus eigenen Beobachtungen und in eigenen Begriffen verstehen
2	Paradoxer Spruch	Heraklit (zwischen 550 und 460)	den verborgenen Logos der Welt im Wechsel ihrer Formen entdecken
3	Lehrgedicht (Göttererzählung)	Parmenides (zwischen 520 und 455)	sich der Wahrheit durch eine göttliche Autorität versichern
4	Öffentliche Rede	Sophisten und Isokrates (436–338)	mit strittigen Alternativen argumentieren lehren
5	Dialog	Sokrates (ca. 469–399) und Platon (427–347) *Phaidros*	im Dialog mit anderen nach der Wahrheit forschen
6	Lehrschrift	Aristoteles (384–322) *Metaphysik*	selbst als Autor Wahrheiten feststellen
7	Lehrvergleich	Marcus Tullius Cicero (106–43) *De finibus bonorum et malorum*	Lehren anderer zum eigenen Gebrauch abwägen

8	Öffentlicher Brief	Lucius Annaeus Seneca (nach 4 v. Chr.–65 n. Chr.) *Epistulae morales ad Lucilium*	allgemeine Ratschläge für das private Leben geben
9	Diatribe	Epiktet (ca. 50 – ca. 138) *Handbüchlein*	auf populäre Weise an das ethische Verhalten erinnern
10	Aufzeichnungen für sich selbst	Marcus Aurelius (121–180) *Bücher an sich selbst*	sich selbst seiner ethischen Maßstäbe versichern
11	Doxobiografie	Diogenes Laertios (3. Jh.) *Zusammenstellung der Lebensläufe und Meinungen der in der Philosophie Berühmtesten*	Leben und Werk der Philosophen verknüpfen
		II. Mittelalter	
12	Selbstgespräch	Aurelius Augustinus (I) (345–430) *Soliloquia*	sein Denken zu einem Leben für die Wahrheit Gottes reinigen
13	Bekenntnis vor Gott	Aurelius Augustinus (II) *Confessiones / Bekenntnisse*	Beispiel geben für den Weg zum Glauben
14	Apologie gegen die Heiden	Aurelius Augustinus (III) *De civitate Dei/Der Gottesstaat*	die göttliche Gemeinschaft der wahrhaft Gläubigen bestärken
15	Poetisches Rezept gegen Kummer	Anicius Manlius Severinus Boethius (zwischen 475 und 524) *De consolatione philosophiae/Vom Trost der Philosophie*	durch Philosophie und Theologie wieder Lebensmut geben

16	Gebet	Anselm von Canterbury (1033–1109) *Proslogion / Anrede*	durch Vernunft seinen Glauben bestärken
17	Widerspruchsregister	Petrus Abaelardus (1079–1142) *Sic et non/Ja und nein*	sich durch den Nachweis von Widersprüchen zwischen Autoritäten Spielräume für eigene Glaubensentscheidungen schaffen
18	Kommentar	Ibn Rushd (Averroes, ca. 1126–1198), *Kommentar zu Aristoteles' Lehrschrift über die Seele,* und Moshe ben Maimon (Maimonides, 1135–1204) *Moreh Newuchim/Führer der Unschlüssigen*	den Glauben durch philosophische Autoritäten verdeutlichen
19	Summe von Lehrdiskursen (Quaestiones)	Thomas von Aquin (1225–1274) *Summa theologiae/Summe der Theologie*	einen vollständigen Überblick über die durch Philosophen untermauerten Lehren des Glaubens geben
20	Kombination symbolischer Figuren	Ramon Llull (ca. 1232–1316) *Ars magna – Ars brevis/Große und Kleine Kunst*	mit symbolischer Logik die Glaubensinhalte erzeugen und verbreiten
21	Kritischer Kommentar zu einer Summa der Logik	William of Ockham (zwischen 1280 und 1349) *Summa logicae/Summe der Logik*	theologische Realitätsannahmen nach zeichenphilosophischen Maßstäben überprüfen
22	Prismatisches Schreiben	Nikolaus von Kues (1401–1464) *De docta ignorantia/Von der wissentlichen Unwissenheit*	widersprechende Lehren von Gott durch ihre Paradoxierung zusammenführen

III. Neuzeit			
23	Satire auf die gegenwärtige Gelehrsamkeit	DESIDERIUS ERASMUS VON ROTTERDAM (zwischen 1466 und 1536) *Mōrias Enkōmion seu Laus Stultitiae/Lob der Torheit*	dogmatischen Eifer mit Humor abstreifen
24	Essay als Gegenentwurf zu den gegenwärtigen gesellschaftlichen Zuständen (Utopie)	SIR THOMAS MORE (1478–1535) *De optimo rei publicae statu, deque nova insula Utopia/Über den besten Zustand der Republik und die neue Insel Utopia*	versuchsweise einen neuen Staat mit besseren Zuständen entwerfen
25	Essay als Form der Selbstbeobachtung und Selbstdarstellung	MICHEL DE MONTAIGNE (1533–1592) *Essais*	die Wahrheit in der unbefangenen Selbstbeobachtung suchen
26	Essay als Form einer neuen wissenschaftlichen Interpretation der Natur	FRANCIS BACON, BARON VERULAM, 1. VISCOUNT ST. ALBANS (1561–1626) *Instauratio Magna*	die Wahrheit im unbefangenen Umgang mit der Natur suchen
27	Philosophische Interpretation eigener Dichtungen	GIORDANO BRUNO (1548–1600) *De gli eroici furori /Über die heroischen Leidenschaften*	mit dichterischer Fantasie die Unbegrenztheit der göttlichen Natur freisetzen
28	Regel-Diskurs	RENÉ DESCARTES (I) (1596–1650) *Discours de la méthode/Diskurs über die Methode*	mit Regeln einer Methode eine universale Wissenschaft schaffen

29	Metaphysische Meditation	René Descartes (II) *Meditationes de prima philosophia/Meditationen über die Erste Philosophie*	die Gewissheit des eigenen Denkens metaphysisch begründen
30	Prinzipien-Explikation	René Descartes (III) *Principia philosophiae/Prinzipien der Philosophie*	die Gewissheit des eigenen Denkens nach Prinzipien lehrbar machen
31	Moralkritische Spitze (Maxime, Aphorismus, Aperçu)	Duc de La Rochefoucauld (1613–1680) *Réflexions ou Sentences et Maximes Morales/Reflexionen oder Moralische Sentenzen und Maximen*	moralische Attitüden entlarven
32	Gedanken-Fragment	Blaise Pascal (1623–1662) *Pensées/Gedanken*	sich im festen Glauben an Gott dem Ungewissen aussetzen
33	Systematische Abhandlung (*more geometrico*)	Baruch de Spinoza (1632–1677) *Ethica ordine geometrico demonstrata/Ethik, in mathematischer Ordnung dargelegt*	sich nach mathematischem Maßstab in die göttliche Ordnung der Welt einfügen
34	Enzyklopädie	Jean-Baptiste le Rond D'Alembert & Denis Diderot (1713–1784) *Encyclopédie ou Dictionnaire raisonné des Sciences, des Arts et des Métiers/Enzyklopädie oder kritisch reflektiertes Wörterbuch der Wissenschaften, Künste und Handwerke*	sich Übersicht über den Stand des Wissens verschaffen

35	Methodische Selbstbegrenzung der Philosophie (Kritik)	Immanuel Kant (1724–1804) *Kritik der reinen Vernunft*	die Grenzen des Wissbaren bestimmen, den Gebrauch der Vernunft beschränken
36	Esoterischer Cento	Johann Georg Hamann (1730–1788) *Sokratische Denkwürdigkeiten*	die Oberflächlichkeit der Vernunft und ihrer Selbstkritik entlarven
37	Sich aus sich selbst entwickelndes System	Georg Wilhelm Friedrich Hegel (1770–1831) *Enzyklopädie der philosophischen Wissenschaften im Grundrisse*	der Logik des Begriffs des Begriffs folgen
38	Vorlesung	Friedrich Daniel Ernst Schleiermacher (1768–1834) *Dialektik*	das reale Wissen in seinem Werden verstehen
		IV. 19. und 20. Jahrhundert	
39	Vortrag	Ralph Waldo Emerson (1803–1882) *Lectures & Essays*	selbst für seine Philosophie einstehen
40	Manifest	Karl Marx (1818–1883) und Friedrich Engels (1820–1895) *Das kommunistische Manifest*	mit Philosophie zum Kampf für eine bessere Gesellschaft aufrufen
41	Gebrochene Autorschaft I: Pseudonyme	Søren Kierkegaard (1813–1855) *Die Rechenschaft/Über meine Wirksamkeit als Schriftsteller*	philosophische Lehren an der eigenen Existenz brechen, sich indirekt mitteilen

42	Gebrochene Autorschaft II: Masken	Friedrich Nietzsche (1844–1900) Der Wille-zur-Macht-Gedanke in wechselnden Formen philosophischer Schriften	philosophische Lehren durch den Wechsel der Formen perspektivieren, reflektieren und kompromittieren
43	Begriffsschrift	Gottlob Frege (1848–1925) *Begriffsschrift*	die Bedeutungen der Wörter und die Logik des Schlussfolgerns in eindeutigen Zeichen fixieren
44	Vom Traktat in Dezimalnotation zum Album mit Paragrafenzählung	Ludwig Wittgenstein (1889–1951) *Logisch-philosophische Abhandlung* *Philosophische Untersuchungen*	– durch völlige Klarheit über die Logik unserer Sprache Klarheit über die Welt gewinnen – sich durch die alltägliche Sprache in der Welt orientieren
45	Text als Ereignis	Martin Heidegger (1889–1976) *Beiträge zur Philosophie (Vom Ereignis)*	sich auf die Seinsverlassenheit einlassen
46	Talmud-Auslegung	Emmanuel Levinas (1906–1995) *Lectures talmudiques*	»jüdische« Alternativen zur »griechischen« Philosophie gewinnen
47	Gebrochene Autorschaft III: Einschreibung/Dekonstruktion	Jacques Derrida (1930–2004) *La forme et le vouloir-dire/* *Die Form und das Bedeuten*	im Sich-Einschreiben in die Schriften Anderer Unterscheidungen verschieben

V. Gegenwart			
48	Aufsatz in einer Fachzeitschrift	Analytische Philosophie	Forschungskontinuitäten bilden
49	Beitrag zu einem Themenband	Poetik und Hermeneutik	in Diskursen die philosophische Relevanz von Themen ausloten
50	Online-Publikation	Philosoph(inn)en der Zukunft	– globales Interesse wecken – persönliche durch künstliche Intelligenz bereichern?

Werner Stegmaier, geb. 1946, war Professor für Philosophie an der Universität Greifswald. Er hat sich in zahlreichen Publikationen mit den wichtigsten Autoren der westlichen Philosophie auseinandergesetzt, die internationale Nietzsche-Forschung stark vorangetrieben und selbst eine Philosophie der Orientierung entwickelt. Bei Junius sind bereits Einführungen zu Emmanuel Levinas und Friedrich Nietzsche erschienen, beide in 3. Auflage. www.stegmaier-orientierung.de.